심리치료와 기독교 영성

이 만 홍

로뎀포레스트

차례

서 문

이 땅에 태어나서 짧은 듯 짧지 않은 세월 길나그네로 걸어 오면서 몇 차례 고비가 있었지만 올해 또한 하나의 전기를 맞아, 지난 15년 간의 나의 발자취를 더듬어 보고 싶었습니다. 이 책은 그 기간 동안 여기저기서 강연을 하였던 원고들 중 그런대로 내 생각의 흐름을 보여줄 수 있는 9편을 모아 약간의 수정을 거쳐 발행하게 된 것입니다.

지난 세월은 결코 평탄하지 않은 세월들이었습니다. 태어난 지 얼마 되지 않아 한국전쟁이 터졌고, 형 등에 업혀 미아리 고개를 넘어 피란을 가던 초기 기억이 내 삶의 방랑을 예고했는지도 모릅니다. 빌딩 숲 속의 슈바이처가 되겠다던 어린 시절의 꿈은 그런대로 자신이 우울증을 앓지만 현대병이라고 일컬어지는 우울증을 치료하는 정신과 의사로, 마음의 병을 앓고 있는 사람들을 돌보는 정신분석적 심리치료 전문가로, 기독교 상담을 가르치는 교육자로 어느 정도 인생의 외형은 갖추어진 것인지도 모르겠습니다. 삶의 풍랑 속에서 주님은 나를 불러 주셨지만, 그리스도인으로서의 나의 삶은 방황과 배신과 회심을 여러 차례 반복하였습니다. 대학교수직을 박차고 나와 오천 바닷가로 향했던 2002년 겨울은 내 삶의 가장 암울했던 시기였습니다. 불빛 하나 없는 어촌마을 한 귀퉁이에서 절망에 휩싸여 있을 때, 주님은 내게 빛으로 다가와 주셨고 나는 다시 한 번 그 분의 부르심을 또렷이 들을 수 있었습니다. 토마스 그린 신부님의 "샘이 마를 때"를 읽으면서 나는 영적 아이덴티티를 회복하게 되었고, 묵상기도자로, 영성지도자로 부르시는 그 분의 음성에 가슴이

뜨거워지는 체험을 하게 되었습니다. 그것은 나를 청소년 시절 처음 부르셨던 분과 동일한 성령이었음을 깨달았습니다. 주님은 나를 3년 간 묵상기도 가운데서 만나주시고 훈련시키셨습니다. 2005년 다시 서울로 나와 로뎀클리닉을 개설하고, 한국영성치유연구소와 SoH영성심리연구소를 통하여 묵상기도와 영성지도에 관한 교육을 시작하였고, 기회있을 때마다 심리치료와 기독교 영성, 구체적으로는 영성지도의 통합이야말로 온전한 인간치유의 길임을 주장하여 왔습니다. 지난 15년은 그렇게 달리다시피 걸어온 세월이었으며, 그동안 알게 모르게 동료 후배 여러분의 도움도 많았지만, 무엇보다도 변함없이 나를 붙들어 주신 주님의 손길이 있었음을 감사히 생각합니다.

 이 책에 담긴 글 9편은 상당히 중복되는 부분이 있긴 하지만, 주의깊게 읽는 독자는 해를 거듭하면서 조금씩 구체화되는 나의 생각의 변화를 발견할 수 있을 터인데, 즉 온전한 성숙과 치유의 길은 어떤 방법이나 논리로 이루어지는 것이 아니라, 각 사람의 심령 속에서 형성되는 묵상적 영성(contemplative spirituality)을 통해서 이루어진다는 것임을 알게 될 것입니다. 한없이 부족하고 아직도 갈 길이 멀지만, 완성된 영성지도자로서가 아니고 부족한 그대로 부르시는 주님의 자비하심에 의지하여 나머지 세월도 영성지도 교육자로서 묵상기도와 묵상적 삶의 길을 계속 가는 것이 나의 길임을 확신하며, 이 길이 외롭지 않도록 동료 후배들이 서로를 붙들어 주면서 함께 이 길을 걷게 되기를 소원합니다.

풍성한 복을 주시는 임마누엘의 주님을 찬송하며,
2017년 10월 10일,
길나그네

알림 이 책은 SoH영성심리연구소 영성지도자 과정을 처음으로 끝까지 마친 1기생들, 김미희, 김석경, 김영애, 유현주, 이향숙, 정선복, 김윤희 7명의 애정 어린 후원으로 만들어졌습니다.

01

우울증, 정신과 영혼의 어둔 밤

(The Dark Night of the Psyche and the Soul)

-정신의학적 관점에서 보는 우울증과 영성-

2008년 1월 12일 종교감리교회에서 있었던 한국목회상담협회 제2회 공개강연회 "우울증과 영성"에서 강연

2008년 1월 17일 방승규 기념논문집 게재

하나님의 뜻대로 하는 근심은 후회할 것이 없는
구원에 이르게 하는 회개를 이루는 것이요
세상근심은 사망을 이루는 것이니라

고린도후서 7장10절

들어가는 말

지난 20년간 눈부신 정신의학의 발달과 우울증에 관한 치료법의 개발에도 불구하고, 오늘날 우울증은 줄어들기는커녕 매우 심각하게 증가하고 있는 추세이다. 우울증은 구체적인 표현양상이나 유병률은 약간의 차이가 나지만, 대체로 전 세계적으로 어느 곳에나, 선진국이나 개발도상국을 막론하고 매우 광범위하게 시대와 성별 나이를 뛰어넘어 증가하고 있다. 현재의 통계가 보여주고 있는 바는 우울증은 전체 인류의 10%가 앓고 있으며 남성보다 여성이 2배 정도 많으며, 2020년에는 현재보다 약 50%가 증가하여 인류 건강상 첫 번째 문젯거리가 될 것이라고 예측했다.(Ustun, 2001)

우울증은 의학적 질환 중 가장 개인의 능률의 장애와 사회의 결핍을 일으키는 주요 질환의 하나가 되었으며, 세계적으로 우울증으로 인한 경제적 손실은 숫자로 세기 어려울 정도로 막대한 상태이며, 이런 상태는 세월이 흐를수록 더욱 늘어 앞으로 21세기에는 전 세계적으로 모든 국가에서 가장 어렵고 가장 중요한 당면 보건문제가 될 것이라는 전망이 보건 전문가들 사이에서 나오고 있다.(이원경, 2000)

이처럼 오늘날을 우울의 시대라고 할 정도로 우울증이 흔한 반면, 이제까지의 해결책 중 그 어느 것 하나도 효과적이라고 보이지 않는 상황에서 관련 전문가들이 새로운 돌파구를 찾는 진지한 작업은 반드시 필요한 시점에 이르렀다고 본다. 특히 크리스천으로서의 우리 모두의 관심사는 우울증을 극복하는 것이 하나님의 구원의 계획과 어떤 관련이 있는가, 우울증을 앓고 있는 사람들에게 하나님의 부르심은 어떤 의미를 갖는가, 치유하시는 하나님은 우울증을 어떤 모습으로 치유하시길 원하시는가라는 의문일 것이다.

우울증의 개념과 진단에 관한 문제 제기

먼저 한 사례 제시를 통하여 우울증의 개념과 진단에 대한 문제제기를 하겠다. 다음은 얼마 전 인터넷에 실렸던 어느 글에서 인용한 것이다.

"침묵과 공허가 너무도 커서 (예수님을) 보려고 해도 보이지 않습니다" *"내 안의 신을 느낄 수 없다"는 이 고백은 잠깐 스쳐 지나간 한 순간의 의심이 아니라, 50년 가까운 세월 동안 그를 괴롭혔던 문제였다.*

"예수님은 당신을 특별히 사랑하십니다. 하지만 제 경우는, 침묵과 공허가 너무도 커서 (예수님을) 보려고 해도 보이지 않고, 들으려 해도 들리지 않고, (기도하려고) 혀를 움직여도 말이 나오지 않습니다. 저를 위해 기도해 주십시오."

"영혼의 구원은 제게 호소력이 없습니다. 천국도 아무 의미가 없습니다.

내가 이 모든 것에도 불구하고 주 앞에서 미소 지을 수 있도록 기도해 주십시오"

"내가 누구를 위해 일하는가? 신이 없다면 영혼도 없다. 영혼이 없다면 예수도 없다. 당신도 진실이 아니다"

"내 미소는 가면이고, 모든 것을 덮어버리는 망토"(라면서 '건조함' '어둠' '외로움' '고문' 등으로 자신의 내면을 표현함.)

(이사한 첫 날, 그는 외로움을 느꼈다. 그날 일기에서)
"2월 28일 ... 하느님, 오늘의 이 외로움은 웬 일인지 견디기 어렵습니다. 저는 견디어낼 수 있을까요? 자꾸 눈물이 납니다. 저는 이렇게 약한 사람입니다. 하느님, 이 약함과 싸울 용기를 주십시오."

이 글의 주인공이 어떤 분이라는 사실을 모른 채, 아무런 편견을 가지지 않고 이 글 만을 보면서 이 분의 상태에 대하여 여러분은 어떤 평가를 하게 되는가? 혹시 DSM(미국의 정신과 임상진단체계)의 기준에 따라 적용한다면 우울증이라는 진단을 붙일 수 있을까? 이 글은 얼마 전 미국의 타임지에 실린 글의 내용을 한국일보가 짤막하게 기사로 인용했던 것 중에서 발췌한 글인데, 기사의 제목은 '기도보다 숭고한 테레사의 고뇌'라고 되어 있었다.

미국 시사주간 타임 최신호는 곧 출간될 '마더 테레사 : 와서 내 빛이 되라’ 에 공개된 그의 어둡고 고통스러운 내면을 다룬 편지들을 소개했다. ‘내 안의 신을 느낄 수 없다’는 이 고백은 잠깐 스쳐 지나간 한 순간의 의심이 아니라, 1948년 인도에서 가난한 사람을 돕기 시작한 때부터 1997년 선종하기 전까지 50년 가까운 세월 동안 그를 괴롭혔던 문제였다. … (중략) … 실존주의자의 고뇌처럼 들리는 이 고백은 테레사 수녀가 1979년 12월 오슬로에서 노벨 평화상을 받기 불과 세달 전 마이클 반 데르 피트 신부에게 보낸 편지의 일부분이다. 3개월 후 노벨평화상 수락 연설에서 그는 ‘예수는 모든 곳에 있다_우리 마음에도, 우리가 만나는 가난한 사람들에게도, 우리가 주고 받는 미소 속에도 있다’고 말했다. 그러나 사랑과 용서의 힘을 설파하던 그 순간에도 내면에서는 느끼지 못하는 신의 존재에 대해 괴로워했다. 타임에 의하면 테레사 수녀의 믿음이 흔들리기 시작한 것은 1948년 “와서 내 빛이 되라”는 예수의 계시에 따라 인도에서 가난한 이들을 돕는 일을 시작했을 때부터 였다. 1950년대 고해 신부들을 초청한 뒤 아무 말도 못하고 돌려보내는 일이 잦아지자 한 신부가 문제를 글로 써 보라고 말했고, 이후 테레사 수녀는 선종하기 2년 전까지 40여통의 서한을 주고 받으며 내면의 고통을 토로했다. …(중략)…테레사 수녀는 세상을 떠나기 전 ‘이 편지가 공개되면 사람들이 예수님을 덜 생각하고 나에 대해 더 생각하게 될 것’이라면서 없애버릴 것을 당부하기도 했다. 평온하고 온화한 얼굴로 빈자 구호에 일생을 바친 그가 ‘내 미소는 가면이고, 모든 것을 덮어버리는 망토’ 라면서 '건조함' '어둠' '외로움' '고문' 등으로 자신의 내면을 표현한 이 책은 그 자체로 충격적이다. 가톨릭계는 이 책을 높이 평가하고 있다. 미 플로리다주에 있는 보수적인 가톨릭 대학인 아베마리아대학 신학 학장인 매튜 램 신부는 이 책이 성 아우구스티누스의 '고백'에 버금가는 자서전이 될 것이라고 평가했다. 좀더 자유주의적 신학 연구소인 '아메리카'의 마르틴도 '마더 테레사의 내면의 고백은 그가 가난한 사람들을 위해 행한 봉사만큼이나 중요하게 기억될 것'이라면서 이 책이 '자신의 삶에서 신의 존재를 의심하는 이들을 위한 봉사'라고 평했다.

이러한 한국일보의 인용기사를 인터넷에 올린 한 독자는 다음과 같이 자신의 견해를 덧붙였다.

저는 이 글을 읽으면서 마더 테레사가 오십 여 년 동안 '어두운 밤'의 길을 걸었으며, 그것이 그녀를 아름다운 사랑의 성인이 되게 한 은혜였다는 생각을 했습니다. 물론 타임지도 한국일보 기사도 그녀의 그런 영적인 고뇌를 마치 그가 하나님의 존재를 의심한 것 인양 해석해 놓았지만 그것은 그 공허함이나 신을 느낄 수 없는 상태에 대한 진정한 영적인 의미를 알 수 없는 사람들의 오해였을 뿐이지요. 새삼 마더 테레사의 '어두운 밤'을 감동적으로 가슴에 담아 두고 싶어집니다. 그 사막같은 고뇌 안에서 사랑으로 빛나던 주님, 그 십자가를 사랑하며...

이상의 글을 읽고 어떤 생각이 들 것인가? 이번에는 우리들의 판단이 바뀌었는가? 과연 이 분의 상태가 영적 '어둔 밤'(the dark night of the soul)'이라는 어느 인터넷 투고자의 의견에 전적으로 동감하는가? 이렇게 훌륭한 분에게 우울증이라는 레이블을 붙인다는 것은 너무 불경스러운 일이 아닐까? 아니면 냉철한 임상가의 소견으로 우울증이라는 진단을 고수하겠는가? 아니면 혹시 이 둘 다 맞다고 생각할 수는 없을까? 우울증과 소위 영성신학에서 말하는 '어둔 밤'의 현상은 어떤 상호관련이 있을 수 있을까 하는 궁금증을 일으키는 대목이다. 정신의학자로서 이 분에 대하여 우울증과 일중독이라고 진단을 내릴 수 있다면, 그것이 의미하는 바는, (1) 약물치료를 기본으로 깔고, (2) 인지행동치료나 대인관계 정신치료를 시행하며, 동시에 필요하다면, (3) 지지그룹 또는 가족치료를 병행할 수도 있으며, (4) 일부 혜택을 받은 사람에게는 목회상담적인 접근이 가능할 수 있다(민성길, 1995). 그러나 이 분의 상태를 '어둔 밤'이라고 평가한다면, 아마도 이와는 전혀 다른 해법이 제시될 수도 있다. 즉 고전적인 영성지도자들의 지침을 따르면(Green, 1979), (1) 약물을 써서는 안 되고, 영성지도를 받는다. (2) 억지로 신앙생활에 열을 올리지 않는다. (3) 이제까지 하던 것을 멈추지 않고 그대로 한다. (4) 은총으로 알고 인내로서 견디어 나간다.

우리는 동일한 현상에 대하여 평가하고 접근하는 체계에 따라 엄청나고도, 상호 상반된 접근이 가능하며 아마도 이러한 일이 실제로 벌어지기 때문에 종종 임상가로서, 특히 기독교적 오리엔테이션을 가지고 있는 치유자라면 상당한 혼란을 느끼게 될 것이다. 우울증이나 어둔 밤이라고 하는 유사한 현상에 대하여 어떤 일관된 시각이나 접근체계의 필요성을 절실히 느끼게 될 것이다.

우울증에 관한 정신의학적 개관

여기서 잠시 우울증에 관한 정신의학적인 개념에 대하여 요약해 보겠다. 우울증에 관한 기록은 동서를 막론하고 오랜 고대로부터 있어 왔다. 예를 들면 동양의 동의보감, 서양에 히포크라테스 시대부터 하나의 의학적인 현상으로, 즉 하나의 질병으로 기술되어 왔음을 쉽게 찾아 볼 수 있다 (민성길, 1995). 그러나 우울증이 존재하였다는 사실은 그 이전으로 훨씬 더 거슬러 올라갈 수 있으며, 어쩌면 인류의 기원과 함께 존재하여 왔다고 추측할 수도 있다.

20세기 들어 정신분석의 발달과 함께 우울증의 기전을 심층심리적으로 설명하는 모델이 생겨났고, 이에 따라 우울증의 치료는 여러 심리치료 기법들에 주로 의지했던 시대가 있었으나, 1980년대 이후부터는 신경생리학, 유전학, 정신약물학 등 뇌과학의 눈부신 발달로 인하여, 현재는 우울증 치료의 주류는 정신의학을 중심으로 한, 특히 그중에서도 항우울제를 주로 한 생물정신의학적 접근에 집중되어 있다.

우울증에 관한 정신의학 교과서의 서술을 간략히 요약해보자면, 우울증은 유전이다. 타고날 때부터 우울증 기질을 타고나며 이는 serotonin 등의 신경전달 물질의 신진대사의 장애로 존재하며, 이것은 우울증의 발생기전에 절대적인 요소로 작용한다. 물론 출생 후 아주 어린 시절, 부모와의 분리 또는 항문기 시절 분노에 대한 처리가 잘 안될 경우 우울증적 성향을 갖게 되고, 자라가면서 사회적 상실을 경험할 때 발병된다. 진단은 DSM-Ⅳ(미국 정신과 진단체계)에 의하여 9가지 증상 중 5가지 이상이 2주 이상 지속되면 우울증으로 진단을 내릴 수 있으며, 이밖에도 다양한 연령에서 다양한 증상으로 변형되기 때문에 가면우울(masked depression)도 중요하다. 우울증치료는 기본적으로 항우울제 약물투여가 필수적이며 중요한데, 최근 serotonin 대사억제제(SSRI)가 가장 효과적이다. 가장 효율적으로 적용할 수 있는 정신치료(심리치료)는 인지행동치료(cognobehavioral therapy)와 대인관계정신치료(ITP)이다(Klerman and Weissman, 1993).

 이상의 요약에서 가장 먼저 드는 의문은 우울증이란 과연 정상적인 감정과는 전혀 다른 특정 카테고리에 속하는 병리현상인가, 아니면 광범위하게 보편적으로 존재하는 인간의 특성들 중 하나의 극단적인 표현인가 하는 점이다. 여기서 우울증의 개념을 정신의학적으로 보다 잘 이해하는 데는 우울증의 현상학적인 다양한 측면을 고려한 균형 잡힌 시각이 필요하다고 본다. 예를 들면 중증의 우울증, 특히 내인성이라고 불리는 우울증은 우리가 의학적 질병으로 잘 이해하고, 항우울제를 포함한 전문적인 치료가 반드시 필요하며, 심한 장애와 자살로부터 우울증 환자를 구해내야 한다는 것이 일반적 시각이다. 그러나 모든 우울증, 우울증적인 현상들(알콜중독이나 충동조절장애의 일부 등, 모든 가면우울현상을 포함한)을 이렇게만 생각하면 또 다른 많은 측면을 잃을 수도 있다. 중증 우울증보다 훨씬 많은 수의 사람들이 소위 DSM 진단체계로는 우울장애로 진단이 안 되는 경한 우울증, 혹은 우울증적인 현상을 겪고 있으며, 이런 사람들은, 특히 사회심리적 원인과 결부하여 발생하는 외인성 우울증은 많은 경우 비의학적 치유가 필요하고 또 가능하다. 더욱이 우울증이 현상학적으로 일단 치료가 되더라도 그 밑에 깔려 있는 우울증적 기질은 별로 변화되지 않고 평생을 거쳐 지속된다는 점, 다시 말하면 우울증을 평생동안 안고 산다는 것이 그 개인의 삶에 어떤 의미를 가진 것인지를 생각하지 않는다면, 우리는 인생의 의미와 가치 차원에서 많은 것을 잃게 된다.

저자는 개인적으로 겪었던 두 차례의 심각한 우울증에 대한 경험과 적지 않은 임상사례 경험들에 근거하여 우울증에 관한 한 약물치료나 심리치료 어느 한쪽 만으로는 결코 모든 것을 해결할 수도 없으며, 이에 대한 각각의 한계를 잘 인식하고 매우 예민하고 균형적인 시각이 필요함을 알게 되었다. 뿐만 아니라, 우울증을 다루어 가는데 있어서 그 개인의 삶에 있어서 우울증이 가지는 의미, 고통을 통한 인간의 성숙, 새로운 신앙

차원에의 각성 즉 영적 성숙이란 무엇인가에 대한 심각한 고민을 하게 되었고, 이를 통하여 우울증은 의학적인 병리현상임과 동시에 인간의 실존적, 영적 특성으로서 통합적인 이해가 필요하다고 깨닫게 되었다.

그럼에도 불구하고 정신의학계에서는 현재 우울증을 어떤 특정 의학적 질환의 카테고리 속으로 몰아넣고 약물치료의 중요성만을 지나치게 강조하는 매우 광범위하고 치밀한 시도가 있으며, 그 이면에는 다국적 제약기업의 엄청난 상업주의가 있음을 경계하여야 한다는 목소리가 있다.

다국적 기업의 상업주의가 건강과 보건체계에 심각한 영향을 미친다는 대표적인 예를 우리는 비만의 문제에서 쉽게 찾아 볼 수 있다. 비만이 의학적 질병으로 자리를 잡은 것은 비교적 최근 수 년 사이의 일이다. 특히 미국에서는 비만의 문제가 사회적으로 매우 심각한 데, 비만이 의학적인 병이므로 치료해야 한다는 주장은 일견 사람들의 건강에 대한 주의를 각성시킴으로써 긍정적인 영향을 준 부분도 있으나, 실제 현실에서는 비만이 줄어 들기는 커녕 늘어만 가고 있다. 그 이유 중 하나는 비만은 쉽게 약만으로도 해결된다는 환상을 유도함으로써, 삶의 절제가 얼마나 귀한 덕목인지를 망각하게 만드는 제약업계의 의도도 큰 몫을 하고 있기 때문이다. 비만은 미국인들의 교만과 자원의 낭비, 무절제한 생활태도 등과 밀접한 관련이 있으며 이에 대한 총체적인 각성이 없이는 결코 해결되지 않는 문제가 된다. 이런 현상 이면에는 비만치료제를 개발하고 이를 유통시킴으로써 막대한 부를 창출하는 제약업계의 캠페인이 자리잡고 있다. 즉 비만을 더 이상 절제나 삶의 패턴의 문제가 아닌 단순한 의학상의 문제라는 의식을 심어주는 것이 제약업계의 논리와 자본이다. 따라서 비만 치료를 위하여 인간이 충동을 절제하고 인내를 강조함으로써 성숙으로까지 나아갈 수 있는 가능성을 부정하고, 한 편으로는 욕망의 충족을 적극 권장하면서, 다른 한 편으로는 인간을 약에 의존하게 만드는 상태가 초래된다. 마찬가지로 피임약, 여성 홀몬제재, 비아그라 등의 성기능 개선제, 분노조절을 가능케 하는 기분조절제(mood stabilizer) 등 소위 "smart drug"들은 그 편의성과 함께 인간의 한계와 겸손을 망각하게 만듦으로써 인간다움을 상실하게 만드는 독소가 있다(Healy, 2001).

우울증의 경우도 마찬가지이다. 우울증을 하나의 뚜렷한 의학적 질환으로 카테고리화 하여 인식하게 된 것은 비교적 최근의 일이며, 여기에는 DSM 진단체계의 공이 크다고 할 수 있는데, 이는 주로 질병에 대한 연구목적에서 계통화된 것이지만, 다른 이면에는 세계의 제약시장을 지배하는 자본의 세력이 있다고 볼 수도 있다. 전 세계를 지배하는, 특히 미국을 중심으로 한 다국적 기업의 제약시장은 그 부의 흐름이 상상을 초월하며, 매우 강력한 힘을 가지고 의학연구의 흐름과 나아가서는 포괄적인 치유개념을 좌지우지한다(Hirshfeld, 2001). 1980년대 후반 일라이 릴리 제약회사에서 새로운 항우울제 프로작(prozac)을 개발해 냈을 때 사람들의 반응은 대단했다. 미국을 비롯한 전 세계의 우울증 환자들이 처방받은 프로작 처방 건수는 실로 엄청난 수였을 뿐만 아니라, (1달에

23

처방건수가 미국 내에서 100만건을 돌파하는 기록을 세움) 프로작이 정신과 치료에 새로운 지평을 열었다는 평을 받으며, Peter Kramer가 쓴 프로작으로부터 듣기(Listening to Prozac)이란 책은 단박에 베스트셀러가 되었다(Nelson, 1996). 프로작의 출현은 단순히 우울증 치료제가 개선되었다는 점을 넘어서는 의미를 내포하였다. 그것은 뇌에서 단일 신경전달물질(세로토닌)의 작용을 증진시켜 우울한 감정을 끌어 올릴 뿐만 아니라, 충동조절, 자신감, 대화의 분위기를 높여 준다는 찬사를 받았다. 이것은 인간의 감정을 선택적으로 조절할 수 있다는 사실 뿐 아니라 나아가서 인간정신, 인인간의 정체성과 삶까지도 약물로 조작할 수 있다는 것을 의미하였다. 프로작은 거부에 대한 민감성을 낮추고 흥미의 증가, 위험의 감수, 그리고 확신감과 적극성에 영향을 주어 우리의 정체성과 인격성향까지도 바꿀 수 있다는 가능성을 제시하였다. 나아가 사회성을 증진시키고 일과 대인관계에서의 장애물을 뛰어넘어, 보다 사려 깊고 안정되고 자신에 찬 성공적인 삶을 가져올 수 있다는 극찬을 들었다 (Healy, 2001). 이대로 간다면 머지않아 충동조절을 잘하고 기억력, 지적능력, 집중력을 증진시켜 초인간을 만드는 것도 가능하게 되며, 잘 조화된 성격의 지도자도 약물로 만들 수 있다는 생각을 갖게 하여, 이를 소위 "cosmetic psychopharmacology" 또는 영혼의 성형수술이라고 불렸다. 이제 곧 제약회사들은 우울증의 치료에 국한되지 않고 아무 때나 원하는 경우보다 더 활기차고 적당히 즐거우며 매사에 적극적으로 사람을 만들어 주는 약을 개발하여 보급할 것이라는 희망을 주었었다.

그러나 그 이후 프로작을 능가하는 항우울제가 지금도 계속 개발이 되고 있지만, 그렇다고 해서 인간의 삶이 개선되었다는 증거는 고사하고 우울증이 줄어들고 있다는 증거조차 없는 것이 현실이다. 아니 인간의 질병정복의 꿈을 비웃듯 오히려 우울증은 점점 증가하는 추세에 있는 듯 보인다. 그 이유는 무엇일까?

우울증은 일부의 사람들이 특정시기에만 겪는 정신병리로서 감염질환에 항생제를 쓰면 완치가 되듯 회복되는 그런 단순한 문제가 아니라, 그것은 인간의 성격과 삶 속에 기질(temperament)로서 보편적이고 근원적으로 존재하는 것이며, 대부분의 경우 약물 등의 치료에 의하여 일시적으로 호전이 된다 하더라도 언젠가는 재발과 악화를 반복하면서 평생을 지니고 사는 그런 것이다. 다시 말하자면 전문적인 치료가 모든 것을 해결하지는 못하는 삶의 문제, 인간의 부정적인 성향, 자기 파괴의 성향이면서 동시에 이러한 성향으로부터 벗어나 유한한 삶과 죽음으로부터의 초월을 향하려는 몸부림이기도 하며, 삶의 의미와 가치를 추구하고 전인적인 성숙을 추구하려는 몸부림, 따라서 우울증이란 바로 영적인 문제라고 할 수 있다.

이러한 관점에서 볼 때 현 DSM 진단체계는 우울증을 보다 포괄적으로 다루기에는 매우 제한적일 수 밖에 없으며, 우울증을 전인적으로 다루기 위하여는 보다 폭 넓은 개념적인 틀을 필요로 한다. 그런 주장을 펴는 학자들 중에는 DSM의 다차원 척도 중 6축(Axis VI)에 영성차원 (dimension of spirituality)을 추가하여 그 속에 "the thoughts, feelings, and actions of any person who is stretching to grow beyond the bounds of isolated ego in the directin of reacher relatedness, deeper maturity, and an enhanced sense of vitality and meaning." 의 개념들을 포함하여야 한다는 사람도 있다(Bringle, 1996).

실존치료에서의 우울증의 개념

DSM 진단체계에는 거의 무시되어 있지만 전문가들이 우울증의 임상 에서 가장 흔히 직면하게 되는 증상 중의 하나는 '삶의 의미가 없다'는 호소이다. 많은 우울증 환자들은 살 의미나 가치가 없음을 호소하면서 그 중 상당수는 자살사고나 자살 기도로 이어지므로 이는 분명히 우울증 의 심각하면서도 매우 흔한 증상 중의 하나인데도 불구하고 현대의 정신 의학자들과 상담전문가들이 진단분류체계에서 이러한 우울의 특성을 무 시하고 최소화하여 버렸다는 사실은 매우 놀랄만한 일이다. 일찍이 Vic- tor Franklin을 위시한 실존치료자들은 일반우울과 다른 별도의 '실존우 울'이 존재한다고 주장하였는데, 이를 '영인성 우울증(noetic neurose)', 또는 '실존적 우울증(existential depression)'이라고 이름을 붙였다 (Yalom, 1980). 그들은 이 실존적 우울증은 환경의 장애나 자신의 내면에서 체질적으로 오는 일반적인 우울증과는 달리, 처음부터 삶의 무가치함이나 의미없음을 호소하는데 이런 종류의 실존적 우울증은 그것이 발생하는 독특한 심리적 과정을 거친다고 보았으며, 이 과정들은 탈착각화(disillusionment),이인화(alienation),   탈생동화(deanimation),   절망(despair) 그리고 신앙의 출현(the emergence of faith)이라고 보았다(Washburn, 1996). 이 과정들을 좀 더 구체적으로 설명하자면, 일반적인 우울이 일상생활에서의 행복에의 추구에 어떤 장애가 나타나는 것을 계기로 발생하는 반면, 실존우울은 행복의 상태가 세상적인 만족으로 이루어진다는 가정 자체가 잘못되었다는 것을 깨닫는 탈착각화(disillusionment)로부터 시작된다고 말한다. 이 탈착각화는 불만족감과 허무감을 일으켜 우울증이 생기게 한다. 이런 우울증은 일반 우울증과는 달리 상실과 같은 삶의 장애를 계기로 나타나지 않으며, 일반적인 치료로 호전이 쉽게 되지 않다고 하였다.

이인화(alienation)란 세상으로부터 잘려진 느낌을 말한다. 행복을 추구하는 것에의 믿음을 상실했기에 세상으로의 참여가 철회되며, 이 철회(withdrawl)는 두 가지 방면에서 나타나는데, 하나는 자신의 내면적 느낌으로 나타나 점차적인 흥미와 욕구의 상실, 그리고 참여하는 능력의 상실로 나타나고, 밖으로는 세상에 대한 지각으로 나타나는데, 세상의 모습의 변화, 즉 그 실제성(realness)과 의미의 상실이다. 그는 무감동(apathetic)해지고, 혼란되며(confused), 그리고 세상에서 잘린 느낌과 동시에 세계는 황폐하고 목적이 없고, 다가갈 수 없는 것이 된다. 이인화은 능동적인 과정이 아니라 탈착각화의 결과로 따라오는 현상이며 개인의 의사로 결정하는 것이 아니기 때문에 자신에게는 그것을 되돌릴만한 힘이 없다. 그러나 포기와는 다르다. 그가 세계를 포기하는 것이 아니라 세계가 그로부터 미끄러져나가 멀어지고 비현실이 되는 것이다. 세계는 평평하고 밋밋해진다. 그 의미와 내용의 생동감이 없어지고 회색이 된다. 영화를 보고 나서의 그 영화 속의 현실과 같다고 느끼는 것이다. 탈생동화(deanimation)의 과정에서는 자아정체성의 탈생동화가 일어난다. 이인화에서 세계가 밋밋해지고 죽은 것처럼 느껴지는 것과 같이 탈생동화는 자신이 밋밋하고 죽은 것처럼 느껴지는 것이다. 자신의 정체성은 단지 가면, 즉 페르소나(persona) 또는 거짓처럼 여겨지고 마침내는 자기가 죽은 것으로 지각된다. 존재가 존재하지 않는 죽음으로 향하는 병이 된다. 이들 과정은 마침내 개인의 모든 희망을 앗아가고 절망(despair)으로 이르게 된다. 더 이상 세상의 것을 좇지 않게 되며 그렇다고 과거로 돌아갈 수도 없게 된다. 실존적 우울증의 과정은 때로는 새로운 신앙의 출현(the emergence of faith)의 과정으로 새롭게 바뀔 수 있는 가능성을 갖고 있는데, 즉 여기서는 모든 세계와 자기가 죽은 상태에서 새로운 갈망이 고개를 들고, 영혼의 깊은 곳에서 그 갈망은 은총에 의하여 믿음으로 되어 나온다. 대부분의 사람들은 우울을 치료하고 과거의 옛 자기(old self)로 돌아가나 절망을 경험한 사람은 때로는 새로운 영의 부활로 나온다. 이상과 같은 실존치료자들이 주장하는 실존적 우울증에 관한 기술은 그 의미하는 바가 매우 큰 데, 즉 우울증의 범위를 단순한 병리현상에서부터, 실존적 의미의 상실에 대한 반응, 그리고 다시 그 의미를 되찾기 위한 갈망의 표현으로 확대하여 주기 때문이다. 사실 임상적으로 자세히 살펴보면 사실 모든 우울증 환자들은 때로는 명백하게, 때로는 함축적으로 무조감(helplessness), 이인화, 탈생동화, 죄책감 등의 실존적 증상을 수반한다. 그리고 현대의 사회구조는 이런 실존증상들을 강화시킨다. 모든 우울증이 실존적 증상을 가지고 있다는 것을 인정한다면 우울증은 단순한 병리현상으로서만이 아니라 삶의 실존적 의미추구의 한 표현으로도 이해되어져야 한다.

그럼에도 불구하고 왜 현대정신의학의 진단분류체계에서는 실존우울의 측면이 제거되고, 　우울증이 단지 고착적이며 역기능적인 장애로서의 병리현상으로 축소, 변질된 것일까? 그것은 인간이 서로의 투쟁 때문에 눈앞의 생존에 매달려 본래의 참 존재의 중요성에 소홀하게 된 것도 그 이유 중 하나일 것이다. 생존하기 위한 떡, 명예, 욕망 등은 우리로 하여금 근원적 욕구를 잊게 만들기 쉽다. 아울러 현대의 정신병리학이 의미추구나 영성추구는 과학이 아니라는 편견이 있었던 　점, 그리고 전술한 대로 다국적 제약업체들의 우울증에 대한 상품화도 한 원인으로 작용하지 않았나 생각된다.

어둔 밤과 우울증

16세기 신비가 십자가의 요한은 우리가 신앙생활을 해 가면서 초기의 열정과 흥분이 가라앉고 어느 정도 기도의 묘미를 터득해 갈 때, 하나님이 사랑하는 영혼들에게 특별한 영적 메마름을 허락하시게 된다고 말하였는데, 그는 이런 현상을 '어둔 밤'이라고 불렀고, 이 개념은 여러 신비가들에 의하여 광범위하게 지지를 받았다(Green, 1979). 그가 말하는 '어둔 밤'은 세 가지 특성이 있는데, 첫째는 세상 사물 어떠한 것에서도 아무런 감동이나 만족이 없는 무미건조함을 느끼며, 둘째는 심지어는 이제까지 영적 기쁨을 누리던 하나님의 임재와 관계된 묵상이나 기도조차도 건조해지지만, 그럼에도 불구하고 셋째 가장 중요한 특징은 하나님을 향한 간절한 갈망만이 마음 속에서 불타게 된다는 것이다(십자가의 성요한, 1973).

영혼의 어둔 밤 현상은 사실은 그 명칭과는 반대로 영적 여정의 진보를 의미한다. 신비에로의 여정은 인간의 영적 노력 그 자체를 무산시키고, 심지어는 신앙적인 의미도 사라진다. 신비가는 하나님에 의하여 완전히 버려진 느낌을 갖게 되며, 소망이나 믿음은 시련을 받고 무거운 인내를 요구받으며, 완전 고립된 느낌 속에서 고독을 경험한 채 계속해서 이 길을 갈 것을 요구받게 된다. 여기에 좌절과 고통이 많음을 옛 기록들은 보여준다(시 13:1-2, 시 63;1) (Meadow, 1984). 좀 더 풀어서 설명하자면, 이런 상태가 오는 이유는 성령께서 이제까지 하나님의 임재를 위하여 우리가 능동적으로 노력하던 것을 내려 놓게 함으로써 성령님의 이끄심에 자신을 비우고 수동적 관상 상태(또는 주부적 관상 infused contemplation)에 이르게 하기 위함이며, 이를 통과해 가면서 비로소 우리는 주님의 성숙하신 사랑과 일치하는 상태에 이르게 되기 위함이다. 이 과정은 아무 목표나 상황이 보이지 않는 어두컴컴한 밤, 또는 자신을 정화 작용하는 광활한 메마름의 사막에 비유할 수 있으며, 영적 여행의 길을 가는 영혼들에게는 고통과 시련의 기간이지만, 우리를 아름다운 그릇으로 만드시기 위한 토기장이 되신 하나님의 계획이라는 것이다(Green, 2012). 따라서 어둔 밤은 깊은 내면의 갈망과 모든 지각을 뛰어넘는 평안의 희미한 느낌에도 불구하고 현실적으로는 만족감이나 열정의 느낌은 메말라지며, 좌절감, 외로움, 의욕상실 등의 우울증에서 보는 것과 유사한 여러 현상들을 겪게 되므로 자칫 병리적인 우울과 혼동을 가져올 수 있다고 Gerald May(1992)는 말하였다.

　병리적 상태의 우울은 영혼의 어둔 밤과 유사한 현상을 보여준다. 우울한 사람은 깊은 슬픔과 고독을 느낀다. 인생은 텅 비었고 의미도 없다. 미래는 불투명하며, 생각과 말, 행동은 느려지고 피곤하다. 불안, 수치, 죄책감이 흔하다. 자신과 타인과 이 세상에 대하여 부정적인 사고를 하게 되며, 하는 일은 모두 부적절하고 짐스러울 뿐이다. 인생은 즐겁거나 기쁜 일이 없다. 우울이 깊어짐에 따라 집중이 안 되고 일처리에 문제가 생기며, 불면, 식욕부진도 흔하게 된다. 자신에 대한 극도의 혐오감과 보상받을 수 없을 것 같은 죄책감 때문에 자살을 생각하게 된다(Meadow, 1984). 그런데 많은 영성 연구가들은 우울과 어둔 밤은 각각 독립적으로 존재한다고 주장한다. 영적 여행자는 우울이 없이도 항상 고독을 겪을 수 있으며, 반대로 우울증이 있는 사람은 영적 절망 없이도 우울을 겪을 수 있다. 때로는 이 양자가 서로를 촉발시키기도 하고 악화시키기도 한다. 영적 고독은 때로는 우울의 양상을 띠기도 하지만, 십자가의 요한이 언급했듯이 항상 하나님과의 관계에서 오는 갈망의 특성을 가지고 있기 때문에, 목회상담자는 이 점에서 특별한 도움을 줄 수 있다.

   May(1992)는 일반적으로 어둔 밤에서의 경험과 일차적인 심리학적 우울증을 다음과 같은 기준들에 의거하여 구분할 수 있다고 생각하였다. 즉 어둔 밤의 경험은 고통, 삶이나 일에 있어서의 효율성을 상실하지 않는다. 반면에 일차적 우울증에서는 이런 것들을 상실하게 된다. 그러나 놀랍게도 유머 감각은 어둔 밤 경험에서는 유지가 된다. 다른 사람을 향한 열정은 어둔 밤 경험 후에 더 증진되지만, 임상적 우울증에서 볼 수 있는 자기 집착(자기에 빠져 있는 것)은 보이지 않는다. 어둔 밤에서는 전체적으로 뭔가 옳다는 어떤 느낌이 깔려있다. 그러나 일차적인 우울증과는 상반되는 다른 황량함이 있는데, 어떤 개인의 깊은 감각이 잘못 되었다거나, 의식적으로는 적어도 근본적이면서도 신비로운 변화에 대한 열망이 진지하게 깔려있을 수 있다. 그것은 우울증과는 다르다. 다시 말하자면 어둔 밤에서의 경험은 황량함이 있지만 일차적인 우울증과는 달리 잘못된 것에 대한 깊은 인식이 있고, 의식적으로는 근본적인 변화에 대한 열망이 내재해 있다는 점이다. 어둔 밤을 경험하는 개인은 다른 사람의 도움을 구하지 않는다. 대단히 섬세한 부분이지만 아마도 가장 중요한 것은 당사자가 좌절하거나 후회하거나 실망하지 않는다는 것이다. 경험하는 사람의 임재에 대해서 다른 사람이나 지도자가 볼 때 좌절을 느낀다던지 후회하거나 실망하지 않는다는 것이다. 그러나 연자의 생각으로는 어둔 밤을 하나님이 주신 특별한 경험으로만 축소할 필요는 없다고 본다. 거기에는 항상 예외가 있고, 예기치 않은 경이로움이 있을 수 있다. 대부분 어둔 밤과 우울증은 표면적으로 유사한 증상을 보이나 단지 한 가지에서 확실히 다르다. 그것은 십자가의 요한이 가장 강조한 신을 향한 갈망이 있느냐 없느냐의 차이이다.

 이상의 모든 표현들은 일반 병리적 현상으로서의 우울과 영적 우울 내지는 어둔 밤의 개념이 전혀 별개의 현상이라는 전제를 가지고 이 양자를 굳이 구분하려는 주장이다. 그러나 연자는 이 양자는 본래 동일한 뿌리를 가진, 일련의 연장선상에 있는 현상의 각기 다른 표현일 수 있다는 생각을 해 본다. 그 한 쪽 끝에는 병리적인 우울증이 있으며, 다른 한 쪽 끝에는 영적 성숙을 향한 과정으로서의 어둔 밤이 있다고 보는 것이다. 이 양자는 때로는 각기 독립적으로 존재하기도 하지만, 때로는 동일한 사람에서 동시에 표현 될 수도 있는 하나의 현상이라고 보는 것이다.

William James는 정서적 기질과 종교성과의 관계를 말하였는데, 우울성향의 사람들이 명랑한 사람들보다 더 종교적 예민성을 가졌다고 보았다. 그들은 정신적 고통에 보다 약하고 내면적으로 부정적 감정을 많이 가지며, 미래에 대하여 불확실성을 기지므로 종교적인 욕구가 더 높다고 말하였다. 반면에 표면적으로 건강해 보이는 사람들은 결핍, 악, 고통, 절망, 슬픔 등의 영적 욕구들로부터 스스로를 격리하는 정서적인 경향이 있다고 본다(Meadow, 1984). 따라서 이는 우울증적인 기질의 사람들이 '어둔 밤'의 경험을 더 잘 할 수 있다는 반증이 되며, 나아가서는 우울증적 상태 자체가 일종의 어둔 밤을 의미할 가능성도 있다고 본다. 그렇게 본다면 실존치료자들이 말한 대로 우울증은 영적 각성을 여는 관문이 되는 동시에 영적 여정의 과정 자체이기도 하다.

많은 신비가들의 영적 여정에 관한 문헌들을 살펴보면 일반적으로 영적 여정의 다섯 단계가 있음을 알 수 있다. 즉 1) 각성(awakening) 2)정화(purification) 3)조명(illumination) 4)영혼의 어둔 밤(the dark night of the soul) 5)합일상태 또는 영적 결혼(the unitive state or spiritual marriage)들이 있다. Meadow(1984)는 우울현상은 특히 이 중에서 2)단계와 4)단계와 관련이 있다고 하였는데, 그러나 연자가 생각하기에는 우울현상은 이 모든 단계와 관련이 있어 보인다. 즉 1)단계는 욕망을 다른 것에서 추구하다가 좌절이 되는 것을 계기로 할 때가 많으므로 우울이 흔히 올 수 있는 상태이며, 2)단계에서도 우울의 직접원인은 대부분 상실을 겪게 되는 경험인데, 정화의 시작은 스스로 자신의 소유와 자신을 버리는 것으로부터 시작된다. 3)단계에서도 역시 하나님에 의한 수동적인 상실을 더욱 철저하게 경험하게 되며. 4)에서는 드디어는 우울과 유사한 현상이 가장 많이 일어나며, 5)에 와서야 비로소 우울현상은 사라지게 될 터이지만 이 경지는 우울의 근본 원인이 원초적인 분리(separation)에서 기인한다는 설을 생각한다면 당연한 목표가 된다(이 부분에 대하여는 앞으로 상세히 언급하려고 한다).

우울증에 관한 통합적 개념 이해

이제까지 우울증의 개념을 제한된 병리현상에서부터 보다 포괄적인 실존적, 영적 의미로서의 개념으로 확장하려고 시도하여 보았다. 전술한 실존 우울증의 발생단계와 영적 여정의 다섯 단계는 자연스레 동일한 연장선상으로 연결될 수 있다고 여겨지는데, 실제로 위대한 영성가들, 예를 들면 십자가의 요한, 아빌라의 데레사, 로욜라의 이냐시오, 마틴 루터, 다그 함마슐트, 그리고 마더 데레사 등의 전기를 살펴보면 이러한 단계들이 자연스레 발견되며, 어둔 밤의 현상과 우울증의 현상이 명확히 구별할 수 없는 상태로 존재함을 알 수 있다. 그러나 아직도 이 삼자, 즉 병리적 우울증, 실존적 우울증, 그리고 영적 어둔 밤으로서의 우울증 간에 일관된 논리적 연결고리가 빠진 느낌을 지울 수 없다. 이제 연자는 이 삼자가 어떻게 원인론적으로 연관성을 가지고 있는지를 분리와 연합의 개념에서 살펴보고자 한다. 도대체 어떻게 해서 우울증이 인류의 역사와 더불어 인간의 삶 속에 자리 잡게 되었으며, 시간이 갈수록 줄어들기는 커녕 오히려 점점 증가추세에 있는 것일까? 과연 우울증의 본질은 무엇인가? 만약 우리가 우울증을 온전하게 제대로 이해하지 못한다면 우울증을 극복할 수가 없을 뿐만 아니라, 영적 여정의 보다 깊은 의미를 파악하는데 실패하게 된다는 사실은 이제 분명해 보인다.

지난 2-30년 동안 생물정신의학의 눈부신 발전은 정말 괄목할 만하다. 특히 우울증에 있어서 이제까지 정신분석이나 사회심리학으로는 설명이 되지 않았던 많은 발생기전과 치료 메커니즘을 설명해 주고 있다. 우울증이 유전인자를 통하여 그 취약성이 유전된다는 것과 그것이 뇌 속의 세로토닌이나 도파민과 같은 생체아민으로 구성된 신경전달물질들의 생성과 대사에 영향을 미친다는 사실이 속속 밝혀져 왔다. 그럼에도 불구하고 이러한 발달의 결과는 실제로는 아직도 기껏해야 우울증의 발생기전의 일부나 증상의 발현과정 정도를 설명해 수 있을 뿐, 우울증이 아직도 정복되지 않고 존재하는 근본 이유는 밝혀주지 못하고 있다. 우리가 우울증을 좀 더 잘 포괄적으로 이해하기 위해서는 여러 가지 학문체계들, 발생학, 유전학, 정보학, 정신분석학, 발달심리학, 진화론, 그리고 영성학 등의 여러 분야의 지식을 동원하여야 한다. 이러한 과정은 전통적인 학문의 이합집산을 요구하는데, 예를 들면 우울증을 설명하는 생물학적 신학(biological theology), 또는 생물심리사회학적 영성학(bio-psychosociological spirituology) 등의 분야가 필요하게 될 것이다.

우울증과 가장 밀접하게 관련된 키워드는 슬픔인데, 우울증은 슬픔의 병리적인 상태라고 말할 수 있다. 세포가 정상적인 성장 과정의 통제를 벗어난 것이 암이라면, 우울은 통제를 벗어난 슬픔이라고 말할 수 있다. 그래서 우울증에 대해 유용하고 가능한 한 생산적으로 생각할 수 있는 개념이 악성 슬픔이라는 것이다. 슬픔이 우울증으로 진화되는 것은 세포의 정상적인 성장이 암으로 되는 것과 같다. 진화론적 맥락에서 우울증을 이해하기 위해서는 정상적인 과정이 어떻게 방해받게 되며 결국은 병리학적으로 되는지를 이해해야 한다. 따라서 슬픔이라는 보편적인 감정의 정체와 기능을 이해하는 것은 우울증을 이해하는 전제가 된다. 슬픔은 모두가 느끼는 정서이고 누구나 얼굴 표정에 나타난다. 슬픔이나 불안 등을 위시한 여러 다양한 정서의 공통점은 이들이 보상이나 손상을 주는 신호에 대한 어떤 종류의 반응을 대표한다는 것이다. 예를 들어 두려움은 개인이 피하거나 도망치고 싶은 어떤 형태의 자극이나 행위에 대한 정서적 반응이다. 그렇다면 슬픔의 기능은 무엇일까? 슬픔은 일반적으로 부정적인 감정으로 여겨지지만 동시에 우리의 인생에 있어서 중요한 기능을 한다. 그것은 애착(attachment)이라는 개념과 관계가 깊다. 애착은 적응적인 것으로 아이가 엄마나 돌보아 주는 사람과 가까운 결속을 유지하는데 필요한 것이다. 엄마는 자신의 아이를 돌보아 주면서 애착을 느끼게 되고, 아이의 생존과 자신의 유전자의 생존을 확실하게 해 준다. 애착이 효과적이기 위해서는 엄마가 밀착해야만 하며, 그래야 아기가 엄마를 찾게 된다. 이 세상에 슬픔 이 없다면 무엇이 아이들이나 배우자들이 서로 애착을 갖도록 고무시킬 수 있겠는가? 헤어짐의 슬픔이 없다면 한 사람이 또 다른 사람과의 결속을 깨뜨리지 못하도록 무엇이 지켜 줄 것인가? 신체적이든 정신적이든 헤어짐은 인간 슬픔의 근본 원인인 것이다. 정신분석이론은 우울증의 정상적인 버전의 정서반응을 상실에 대한 애도반응으로 설명한다. 특히 초기 유아기 때에 엄마와의 분리가 그 주된 원인이라는 주장이다. 엄마와의 분리를 경험하게 되는 아이들은 슬픔을 느끼고 울음으로 그것을 표현한다. 울음은 슬픔의 가장 강렬한 표현이기에 이를 보는 대상은 누구나 돌보아 주고 싶은 충동을 느끼며 이것은 유아의 생존을 가능하게 하는 강력한 적응반응이다.

인간의 가장 근본적인 분리는 엄마의 자궁으로부터 탯줄이 분리되면서 인간이 세상에 태어나는 과정이며 여기서부터 실존적인 고독, 좌절, 분노, 불안, 슬픔 등의 정서반응이 출발한다고 볼 수 있는데, 이런 원초적인 반응들은 출생의 실존적 결과인 동시에 홀로 떨어져서 생존해야하는 현실에 대한 인간의 적응을 위한 목적이 있는 현상이기도 하다. 이렇게 볼 때, 우울증은 상실에 대한 슬픔이라는 정상적인 정서반응이 사회심리적인 요인들에 의하여 오랜 세월에 걸쳐 변형된 결과이며 이 결과가 유전인자를 통하여 형이하학적인 변형을 초래한 것이라고 해석할 수도 있다.

따라서 인간인 우리 모두는 예외 없이 원초적인 상실을 경험한 존재들이기 때문에, 잠재적으로는 모두 슬픔을 지닌 존재들이라고 말할 수 있다. 수많은 발달심리학과 동물을 통한 실험심리학의 데이터들은 우울현상은 유아초기의 모성박탈 내지는 모성분리(maternal deprivation or separation)에 의하여 일어난다는 것을 보이고 있다. 발달심리학에서 인격이 성숙하게 되는 과정과 전제를 분리-개별화(separation-individuation)로 설명하고 있는 것은 바로 이 때문이다. 정신분석 학파 중 Rankian들은 유아가 출생 시에 겪게 되는 분리(separation) 불안이 모든 정서의 가장 원초적인 불안이라고 한 바 있지만, 이점은 우울에도 적용된다. 그렇기 때문에 모든 정신분석 학파들의 궁극적인 치료목표 또한 이러한 분리를 어떻게 성숙하게 극복하느냐는 것, 즉 개별화(individuation) 또는 자기구현(self-realization)에 두고 있음은 인본적인 입장에서는 상당히 타당한 귀결인 것이다.

Silvano Arieti는 특히 상실에 대하여 아주 통렬한 예민성이 특징인 life style을 가지고 있는 일련의 우울증 환자들을 "요구하는 우울증(claiming depression)"이라고 불렸는데, 이들은 항상 '잃어버린 낙원(lost paradise)' 갈구하기 때문에, 주위의 지배적인 타인에게 의존하여 그들이 자신의 결핍감으로부터 안전하게 지켜주기를 바라며 그렇지 못할 경우 자신을 만족시켜주지 못하는 타인들에 대하여 강한 적개심을 갖게 된다고 보았다(Arieti, 1978 -Meadow, 1984에서 재인용). 그가 사용한 'lost paradise'란 용어는 본인의 의식적인 시도가 아니었음에도 불구하고 이미 신학적인(영적인) 의미를 띄고 있다는 점에 주목할 필요가 있다.

진화론의 유명한 명제 중 개체발생은 종족발생을 반복한다는 명제가 있는데, 발생학적인 견지에서의 이 지식은 동시에 영적인 의미를 띄고 있다. 인류 개체가 거치는 출산이라는 과정은 사회문화적으로 축복을 받는 것이긴 하지만, 태어나는 당사자에게는 신체적으로나 정서적으로는 매우 고통스러운 과정이다. 모든 것이 쾌적하고 완벽한 영양상태와 면역체계가 잘 갖추어져 있는 엄마의 자궁으로부터 분리되어 좁은 터널을 빠져나와 생명의 탯줄을 잘린 후 거꾸로 매달려 피투성이가 된 채 비명을 지르는 모습은 바로 인류가 에덴의 낙원(paradise of Eden)으로부터 쫓겨나 하나님과의 연합의 상태로부터 최초의 분리를 경험하는 비극을 재현하는 것이라고 볼 수 있다. 우울은 이 실낙원 사건의 원초적 분리로부터 생겨났으며, 인간의 유전자에 아로새겨져서 대대로 출생과정을 통하여 재현되고 있다고 해석해 볼 수 있다. 이렇게 볼 때 우울은 일부 특정인만의 현상이 아니라 사실은 인류보편적인, 그리고 인간존재의 근원적인 현상으로 이해될 수 있다. 심지어 우울을 겪지 못하는 사람이 있다면 그는 오히려 인간됨을 겪지 못하는 것이라고 말할 수도 있을 것이다.

따라서 슬픔이나 우울은 인간 누구나 타고나면서 느끼게끔 실존적으로 예비되어 있는 운명적 정서이며, 이는 단순히 생물학적인 엄마로부터의 분리와 관련 있는 것만이 아니라, 그 이상의 절대적인 존재로부터의 분리에서 발생된 당연한 정서반응이라고 볼 수 있다. 동시에 이 역시 암이나 공황장애와 마찬가지로 어떤 생존의 목적을 가진 반응이라고 볼 수 있다. 즉 인간의 슬픔이나 우울은 존재의 근원으로 돌아가려는, 존재의 근원과 합일하려는 목적을 지닌 생존반응이자 바로 영적인 반응이기도 하다. 많은 영성 신비가들이 하나님과의 연합을 관상의 최고의 목표로 삼는 것은 바로 이 원초적인 슬픔을 극복하려는 당연한 시도라고 볼 수 있다. 그러므로 모든 우울은 생물학적, 진화론적, 사회문화적인 특성을 모두 지녔기 때문에 바로 실존적이면서 영적인 현상이라고 말할 수 있다.

우울증의 개념의 확대와 치유

이상에서 볼 때 병리적 우울증과 어둔 밤은 동일한 근원−하나님으로부터의 분리에서 기인된 현상으로 이해되어 질 수 있다. 그러나 우울증이 창세기 원인론적 사건으로부터 오늘날 각 실존의 우울증의 병리학적 발생에 이르기까지는 여러 다차원적인 발생과정의 단계를 거치는데, 이러한 개념에 입각하여 우울증의 발생과 또 그 가역적인 치유 기전을 이해하기 쉽게 단계 별로 요약해 보면 다음과 같다.

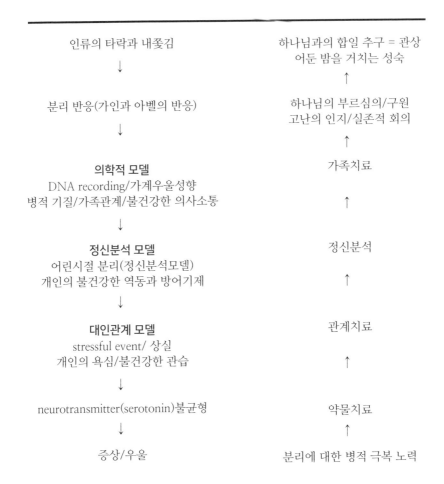

발생과정	치유과정
인류의 타락과 내쫓김	하나님과의 합일 추구 = 관상 어둔 밤을 거치는 성숙
↓	↑
분리 반응(가인과 아벨의 반응)	하나님의 부르심의/구원 고난의 인지/실존적 회의
↓	↑
의학적 모델 DNA recording/가계우울성향 병적 기질/가족관계/불건강한 의사소통	가족치료
↓	↑
정신분석 모델 어린시절 분리(정신분석모델) 개인의 불건강한 역동과 방어기제	정신분석
↓	↑
대인관계 모델 stressful event/ 상실 개인의 욕심/불건강한 관습	관계치료
↓	↑
neurotransmitter(serotonin)불균형	약물치료
↓	↑
증상/우울	분리에 대한 병적 극복 노력

우울증의 발생기전이 이러한 복합단계를 포함하는 것과 마찬가지로 치유의 과정 또한 이런 여러 단계를 포함할 수가 있는데, 즉 약물치료, 관계치료, 정신분석, 가족치료 등 기존의 접근 방법들과 아울러서, 분리에 대한 병적 노력을 포기하고 실존적인 분리의 현실에 직면하여 부르심에 대한 각성, 개인의 기대와 책임, 가계의 연대, 인류타락에 대한 구원과 성숙의 인식, 하나님의 임재를 향한 합일의 갈망의 자세 등이 포함되어야 한다.

이제 왜 약물치료를 위시한 기존의 과학적인 접근방법 만으로는 충분치 않으며, 성숙도 없는지 다소 분명해 보인다. 하지만 이것이 우울증의 약물치료가 필요없다는 뜻은 결코 아니다. 그것도 필요하되 이것만으로는 부족하다. 우리는 때로는 푸로작도 필요하고, 때로는 인지기능을 바꿈으로서 우울증으로부터 잠시 빠져나올 수도 있지만, 참 생명의 근원과 다시 연합되는 것으로 근원적인 슬픔을 극복할 수 있음을 잊지 않아야 하겠다. 심리치료 역시 왜 근원적인 한계를 가지게 되는지를 이해할 수 있다. 정신분석이 우울증에는 효과가 없으며, 때로는 해롭기 까지 하다는 견해는 이미 프로이트 때부터 있어 왔다. 그 후로 다양한 심리치료가 시도되었지만 어느 것 하나 만족할 만한 것은 없었다. 그러나 적용하는 심리치료의 종류가 어떤 것이든 상관없이 일반적인 치유인자, 즉 환자와의 지속적인 대상관계, 그리고 환자를 공감하는 것은 효과가 있다는 것이 일반적인 견해이다. 이 주장은 뒤집어보면 궁극적인 대상관계와의 합일을 향한 잠정적인 효과를 의미한다고도 볼 수 있다.

특히 개방적 심리치료(open-ended psychotherapy), 즉 끝을 정하지 않고 하는 장기간의 분석적 치료는 비용 대비 경제성이 없다는 이유를 더하여 우울증치료에는 더 이상 적용되지 않으며, 이를 대신하여 새로운 정신치료 두 가지가 대표적인 치료법으로 자리 잡고 있는데, 하나는 인지행동치료(cogno-behavioral therapy)이며, 다른 하나는 Weissman 등이 개발한 대인 관계정신치료(interpersonal psychotherapy)이다. 이 양자는 모두 유사한 면을 가지고 있으며, 인지치료는 환자들의 자동사고, 불합리사고, 우울사고를 수정해 주는 것이 목적이고, 대인관계치료는 대인관계를 분석하여 대처능력을 증진시켜주는 것이 목적이다. 이 양자는 단기간에 약물치료의 보조로서 매우 좋은 효과를 내는 것으로 알려져 있으나, 이 또한 상업적인 부추김이 들어있음을 간과해서는 안 된다. 양자 모두 제한된 시간에 환자의 현실에 대한 오리엔테이션을 교정함으로써 빨리 증상을 해소하고 고통을 완화시켜 줌을 목적으로 하는 것이기에 일부 긍정적인 면도 있으나, 동시에 고통과 인내의 실존적, 영적 의미를 부정하게 만들 소지가 있음도 잊지 말아야 한다.

결국 우리는 우울증 환자를 치유하고자 노력을 할 때, 기존의 여러 방법들을 적절히 사용하되, 그런 방법들에 더 하여 무엇보다도 그 원인이 근원자와의 분리의 측면임을 이해하고, 이를 외면하고 다른 것으로 대체하는 데 그쳐서는 안되며, 그 분과의 일치를 향해서 나아가는 길을 모색함으로써 온전한 치유가 이루어 질 수 있도록 노력해 나가야 할 것이다.

그러나 현실에서는 이러한 목표가 이루어지지 않을 때가 많다. 우리는 때로는 주위에서 도저히 이해할 수 없을 것 같은 현상을 본다. 예를 들면 사랑하는 사람의 우울이 이유 없는 자살로 이어질 때이다. 우리는 항변한다. 어떻게 무한히 선하신 하나님이 그의 사랑하는 아들과 딸의 삶 속에서 이런 일이 일어나도록 허락하신다는 말인가? 하나님의 지혜와 섭리를 도저히 받아들일 수 없어 보일 때도 있다. 원망하고, 신앙이 흔들리며, 생을 마감한 그 존재를 부여잡고 함께 아파할 수 밖에 없을 때가 있다. 그 어떤 위로와 설명도 도움이 안 될 때도 있다. 다만 우리는 자신의 무지와 무력함에 머물러 있을 수밖에 없을 때가 있다. 그것이 인생인 것을 깨닫는다. 우리의 신앙이 모든 것에 답을 주고 위로가 되지 못함을 받아들일 수밖에 없을 때도 있다. 우리는 다만 그 분을 만날 때까지 기다리지 않으면 안 될 때도 있음을 깨달으면서 우리의 고통을 그 분께 내어드리지 않을 수가 없다(Harper, et al, 1996). 또 어떤 경우의 우울증은 최선의 치료에도 불구하고 증상조차 호전되지 않을 수도 있다. 뿐만 아니라 대부분의 우울증은 그 사람의 기질 자체와 삶 속에 유전적으로 존재하기 때문에 완치란 불가능함을 알게 될 때도 있다. 그럴 경우 우울증과 함께 살아가면서, 다만 증상이 다시 재발되지 않도록 조심조심 현상을 유지하면서, 그러면서도 가끔은 상당한 우울을 경험하면서, 그대로 만족하고 살아가야만 하는 경우도 있다. 우울증 내담자를 대하면서 임상에서

45

종종 대하게 되는 의문은 "왜, 어째서 내가, 또는 그가 고통을 당해야 하는가?"라는 질문이다. 고통에 대한 이 질문 "왜 내가?"는 분노에 찬 가인의 태도에서 보듯 인류의 가장 오래된 보편적인 항변이다. 그러나 이 질문이 동시에 곧 부르심으로 이끌려질 수도 있는 질문이기도 하다. 마치 어린아이가 엄마를 찾아 애타게 울듯 절실히 추구할 때 절대자로부터 그 대답이 주어질 수 있다. 우리는 가인과 같은 분노의 표출이냐, 아니면 아벨과 같은 제사로 응답하느냐 선택의 기로에 서게 된다. 이에 대한 깊은 묵상이 필요하다. 답을 발견해 나가려는 과정 자체가 성숙이기에 필요한 과정이 되기도 한다. 즉 삶이 그 가치를 잃게 되는 순간처럼 보이는 이런 종말과 같은 시점은, 그러나 때로는 새로운 출발점으로 바뀔 수도 있다는 말이다. 새로운 길을 찾기 위하여 우리 자신의 기왕의 길을 잃어버려야 할 필요가 있다는 것은 하나의 파라독스이다. 때로는 절망은 믿음의 길로 나아가는 전제가 된다. 이와 같이 우리 자신의 길을 잃어버리는 과정과 그 안에서 성숙되어가는 영성의 모습은 여러 영적 전통 속에서 기술되어 왔다. 예를 들며, 사막에서의 영성, 어둔 밤, 샘이 마름, 무지의 구름 등이 그것이며, 복음서에서도 예수님이 분명히 하신 말씀, 누구든지 자기 목숨을 얻고자 하면 잃을 것이요 자기 목숨을 버리면 얻는다고 하셨다. 이렇게 볼 때 우울증으로 고통 가운데 있을 때가 바로 치유의 전환점(turning point)인 것이다. 그래서 Washburn(1996)도 실존적 우울증은 깊은 탈착각화(disillusionment), 의미없음(meaninglessness) 그리고 자기의 상실감을 초래하는 이인화(alienation)로 특징지어 지지만, 이러한 죽음에 이르는 병은 개인 내면 속에 깊이 잠재되어 있던 차원을 자극하여 보다 깊은 믿음을 불러 일으킨다고 하였다.

이렇게 볼 때 우울증은 일반 우울증에서 실존적 접근을 거쳐, 영적인 추구(spiritual quest)로 이어져야 올바른 치료가 된다. 이 단계에 이르면 우울증의 고통과 어둔 밤은 동일 선상에서 다루어지게 되며, 이는 바로 기독교 전통의 관상기도와 영분별을 중심으로 하는 영성지도(spiritual direction)가 치료의 장에서 이루어지는 것을 의미하게 된다(Edwards, 2001). 특히 심리치료와 영성지도는 서로 배타적이지 않은 입장에서 상호 보완적으로 연계 하에 적용할 수 있는 기회가 온다. 많은 연구자들은 심리치료와 영성지도를 엄밀히 구분해야 하며 특히 동일한 치료자(영성지도자)에 의하여 동일한 대상에게 시도하는 것은 좋지 않다는 점을 강조하고 있지만, 이 주장에 귀를 기울일 충분한 이유가 있음에도 불구하고 현실적으로는 동일한 연속선상에서 통합적인 치유사역으로 시도할 가치가 충분하다고 생각하며, 연자는 다른 곳에서(이만홍, 2006) 심리치료와 영성지도를 이렇게 상호 보완적으로 적용하는 것이 현재 한계에 봉착한 기독교적인 치유사역의 새로운 돌파구를 모색하는 패러다임으로서 제시한 바 있다.

흔히 임상에서 경험하는 일이지만, 일반적인 병리우울증에서 실존적 우울증으로 이행하면 일반우울증의 증상은 소실되는 경우를 종종 관찰할 수 있다. 따라서 문제는 어떤 시기에 어떤 적절한 접근방법을 사용하여 병리적 현상이 영적 어둔 밤으로 변 할 수 있도록 돕느냐는 점이다. 이것은 앞으로 많은 영성치유의 임상경험을 통하여 찾아가야 하는 우리들의 과제이기도 하다. 루터는 그의 생애에서 여러 차례 심각한 우울을 겪었으며, 그 우울이 자신을 "여러 차례 절망의 심연으로 끌고 가서, 차라리 태어나지 말았으면 하고 바란 적이 있었다"고 고백하였다. 그는 이 절망의 심연이야말로 그에게 하나님부터 멀리 떨어져 있음과 이를 극복하기 위하여는 자신의 피나는 노력이 아닌 하나님의 은총이 필요하다는 사실을 알게 해준 것이었다고 믿었다(Stone, 1998). 이렇게 우울은 우리의 존재가 하나님으로부터 분리되어 벌거벗겨지고 사막 가운데 철저히 내동댕이쳐 진 상태라는 것을 깨닫게 해준다. 마더 테레사는 자신의 체험을 통해, 그리고 자신이 목격한 수많은 사람들의 고통을 통해 인간의 고통이 무엇인지를 깊이 이해한 사람이었다. 사람들이 그토록 두려워하고 피하고 싶어 하는 고통, 그러나 마더 테레사는 이 고통을 '선물'로 받아들이라고 권고했다. "아픔, 슬픔, 고통을 그리스도의 입맞춤으로 생각하십시오. 그것은 예수님께서 여러분들에게 입맞추실 수 있을 만큼 여러분이 예수님께 매우 가까이 다가갔다는 신호이기 때문입니다. 우리는 이 고통의 체험을 통해 그리스도의 십자가의 고통을 이해하며 그 고통에 참여할 수 있기 때문입니다. 십자가의 고통없이 부활의 기쁨이 있을 수 없는 것과 마찬가지로 우리가 고통을 느낄 때는 곧 그리스도의 부활이 올

것이고 그 기쁨이 시작될 것이라는 것을 믿으십시오. 고통 자체는 기쁨을 가져다주지 않지만 그러나 고통 속에서 만나게 되는 그리스도는 기쁨을 가져다줍니다." 마더 테레사는 사람은 고통을 통해 깨달음을 얻고 성장한다고 믿었다. 고통을 통해 좀 더 완전한 삶으로 다가가기 때문에 그것을 은총이라고 생각했다. 그러므로 "고통을 이해하고 기꺼이 받아들이면 그 궁극적인 가치를 알게 된다"고 하였다. 여기서 우리는 우울이라는 동일한 고통을 겪고 살아가야 하는 사람들이 어떻게 그 고통의 어둔 밤을 거치면서 주님께 다가갈 수 있도록 도울 수 있는지 하나의 힌트를 발견하게 된다. 이 과정이 바로 영성치유의 길이라고 본다.

맺는 말

병리적 우울증, 실존적 우울증 및 어둔 밤은 동일한 원인-하나님으로부터의 분리에서 기인한 다른 표현으로 이해될 수 있다. 우울증에 대한 약물치료, 심리치료, 실존치료 그리고 영성지도는 우울증으로 고통받는 사람들의 치유에 있어 하나의 연결된 개념 속에서 통합적으로 적용될 수 있으며, 특히 심리치료와 기독교 영성지도가 상호보완적으로 적용되는 영성치유를 우울증의 새로운 치유사역의 모델로 제시하고자 한다.

참고문헌

민성길 (1995). 최신정신의학. 서울: 일조각.

이만홍 (2006). 영성치유. 서울. 한국영성치유연구소.

Bringle, M. (1996). Soul-dye and salt: Integrating spiritual and medical understanding of depression. The Journal of Pastoral Care, 50(4): 329-339.

Edwads, T. (2001). Spiritual Director, Spiritual Companion: Guide to Tending the Soul. New York: Paulist Press.

Frankl, V. (2002). 프랭클 실존분석과 로고테라피 (심일섭 역). 서울: 도서출판 한글. (원저 1986년 출판)

Green, T. H. (1979). When the well runs dry. Notre Dame, Indiana: Ave Maria Press.

Halper, I. S., et. al. (1996). Depression and the soul. Journal and Religion and Health, 36(4): 311-319.

Healy, D. (2001). The antidepressant drama. In Treatment of depression. ed. by Weissman, M. Washington, DC: American Psychiatric Press, Inc.

Hirschfeld, R. (2001). Antidepressants in the United States: Current status and future needs. In Treatment of depression. ed. by Weissman, M. Washington, DC: American Psychiatric Press, Inc.

Klerman, G. and Weissman, M. (1993). New appliccations of interpersonal psychotherapy. Washington, DC: American Psychiatric Press, Inc.

May, G. (1992). Care of mind care of spirit: A psychiatrist explores spiritual direction. New York: HarperSanFrancisco.

Meadow M.J.(1984) The Dark side of mysticism: Depression and "the dark night". Pastoral Psychology, 33(2):105-125.

Nelson, J. (1996). Seeking the spirit in prozac. In Sacred sorrows: Embracing and transforming depression. ed. by Nelson E. and Nelson, A. New York: A Jeremy P. Tarcher/Putnam Book.

Sanderson, W. (2001). Cognitive-behavioral therapy of depression. In Treatment of depression. ed. by Weissman, M. Washington, DC: American Psychiatric Press, Inc.

Stone, H. W. (1998). Depression and spiritual desolation. The Journal of Pastoral Care, 52(4): 389-396.

Ustun, B. (2001). The worldwide burden of depression in   the 21st century. In Treatment of depression. ed. by Weissman, M. Washington, DC: American Psychiatric Press, Inc.

Washburn, M. (1996). The paradox of finding one's way by losing it. In Sacred sorrows: Embracing and   transforming depression. ed. by Nelson E. and Nelson, A. New York: A Jeremy P. Tarcher/Putnam Book.

Wolpert, L. (2000). 우울증에 관한 희망의 보고서 (이원경 역). 서울: 청어람. (원저 1999년 출판)

Yalom, I. (1980). Existential psychotherapy. New York: Basic Books, Inc., Publishers.

02

심리치료와 영성지도의

유사성과 차이점에 관한 고찰

- 임경심 · 이만홍 -

한국기독교상담학회지 17권 p155-178, 2009년 게재논문

내가 글을 쓸 때나 강의를 할 때는 비록 심리적인 면과 영적 개념에
각각 심려를 기울일지라도 내 마음 안에서는 이 두 가지가 결코
나누어 진 것으로 생각을 하지 않는다.
내적으로 특히 침묵 안에서 기도할 때 이 둘은 결코 충돌 하지 않는다.
Contemplation에서 자기(self)에 대한 개념이나 이미지와
하나님의 이미지는 고요하며
서로 화해할 것도 통합할 것도 없다고 느껴진다.

제랄드 메이

들어가는 말

현대 심리치료는 19세기 후반에 중세 신학의 독주와 서구 철학의 영역에서 독립되어 인간 탐구영역으로 발전되기 시작한 분야이다. 제반 심리치료 이론의 모체가 된 정신분석학은 정서장애와 정신질환의 임상 치료와 더불어 사회일반에 커다란 관심을 불러일으켰다. 이러한 관심은 정서적인 곤란이나 심리장애로 인하여 자신 뿐 아니라 가족 또는 그 공동체의 아픔을 숙명적으로만 생각했던 사람들에게 커다란 치료적 공헌을 하였다. 동시에 실존주의 심리이론, 신프로이트 주의로 불리는 인본주의 심리학과 인지행동주의 심리학 등 인간에 대한 광범위한 가설과 치료과정을 발전하게 했다. 심리학의 출발에 신본주의 중심의 중세기 신학과 철학에 반기를 든 이유가 포함되는 만큼 초기 심리학이나 정신의학에서는 인간의 초월적인 면과 영적인 면이 배제되거나 배타적일 수밖에 없었다. 이는 인간의 온전한 치유와 성숙, 자기 초월적 인간의 욕구에서 본다면 결핍을 전제한 출발이었다. 20세기에 들어오면서 심리학이론에서 인간의 이러한 근본적인 문제를 제시하는 경향이 늘어갔다. 이에 따라 현대 심리치료 전문분야에서 금기시했던 영성의 본질에 대한 탐구와 영성 이해에 대한 임상작업이 요구되기에 이르렀다(Sperry, 2001).

오늘날 국내 기독교 상담학의 현실을 볼 때에도, 그 이론적 배경은 매우 풍부하지만 방법론에 있어서는 다소 빈약하다는 것을 인정하지 않을 수 없으며, 상당히 많은 심리치료 모델들이 아직도 정신분석 등 일반(세속) 심리학 방법론에 깊숙이 의존되어 있다. 상담자가 기독교적으로 교육을 받았고 기독교적 인간관과 세계관을 가지고 있어도 우리가 적용할 수 있는 것이 상담시작하기 전과 후에 기도하는 것을 빼면 실제 상담시간 내내 우리의 머리를 지배하고 있는 것은 정신분석적 내지는 인지행동주의적인, 또는 이들로부터 변형된 방법론에 다름 아니라고 보여 질 때가 많다. 그러나 정신분석을 위시한 일반 세속 심리학이 우리의 온전한 대안일수는 없다. 정신분석 등의 심리학 방법론은 문제나 병리의 치료이기는 하지만 인간성숙에 대해서는 할 말을 많이 가지고 있지 않기 때문이다. 아울러 기독교 상담학에서 만이 아니라 일반 심리학에서도 정신분석은 그 치료의 능력 자체에서 한계를 드러내고 있는 학문임은 지나간 세기에 이미 알려진 사실이다. 그렇기 때문에 서구에서는 1980년대 뇌과학의 발달을 계기로 정신분석은 퇴조해 가고, 심리치료학적 한계를 다른 곳, 특히 영적인 차원, 즉 동양종교, 초월심리학, 신비주의 등에서 찾으려고 시도를 하지만, 이러한 다원주의적 내지는 뉴에이지적인 시도들 역시 결코 우리의 대안이 될 수는 없다. 정신분석이나 심리치료는 현재 우리에게 꼭 필요하고 갖추어야 할 일반 심리치료학의 기초라고 보며, 주님이 주신 선물 중의 하나 이긴 하지만, 그러나 여기에서 강조하고 싶은 것은 이것은 현대 기독교 상담 치유분야에서 결코 충분한 것은 아니며 보완해 나가야 할 문제가 있다는 것이다. 정신분석이나 심리치료 만으로는 전인적인 성숙의 길로 나아가는 데에 부족함이 있다는 점을 인정할 수 밖에 없다. 기독교심리치료자들이 인간의 영적인 영역을 구체적으로 다루어가는 개념과 방법에 깨어 있고 훈련이 되어 있다면 영적 갈급함을 안고 찾아오는 내담자들에게 온전한 치유(holistic healing)의 역할과 기능을 해 낼 수 있을 것이다(Sperry, 2003; Galindo, 1997). 그것은 그들의 필요를 아시고 움직이시는 성령님을 내담자와 함께 경험하며 동행하는 특별한 역할과 기능일 것이다. 이에 본 논문에서는 그 구체적인 대안으로 최근 미국을 중심으로 새롭게 조명되고 있는 기독교 전통의 영성지도(spiritual direction)를 소개하면서 심리치료 -정신역동심리치료를 중심으로- 와의 유사성과 차이점을 비교 분석하고자 한다.

현대 영성지도의 개념

넓은 의미에서 영성지도(spiritual direction)란 한 사람의 크리스천이 다른 크리스천의 신앙생활 전반에 걸쳐 성령의 인도하심을 따라 영적 성숙을 돕는 행위를 말하며, 이런 행위는 물론 사도들의 성경적 사례와, 그 후 특히 사막의 교부들인 abbas, ammas 들의 예를 거쳐, 수도원이나 수도회에서는 매우 보편화된 제도였으며, 종교개혁 후에는 다양한 형태의 목회활동이나 소그룹모임 등의 형태로 이어져 왔다. 이 경우 영성지도는 영적인도(spiritual guidance), 영적우정(spiritual friendship), 영적친구(soul friend), 멘토링(mentoring) 등과 거의 같은 의미로 사용된다(Leech, 2006).

그러나 본 논문에서 저자들이 주로 언급하는 영성지도란 최근 약 30년 전부터 미국을 중심으로 에큐메니칼 하게 형성되기 시작한 특정한 이론과 형태의 영성운동을 의미한다(이만홍, 2006; 임경심, 2009). 간략히 설명을 한다면, 수련자가 가지고 온 영적 체험, 특히 소명에 관한 체험과 느낌들을 기도 가운데서 듣고 함께 성령님의 임재하심 가운데서 그분의 뜻을 분별해 나가는 작업을 말한다. 그렇게 함으로써 수련자의 묵상생활을 돕고, 점차로 수련자 스스로가 성령님의 음성을 듣고 분별해나가게 되도록 영적 성숙을 돕는 것이다(이만홍, 2006). 이것은 물론 예수님의 영성 생활로부터 비롯된 기독교 전통 전반에 뿌리를 두고 있는 것이지만, 특히 로욜라 이냐시오(Igniatius of Royola)의 영신수련(spiritual exercise)을 비롯한 아빌라의 테레사, 십자가의 요한 등의 저서에 영향을 받은 묵상생활과 기도(contemplative life and prayer) 및 영적 분별(spiritual discernment)을 주개념으로 하는 보다 체계화된 구조적인 지도를 특별히 의미한다.

영성지도에서는 지도자가 수련자의 어떤 문제를 직접적으로 해결해주는 것이 아니라 내적으로 일어나는 영적 경험을 인식하게 하고 그것이 의미하고 있는 길을 찾아가도록 도와주고, 각 개인에게 임하시는 성령의 역사를 감지하도록 돕는다. 그래서 이는 말씀선포나 말씀연구와는 달리, 개인의 기도 체험 가운데 나타나는 하나님과의 관계에 대한 문제점을 함께 다루어 나가는 것이 되며 그 진행 모습이 역동적 심리치료와 상당한 공통점이 있다고 하겠다(이만홍, 2008). 영성지도는 참 지도자인 성령님을 모시고 두 사람이 인생이라는 영적 여정을 함께 가는 영적 순례의 과정이라고 할 수 있다. 과거에는 흔히 영성 지도자는 사제이거나 종교 지도자였지만, 최근에는 점점 공식적인 사제나 목사뿐이 아니라 이 수련의 부르심을 받고 은사를 받은 일반 평신도들이 공식적으로 많이 참여하게 되었으며, 최근 들어 이러한 영성지도를 가르치고 수련하는 센터만 해도 미국 내 에 수백 군데에 이르게 되었다.

영성지도는 과거 사막의 교부시대로부터 중세까지 상당히 성행하였지만, 중세 후반 이후에는 예수회 등 캐톨릭의 극히 일부에서만 명맥을 유지해 오다가 1970년대부터 다시 관심을 끌기 시작하고 있다. 현대 사회에서 영성지도가 다시 각광을 받는 이유를 짚어 보면 첫째, 현대에 이르러서 사회 전반뿐 아니라 교회공동체에서도 정신병리와 심리적 갈등이 표면적으로 드러났다. 이에 대해 교회 안에서 심리치료나 상담에 대한 관심이 증가하면서 그 방법들이 지닌 한계를 인식하게 되었고, 지나치게 정신분석을 위시한 세속적인 심리학에만 편향되어 있었음을 자각하게 하면서(Koenig & Cohen, 2002; Koenig, McCullough and Larson,

2001; Larson, Swyers & McCullough, 1998; Plante & Sherman, 2001; Francis & Raldor, 2002; Mills, 2002) 교회 안의 전통 속에서 영성지도가 가지고 있는 새로운 치유와 성숙의 가능성에 눈을 돌리게 되었다고 보는 견해가 크다. 또한 미국에서 현대 영성지도의 보급에 큰 공헌을 한 초교파적인 샬렘센터(Shalem Institute)의 건립자인 Edwards(1980)는 영성지도가 현대에 와서 다시 주목 받는 이유로 심리치료와 정신건강 분야에서 인간의 영적 측면을 소홀히 함으로써 심리치료의 한계를 심리치료자 자신들이 자각을 한 것이 큰 이유가 되었다고 평가하기도 하였다.

둘째, 현대는 삶의 공허함과 고독을 심각하게 겪는 시대이면서 동시에 개인적인 느낌과 경험으로 이를 극복하려는 체험의 시대이기도 하다. 그러나 현대의 다중화, 기계화, 정보화 등이 인간의 고립과 고독을 가중시켜 결국 교회 안에서조차 영적 갈급과 공허함에 허덕이게 되며, 이를 채워 줄 영적 체험을 더욱 추구하게 되었다. 이에 따라 지난 세기 말 80 –90년대에 영성 신학에 대한 관심이 고조 되었고, 영적 성장, 영성훈련, 영성지도 등에 관한 주제를 다룬 책과 세미나들이 넘쳐나고 있다(Tan, 1996b, 1999c, 2001b). 물론, 영적인 부분은 기독 상담에서뿐 아니라 일반 정신건강 분야에서도 최근 관심과 주요 연구분야가 되어왔다 (Akthar, Salman and Henri Parens, 2001; Becvar, 1997; Canda and Furman, 1999; Cornett, 1998; Cortright 1977; Fukuyama and Griffith, 2001; Kelly, 1995; Lovinger, 1984, 1990). 이제 우리는 다시 초대 기독교 시대 사막의 교부들이 꽃피워 왔던 영성지도를 우리가 매일매일 하고 있는 우리의 기독교 심리치료의 작업 안으로 이끌어 와서 성숙을 향한 여정에 사용할 수 있도록 신중히 검토할 필요가 있음이 제기된다.

현대에 들어오면서 영성지도 분야에서도 심리학과의 만남이 자연스럽게 이루어졌다. 영성지도자들은 심층심리학의 통찰에 관심을 가질 뿐 아니라, 이를 배우고 체득하는데 투신하기 시작하였고, 영적, 내면적 삶을 개척해 나가는데 있어서 사회적, 심리적 문제를 진지하게 받아들이는 준비를 갖추기 시작하였다.(Sperry, 2003). 심리학의 발달은 인생주기에 따른 발달과 인간의 전반적인 영역에 대한 통합된 이해를 갖게 되었으며, 인간의 구조, 즉 신체, 정신, 정서, 영적인 영역을 다루는 틀(frame)과 방법(means)을 제공해 주었다(Jones, 1982). 결과적으로 정신 건강적 측면에서 소외된 사람들이 심리치료적인 배려로 돌봄을 받게 되면서 전 보다 더 진전된 형태의 영적 성숙을 위한 지도와 영적 욕구를 표현하게 되었다(van Kaam, 1995). 이런 필요들을 통해, 영적으로 온전한 인간관과 더불어 심리학적, 과학적 인간이해를 갖고 삶과 영성의 구체적인 문제에 통합적으로 응답할 준비를 하고 연구하면서, 함께 영적 여정을 할 훈련되고 교육되어진 영성지도자를 요구하는 시대 가운데 와 있다(Sperry 2001; Steere 1997; Walsh 1999; West 2000; Benner, 2002; McMinn 1996).

이제 심리치료와 영성지도는 더 이상 각기의 고유 영역에 머물러 있지 않고 보완적 동반자로써 그 교육(수련)과 임상(지도)에서 서로를 필요하게 되어 가고 있다. 특히 일각에서는 온전한 기독교적 인간치유와 성숙의 공통목표를 위하여 실제 방법론적으로 통합이 이루어져야 한다는 논란이 제기 되고 있다(Benner, 2002; 이만홍, 2006). 이제부터 이 양자의 유사성과 차이점을 보다 체계적으로 검토하여 봄으로써, 가능한 양자간의 통합적인 시도에 일보 전진하고자 한다.

심리치료와 영성지도의 유사성

영성지도는 지도자가 수련자의 어떤 문제를 직접적으로 해결해 주는 것이 아니라 내적으로 일어나는 영적 경험을 인식하게 하고 그것이 의미하고 있는 길을 찾아가도록 도와주며, 각 개인에게 임하시는 성령의 역사를 감지하도록 도와주는 것이라고 언급하였다. 소그룹기도회나 말씀 나눔과는 달리, 개인의 기도 체험 가운데 나타나는 하나님과의 관계에 대한 문제점을 함께 다루어 나가는 것이며, 그 진행모습이 정신역동 심리치료와 상당한 공통점이 있다고 하겠다.

첫째, 정신분석을 위시한 심리치료는 프로이트 시대의 병리의 치료의 목표를 넘어서 자아 내지는 인격의 성숙을 목표로 삼고 발전하고 있으며, 또 발전되어야 할 운명에 있다고 보는데, 영성지도 또한 영적 여정에 있어서의 성숙을 목표로 한다는 점이다. 따라서 이 양자는 동시에 전 인격적 내지는 존재 초월적으로 성숙을 향하여 나간다는 점에서 유사성을 보이고 있다(이만홍, 2008).

둘째, 이 둘은 모두 인간의 의식(consciousness)을 확장하는 작업이며 그 노력이기도 하다. 정신역동심리치료는 오래 전부터 잘 알려진 대로 우리의 의식을 아래로(downward) 확장하려는 작업이다. 인간의 과거와 무의식에 대한 통찰을 얻고 이를 의식화함으로써 그 영역을 넓혀가려는 시도라고 할 수 있다. 한편, 영성 지도는 우리의 의식을 위로(upward) 확장하려는 작업이기도 하다. 우리는 묵상기도와 묵상적 삶 가운데서 자기라는 존재의식을 초월하여 하나님의 임재, 하나님 나라, 하나님 품으로 의식의 확장을 하게 된다. Roy(1989)도 이에 대하여 하나님의 임재 상태에 온 마음을 다하여 머무는 것(mindfulness)을 영성지도의 첫째가는 가치로 여기는데, 그 이유는 그러할 때 모든 것 안에 계시는 하나님을 발견하고 깨어있을 수 있기 때문이라고 하였다. 따라서 이 양자는 이러한 동질성을 가지면서, 동시에 각기 다른 방향성을 통해 서로 다른 차이점을 가진 전인적으로 의식의 확장을 추구하게 한다는 상호보완적인 입장에 있다. 두 영역 모두 인간의 내면 세계와 자아 인식(self-knowledge)에 관심을 기울인다는 것은 매우 중요한 사실이다. 자신에 대한 앎은 영성에서 매우 중요한 주제이다. 사막의 수도자들은 마음의 중심을 잡고 자신의 내면을 주의 깊게 들음으로써 자신을 알고 자신 뿐만 아니라 다른 사람들을 '예수님의 마음과 눈으로 보기 시작했다. 성 안토니오의 경우는 이집트 사막 같은 곳에서 마음의 침묵을 통해 하나님을 찾는 법을 배웠고, 이 침묵에서 악이 어떻게 활동하는지를 간파했다. 이냐시오는 만레사의 동굴 안에서의 내면세계의 체험을 통하여 영적 생활에 대해 더 많은 것을 깨달았으며, 아빌라의 테레사도 자신에 대한 지식을 통하여 영혼 안에 있는 여러 방을 여행 하면서 예수님과의 합일을 경험하였다. 영성 전통 안에서는 자기 자신을 아는 방법은 논리적이라기보다는 하나님 현존과의 관계 안에서 체험적으로 자신을 찾아 가는 것이다(Wicks, 1983).

셋째, 심리치료와 영성지도는 모두 개인적인 체험, 특히 정서적인 체험을 중시한다. 19세기 인간의 지성을 중시하던 계몽주의와 합리성과 효율성을 중시하는 실용주의의 끝자락에 와 있는 현대인의 공허한 실존을 치유하는 출발점으로서 이 둘은 개인적 정서 체험과 공감에 관심을 둔다. 우리는 정신역동심리치료 과정 속에서 내담자의 내면 감정에 초점을 맞추어 그와 나 사이를 흐르는 감성적 체험과 이를 바탕으로 하는 상호 공감을 통하여 치유와 성숙에 도달하려고 노력하게 된다(이만홍과 황지연, 2007). 심리치료에서의 진정한 통찰은 이성적인 것이 아니라 정서적인 재현을 동반한 것이라야 성숙을 이끌어낼 수 있다는 것은 우리가 잘 아는 사실이다. 한편, 영성지도는 우리의 마음을 열어 성령님께 향함으로써 성령님의 움직임에 초점을 맞추고 그 움직임이 우리의 내면에서 어떤 정서적 체험을 불러일으키는지에 관심을 둔다. 예를 들면 이냐시오의 영분별의 원리들, 특히 위안(consolation)과 고독(desolation)의 개념들은 우리의 정서적인 체험에 바탕을 두고 있는 것이다(Connoly, 2003; Green, 2012). 그러나 한 가지 여기서 언급하고 넘어가야 하는 문제는 인간의 체험, 특히 개인이 느끼는 감성적인 체험은 다분히 신뢰 할 수 없는 요소를 가지고 있다는 점이다. 그렇기에 정신역동심리치료에서는 감성의 재현이 통찰을 위한 필수요소이긴 하지만 통찰 자체는 이성에 의지하게 된다. 마찬가지로 영성지도에서도 개인적인 기도체험은 반드시 분별의 과정을 거쳐야 한다(Buckley, 2005). 그래서 온전한 영성지도는 전통적으로 기도와 영적 분별로 이루어져 있었다.

넷째, 심리치료와 영성지도는 양자 모두 대상과의 관계를 중시하는 작업이다. 정신역동심리치료는 자기와 타인과의 관계개선을 목표로 하고 있으며 이를 방해하는 자아의 미성숙한 방어체계를 효과적으로 다루어 주는 것을 목표로 한다. 성숙하지 못한 자기대상을 바라보고 다루어 나감으로써 현실의 실재 대상과의 성숙한 관계를 이룰 수 있도록 돕는 것이다. 따라서 내담자와 상담자 간의 전이와 저항을 중요하게 다루어 나가게 된다. 이에 비하여 영성지도는 자신과 하나님이라는 대상과의 관계에 초점을 맞추어 이를 개선하는 것에 관심을 둔다. 각자가 가지고 태어난 왜곡된 원초적 하나님 상으로부터 진정한 절대타자, 초월적이면서 이 창조세계를 이루어 가시는 온전한 대상으로 하나님과의 관계를 성숙하게 해 나가는데 관심을 두며, 이 관계개선 작업에 방해가 되는 세력들, 즉 자신의 죄성과 세상의 어둠과 악의 세력들과의 투쟁에 관심을 집중한 다. 이러한 작업은 우리의 관심을 개인의 기도체험에 집중하게 만든다. 왜냐하면 하나님과의 관계는 주로 기도하는 우리의 의식(consciousness) 가운데서 깊어지기 때문이다. 물론 이러한 작업은 결코 우리 자신의 힘 으로는 되지 않으며 주님의 은총에 온전히 자신을 내어 맡길 때 가능해 진다고 우리는 믿고 있다. 이렇게 하여 이 양자는 우리 인간 존재가 수평 과 수직 모두의 관계에서 성숙하게 되는 것을 목표로 하므로 상호 보완 적이 되게 한다(이만홍, 2008).

　다섯째, 심리치료와 영성지도는 모두 내적 동기가 있어야 된다는 것이 다. 어떤 사람에게 당신은 지금 상담이 필요합니다 라거나, 법원에서 상 담이 필요하다는 판결이 내려졌다는 이유로 상담 관계를 맺는다는 것이 얼마나 피상적이고 실망스런 치료관계가 되는지 우리 입장에서는 흔히 경험한다. 마찬가지로, 당신은 영성지도가 필요합니다 라고 해서 그가 영적 지도자를 찾아가 정기적으로 기도의 여정에 대해 나누고 영성지도 관계가 형성된다고 기대 할 수 없다. 개인은 반드시 내적으로 동기가 부 여되어야만 한다. 대체로 영적 메마름을 경험하는 상황에서 개인의 영적 필요, 영적 성장, 동기 등 관심을 영적으로 돌리게 되는 경우가 많다 (Wicks, 1983; Barnhouse, 1979)). 위의 내용을 간략히 표로 나타내 보 면 다음과 같다.

표1. 심리치료와 영성지도의 유사성

	심리치료	영성지도
성숙을 위한 동질성	인격의 성숙	영적여정의 성숙
내면세계와 자기인식의 관점	심리적 내면세계	영적 내면세계
인간의식의 확장작업	아래로(downward)	위로(upward)
정서적 체험중시	치유 자와 내담자 사이에 흐르는 정서적 체험과 상호 공감을 통하여 치유와 성숙에 이른다. 정서적 통찰이 중요.	성령님의 움직임이 인간내면에 어떤 정서적 체험을 주는지 살핀다. 위안과 고독 식별.
대상과의 관계중시	자기와 타인과의 관계개선. 내담자와 치료자 사이의 전이,저항 해석. 이 중요.	자신의 죄성과 악의 세력에 대한 인식, 개인 기도체험에 집중 필요.
내적 동기 부여	자발적 문제 해결과 인격 성장을 위한 동기.	영적 갈망에 대한 인식과 영적 성장을 위한 동기.

역동 심리치료와 영성지도의 차이점

개인의 기도생활을 보다 잘 영위해 가며 점진적으로 하나님과의 관계를 발전시켜 가는 감각과 기능을 향상시키려는 목적을 갖고 있는 영성지도는 때로는 영적 영역만을 포함하기도 한다. 그러나 일차적으로는 인격의 치유와 성장을 목표로 하는 심리치료와 많은 부분에서 서로 공통성을 공유하기도 하면서 서로의 차별화된 독특성을 지니고 있다.

첫째, 심리치료를 찾는 내담자들은 무너진 삶에 대한 회복이나 예방, 증상의 완화, 치료, 삶의 문제에 대한 해결과 도움, 그리고 현재 살고 있는 상황에 더 나은 적응을 위하여 심리치료를 찾게 된다. 반면, 영성지도는 현재상황에서 성령님의 인도하심을 찾으며, 하나님의 뜻을 알고자 하며, 삶의 영적 의미를 위하여 영성지도를 구하게 된다(Leech, 1997, Sperry, 2004). 때로는 심리치료에서도 내담자가 안고 온 문제해결을 위하여 영적 영역에 접근하기도 하는데 비기독교적 자기초월 심리치료(Cortright, 1997; Karasu, 1999)로부터 기독교적인 접근(Richards and Bergin, 1999)까지 그 방법은 매우 폭넓고 광범위하다. 기독교적 심리치료를 찾는 내담자 중에는 비교적 건강한 영적 구도자들에서부터 생활 기능에 손상을 입어 장애에 이르는 증상을 나타내는 경우까지 다양하다. 이 경우에도 치료 목표는 각 내담자가 갖고 있는 문제나 갈등의 해결에 그 일차적인 목적이 있다.

Barry와 Connoly는 1957년에 파리에서 출판된 영성 사전에 '영성지도'라는 주제가 그 당시에(20세기 중반) 어떻게 이해되고 있는가를 인용하면서 현대의 영성지도의 초점과 지향점이 그 때와 어떻게 다른지 강조하였다(Barry & Connolly, 2003). 이 영성 사전에서는 영성지도의 목적은 개인을 완전에로 인도하는 것이라고 정의한다. 즉 개인으로 하여금 자신을 위한 하나님의 뜻을 이해하고 그 뜻을 실천하도록 인도한다는 것이다. 그래서 영성지도자는 수련자를 알아야 하고, 신학적으로 교육시켜야 하며, 도와주어야 하였다. 또한 영성지도에서는 자아포기와 덕행의 실천 및 기도 생활은 강조되는 반면에, 하나님과의 인격적이고 개인적인 관계와 기본의 본질에 대해서는 거의 토론하고 있지 않다는 것을 알 수 있다. 그러나, 오늘날은 영성지도에서 실천되고 강조하는 점은 하나님과의 관계의 발전을 위하여 영성지도의 기술이나 통찰을 수련자의 삶과 기도에 적용하고 실천하는 것이 중요한 점이 아님을 강조한다. 영성지도는 단순히 어떤 원리나 기술을 기도자의 삶에 적용하는데 있는 것이 아니다.

즉, 영성지도의 주안점은 하나님과 수련자의 관계 자체에 초점을 맞추는 것이다(Barry & Connolly, 2003). 영성지도에서는 현재 상황에서 성령님의 인도하심과 하나님의 뜻을 알고자 하며, 삶의 영적 의미를 위하여 영성지도를 찾는 수련자로 하여금 하나님의 임재가운데 개인적이고 인격적으로 의사를 전달하시는 것에 주의를 기울이고, 이렇게 의사전달을 하시는 하나님께 응답하며 하나님과의 친교를 깊게 하고 그 관계에 바탕을 둔 삶을 살아가도록 돕는 것을 목표로 한다. 수련자의 입장에서 본다면, 하나님께서 자신의 삶 속에서 어떻게 현존 하시고 역사 하시는 지를 분별하는데 필요한 도움을 받는 것이다. 자신의 믿음과 내면의 삶을 자신이 신뢰하고 자신을 드러내 보일 수 있는 사람과 나누게 되는 것이다(Benner, 2007). 이 과정을 통해 수련자는 자신의 하나님 체험을 명료화 할 수 있는 기회를 갖게 된다. 어느 쪽으로 보든지 영성지도의 핵심은 바로 하나님과 수련자의 관계 자체에 초점을 맞추게 되어 있다. 그러기 위해서 영성지도자는 수련자가 하나님께 직접 말씀 드리고 또 직접 하나님의 말씀을 들을 수 있도록 도와준다(오방식, 2003). Barry(2003), Leech(2006), May(2006) 및 Benner(2007) 등의 현대 영성지도에 대한 저술가들은 영성지도는 문제의 해결이나 삶의 위기와 일차적으로는 관계가 없다는 것에 의견을 모은다. 심리치료와 다르게 영성지도를 원하는 사람들은 뚜렷한 삶의 파괴나 긴박한 도움을 필요로 하는 상황 하에서 영성지도를 요청하지 않는다. 이것은 영성지도를 받는 수련자에게 삶의 위기나 어려움이 없다는 뜻이 아니다. 영성지도에서의 일차적인 관심은 어려운 난제를 풀거나 위기에서 탈출하는 데에 있는 것이 아니고, 하나님과의 관계를 발전시키는 데에 있다는 것이다.

둘째, 영성지도와 심리치료는 자율성이냐 자아포기냐의 문제에서 목표가 다르다. 잘 알려진 대로 심리치료는 대부분 내담자의 자율성

(autonomy)의 획득을 목표로 하는 반면, 영성지도에서는 자기를 포기하고 자신을 주님께 내어놓는 굴복(surrender to God) 곧 자기포기를 일차적인 목표로 삼는다. 물론 일반적으로 모든 기독교신앙의 궁극적인 목표는 하나님께 굴복하고 하나님의 뜻에 자신을 맞추어 살아가는 데에 있다고 할 수 있다. 그런데, 여기에서의 관심은 심리치료와 영성지도의 구체적인 상황에서 인간의 자율성과 하나님께 굴복하는 문제를 구체적으로 어떻게 다루는가 하는 자세에 있다. 대부분의 상담과 치료는 자신의 인격내지는 자아가 자율성을 이루어 가는 것을 목표로 한다. 반면, 영성지도에서는 하나님께 대한 굴복이 수련자의 일차적이고 우선적인 관심이 된다는 것이다(Conn, 1998). 즉, Conn의 관찰에 의하면 신도들은 하나님께 순종하는 문제나 하나님의 뜻과 일치를 신앙의 중심적인 주제로 인식하기 때문에 그들 자신의 자율성의 감정을 의심스럽게 바라본다. 믿음 안에 자라가면서 자신을 온전히 하나님께 내려놓아야 한다고 믿기 때문에 자율성을 향한 내면의 갈망을 인정하기가 불편해 진다. 영성지도에서도 그 초반부에 수련자의 정체성 문제가 다루어지긴 하지만, 그것은 일반 심리학적 가설에 입각한 자율성의 확립이나 증진과는 다르게 어디까지나 하나님과의 관계 속에서 하나님의 사랑을 체험하고 그 사랑 안에서 자신의 참모습을 발견하고, 자발적으로 자신을 온전히 하나님께 드리는 자기포기의 목적이다. 따라서 영성지도에서의 가장 근본적인 문제는 하나님과의 관계 그 자체이며, 하나님은 나에게 누구이며, 나는 하나님께

누구인가? 라는 하나님 안에서의 정체성에 대한 질문이라고 논의하고 있다. 인간의 성숙을 자율성과 동일시하는 현대 심리학적 이론에 기초해서 훈련을 받은 심리치료자들은 자율성을 넘어 하나님께 굴복하고자 하는 인간의 욕구와 열망을 쉽게 간과할 수 있다. 반면에 자기희생과 자기포기를 하도록 훈련 받은 영성지도자들은 심리학적 이론과 유리된 종교적 통찰만을 고집할 때 의도하지는 않았지만 신앙적 미성숙을 강화할 수 있음도 염두에 두어야 한다. 심리치료와 영성지도에서 이 동전의 양면과 같은 역동성을 잘 이해할 필요가 있다.

셋째, 심리치료와 영성지도의 다른 점은 치료자(지도자), 내담자(수련자)와의 관계 설정에 있다. 영성 지도자와 심리치료자의 역할이라는 측면에서 두 영역을 비교할 때, 영성 지도자는 심리 치료자와는 다른 도움의 관계를 갖고 있다. 즉, 영적지도에서는 심리치료와는 달리 영적 지도자와 수련자, 이 두 사람간의 관계의 역동성 속에서만 영적 지도가 이루어 지는 것이 아니다. 성령께서 관계 속에 진정한 영적 지도자로 존재하시고 그 분께서 친히 영적 지도를 이끌어 가시기 때문이다. 기독교 전통에 따르면, 참되고 궁극적인 영혼의 인도자는 성령이다(Leech, 1997). 이러한 전통적인 개념에 근거하여, 일반심리치료의 현장에서 심리치료자와 내담자의 관계를 이중적 역동관계라고 하는데 비하여, 영성지도자와 수련자와의 관계를 삼중적 역동관계라고 말한다. 물론, 많은 영성 지향적 심리치료자들도 상담의 상황가운데 성령의 임재와 성령의 역사하심을 전제하고 인정하고 있다. 심리치료자와 내담자가 함께 영적 주제든 다른 영역에 관한 주제를 상담 장면에서 다룰 때 성령님께서 임재하시고 역사하신다고 믿는다. 예를 들면, 심리 치료자와 내담자 사이에 예수님께서 상담대화의 제 3자가 되시며, 친히 함께 하시고 대화를 들으신다고 여기며, 예수님의 자리를 상징하는 빈 의자를 두기도 한다. 그러나 심리치료시간 자체는 심리치료자의 훈련된 치료 모델과 방법이 적극적으로 시행되어지는 과정의 연속이며, 치료자와 내담자의 관계역동은 동일한 맥락에서 이해되어 진다. 반면에 영성지도에서는 두 사람이 함께 하나님께로 마음을 열고 기도하는 순간들로 채워지며, 그 가운데 성령님 스스로가 적극적으로 영성지도의 순간들을 이끌어 나가실 장소를 제공하는 것 외에는 기존의 다른 심리상담학 방법은 전혀 적용되지 않는다. 따라서 지도자와 수련자는 두 사람의 영적 여정의 동반자로써, 함께 성령님 앞에 있을 다름인 관계이다. 지도하는 수련자가 주님께 반응하도록 중보자로써 돕는 역할을 하기는 하지만, 매우 수동적이고 간접적인 자세를 지킨다. 두 사람 사이의 심리 역동, 특히 전이나 저항과 같은 역동은 최소화되도록 이끌어지며 가능한 수련자의 전이나 저항은 주님께 향하도록 유도되어 진다. 지도자는 때로 이를 해석해 주기는 하지만 그것도 단지 기도 가운데 최소한 허락된다.

이런 측면에서 볼 때, 심리치료자는 영성지도자보다 훨씬 능동적인 자세로 내담자를 돕는 관계에 있다고 보여 진다. 심리 치료자는 영성지도자와 달리 성령의 도움과 인도하심을 구하지만, 자신이 판단하는 방법으로 내담자를 돕는 일에 능동적으로 동참한다. 물론 심리치료자가 수동적인 태도를 가질 때도 있지만 그것은 상담자인 자신이 내담자에 대한 경험과 이해를 전제로 치료적 개입의 방법으로써 수동석 입상을 채택한다. 심리 치료자의 기본적 태도는 이런 점에서 영적 지도자보다 능동적이다. 이유는 상담자나 치료자 내담자의 관계를 주목하고 그 관계를 사용하여 내담자 안에서 변화가 일어 나도록 함에 있기 때문이다. 두 사람 사이의 관계를 통하여 치유가 일어나기 때문에 상담자의 모든 내적 자원이나 존재 방식, 행동방식, 대화방식이 매우 중요하다(Barnhouse, 1979).

반면에 영성지도자는 수련자나 자신의 삶 안에서의 하나님의 현존에 주목한다. 실제로 영성지도가 어떤 방향으로 전개 되어 나갈지 영적 지도자도 피지도자도 알 수 없다. 오직 성령의 인도를 구하고 분별하면서 따를 뿐 이다. 심리치료에서는 상담자와 내담자가 정한 어떤 목표를 성취하기 위하여 능동적이거나 또는 수동적인 자세를 취하지만, 영적 지도에서는 영성지도자나 수련자의 관심이나 지도의 일정을 미리 정하지 않고 오직 하나님의 관심이 이루어지도록 하기 위하여 수동적 자세를 취하게 된다. 또한 영성지도에서 영적 지도자가 대담의 목적을 위하여 수련자와의 관계를 직접적으로 사용하지 않는다는 것은 구체적으로 영적 지도에서는 전이와 역전이 현상을 정신분석이나 심리치료와 달리 도움의 수단으로 사용하지 않는다는 것이다(Barry & Connoly, 2003). 영성지도라는 일은 지금 일하시는 하나님께 주의를 기울이는 것이며, 가능한 한 성령께 열려 있어 은혜에 사로잡힌 상태로 남아있으려는 노력이다.

넷째, 심리치료와 영성지도의 마지막으로 차이점은 인식하고 경험하는 내면세계가 다르다는 것이다. 심리치료는 사람들로 하여금 이제까지 해왔던 것과는 다른 방법으로 생각하고 인식하도록 도와주며, 다른 방식으로 느끼고 행동하도록 도와주는 과정이다. 이런 의미에서 심리치료는 새로운 것을 배우거나, 아니면 잊어버렸던 것을 다시 습득하는 것일 수도 있고, 때로는 역설적으로 이제까지 배운 것들을 잊어버리게 하는 것일 수 있다. 인식적 관점에서 보면 심리치료는 자신의 문제에 대해서 통찰할 수 있는 기회를 제공한다. 심리치료를 통하여 내담자가 자신과 다른 사람을 이해하고, 자신의 행위나 그것의 동인에 대한 다른 관점을 습득함으로써 내적으로 성장하는 기회가 되기도 한다. 그리고 자신의 문제를 보편화함으로써 자기만의 문제가 아니라 다른 사람들도 그와 같은 문제를 가지고 있다는 것을 체험하게 된다. 또한 내담자가 같은 사건을 어떻게 인지하는가를 보면서 같은 사건을 다른 사람은 어떻게 구성하는가를 보는 기회가 되며 이로써 인식의 변화를 가져 오게 할 수 있다. 정서적 관점에서 보면, 내담자는 상담자로부터 받아들여짐과 무조건적 긍정적 관심을 받음으로써 치유를 경험하고 자신을 받아들이는 경험을 하게 된다. 행위적 관점에서는 상담을 통하여 현실 검증을 할 수 있다. 현실 검증이란 안전한 장소에서 믿을 수 있는 사람의 지지와 솔직한 반응을 받으면서 새로운 행동을 훈습하는 과정이 된다. 내담자는 이러한 현실 검증을 통하여 마음속에 쌓였던 감정을 어떤 형태로든 토해내는 것을 통해 자신의 감정을 받아들이게 된다(Barnhouse, 1979). 영성지향적 심리치료는 비록 그 평가와 접근에서 영적 영역을 포함시키기는 하지만 어디까지나 그 일차적 목표는 문제의 해결(영적 영역을 포함하여) 또는 개인의 전인적 성숙에 있다.

  반면에 영성지도의 목표는 이들과는 분명히 다르다. 영성지도에서의 인식의 영역은 인간의 인식과 전체 의식의 본성과 보다 근원적인 차원을 다루기도 한다. 영성지도의 맥락에서는 한 사람이 하나님에 대해 가질 수 있는 구체적인 생각, 심상, 지각에 관심을 갖을 뿐 아니라, 그런 현상들이 일어나는 심리적인 환경에도 관심을 가진다. 영성지도의 인식의 영역에서 심리치료와 크게 차이를 두는 다른 수준이 존재한다는 것은 May(2006)도 주장한 바 있다. 그는 말하기를 그것은 미묘한 암시와 그 사건들이 일어나는 장소로서 인식이 가진 무형의 성질들, 모든 내면적 경험을 형성하는 깊은 침묵의 배경에 대한 감각, 그리고 드러난 인식의 내용과 관련한 선과 악의 존재나 부재에 대한 지각과 같은 것들이라고 하였다. 무념적(appopatic) 형태의 영성지도는 이런 미묘한 배경적 성질에 좀 더 명확하게 초점을 맞추는데 강한 유념적(katapatic) 접근법을 취하는 경우에도 분별과정에서는 이런 것을 고려할 때가 있다. 예를 들어, 특정한 체험을 영적으로 평가할 때, 그 체험이 사랑과 빛이라는 환경에서 일어났는지, 공허와 어둠이라는 환경에서 일어났는지 고려해 볼 수 있다. 이런 수준에 관해서는 표준적인 심리치료적 분석 방법은 거의 큰 의미가 없다고 May는 결론을 내린다(2006). 인식의 특정한 내용은 그것의 상징적 의미와 정신역동적 전조를 파악하기 위한 심리학적 평가가 이루어져야 한다. 그러나 위의 내용의 인식에 대해서는 보다 구체적인 영적 관점에서 이루어져야 한다. 이런 종류의 민감성 또는 직관은 '가르침'을 통해 완전히 전수될 수 없다. 그것은 침묵과 기도를 통한 개인적인 체험으로부터 자라나며, 우리가 경험하는 영성지도의 분별을 통해 다듬어진다. 이것이 영성지도를 통해 우리에게 오는 선물이기도 하다.

또한 심리치료와 영성지도는 무의식을 다루는 초점에 있어서도 차이를 보인다. 심리치료에서 무의식이 가장 잘 드러나는 방식은 저항을 통해서이다. 내담자와 수련자의 무의식적 저항을 다루는 점에서, 심리치료에 있어서 무의식적 저항은 종종 의식적 욕구와 의도를 뒤집어 놓는다. 대부분 내담자들은 자신의 과거경험에 근거한 성격특성과 관계 모형을 파악하고 변화를 위하여 노력하면서도 끊임없이 그것을 저지하려는 저항을 보인다. 영적으로도 의식적으로는 하나님께 항복하고 자아를 포기하려는 시도를 한다고 해도 무의식으로 수많은 방어가 일어나 자기상을 보존하고 강화하고 재확인하려는 일이 일어난다. 이런 수련자의 경우는 신성을 가까이 경험하는 것은 자기상의 존재 자체와 씨름하고 있는 것이며 무의식적 차원에서 자기상이 죽느냐 사느냐의 싸움에 개입되는 과정이다. 이 경우는 인간이라면 누구나 갖고 있는 보편적인 조건이라고 본다(May, 2006).

여기서 심리치료자라면 그 무의식적 저항을 의식화하여 내담자의 문제를 해결하도록 돕는 일을 중요하게 여길 것이다. 그러나 영성지도자의 경우는 다르다. 사람들은 당면한 기도의 장벽이나 장애물의 문제들을 해결하는 데에 도움을 받으려고 영성지도자를 찾았을지라도, 그의 가장 근본적인 초점은 수련자의 상황 속에 나타난 하나님의 능력과 사랑과 은혜를 주목하는 일이다(May, 2006). 그러므로 심리학적 지식이 영성지도자에게 도움이 되겠지만 정말 중요한 것은 영성지도자가 하나님을 향하고 하나님께 주목할 수 있는 은혜로운 역량이라고 할 수 있다.

표2. 심리치료와 영성지도의 차이점

	심리치료	영성지도
초점	삶의 회복, 예방, 치료, 문제해결영적개입은 이런 인간 전체적 건강을 위함	하나님과 피지도자의 관계증진
자율성	자율성획득	자율성포기(획득 후 포기- 하나님과의 관계 안에서 자신의 정체성 확립이 우선)
치료자/지도자의 태도	능동적/수동적 – 어느 자세를 취하는 것도 상담자의 필요에 의해서 선택됨	수동적 – 지도자는 하나님과 수련자와의 관계에 제3자로 개입함
내면세계	인식, 느낌, 행동의 변화 –문제통찰, 자신을 받아들이는 경험, 훈습	하나님의 현존하심과 우직임에 초점

맺는 말

요약하자면, 정신역동심리치료는 인간의 치료와 성숙을 위한 작업 중 인간적인 면에서 가장 발전된 것이고 필요한 것이기는 하지만 그 자체만으로는 진정한 성숙을 이루는 작업에서 부족한 점이 있다. 영성지도는 이러한 정신역동심리치료를 보완 완성하는 데 있어서 가장 기독교 원래의 전통에 서 있는 것이며 하나님께로 나아가는 성숙으로 인도하는 방법이라고 생각한다. 성숙을 위한 목표를 갖고 있는 것, 방향을 달리하는 인간의식의 확장작업이라는 점, 정서적 체험을 모두 우선적으로 중시한다는 점, 대상과의 관계를 살펴본다는 점, 동기의 중요성 등은 심리치료와 영성지도를 온전한 전인치유와 성숙을 위한 하나의 일직선상에 놓여 있는 동일한 사역의 다른 측면이라고 볼 수 있을 만큼 서로 닮아있는 유사한 점들이다. 반면에 이 양자 간에는 또한 초점의 차이, 내담자와 수련자의 자율성의 획득과 포기의 차이, 그뿐 아니라 치료자와 영성지도자의 자율성과 개입하는 방식의 차이 양자가 경험하는 내면세계의 수준의 차이 등이 존재하며, 향후 온전한 전인치유와 성숙을 위한 작업에 심리치료와 영성지도가 통합된 하나의 모델로 기능하기 위하여 충분히 이해되어져야 할 문제점들이다. 이제, 우리의 매일 매일의 치유와 성숙의 작업에서 기독교 심리치료와 영성지도의 방법들을 어떤 식으로 통합적이고도 구체적으로 적용할 것인가가 우리 앞에 남겨진 과제가 될 것이다.

참고문헌

오방식 (2003). 일반상담과 목회상담. 장신목회상담학회: 예영커뮤니케이션.

이만홍 (2006). 영성치유. 한국영성치유연구소.

이만홍·황지연 (2007). 역동심리치료와 영적탐구. 서울: 학지사.

이만홍 (2008). 기독상담학의 오늘과 내일: 기독상담과 영성지도의 통합을 위하여. 한국영성치유연구소 10주년기념 강연(미발행).

임경심 (2009). 심리치료와 영성지도의 통합모델에 관한 연구. 박사학위논문. 미네소타 신학대학원(미발행).

Akhtar, Salman, and Parens, H. (2001). Does God help?: Developmental and clinical aspects of religious belief. Northvale, N. J. : Jason Aronson.

Bakke, J. (2000). Holy invitation: Exploring spiritual direction. MI: Baker Book.

Barnhouse, R. T. (1979). Spiritual direction and psychotherapy. The Journal of Pastoral Care, 33: 149-63.

Barry, Wiliam & Connoly, W. (2003). 영적 지도의 실제 (김창재, 김선숙역). 왜관: 분도출판사. (원저1970년 발행)

Barry, W. (2003). 하나님과의 만남과 영성지도 서울: 이냐시오영성연구소. (원저 1990년 발행)

Becvar, D. (1997). Soul Healing: A Spiritual Orientation In Counseling and Therapy. New York: BasicBooks.

Benner, D. (2002). Sacred Companions: The gift of spiritual friendship and direction. Downers Grove, Ill.: InterVarsity Press.

Benner, D. (2007). 거룩한 사귐에 눈뜨다 (노종문 역). Seoul: 한국기독학생회 출판부. (원저 2000년 출판)

Buckley, M. (Eds.). (2005). Sacred is the Call: Formation and Transformation in Spiritual Direction Programs. NY: The Crossroad.

Canda, E. and Furman, L. (1999). Spritual diversity in Social Work Practice. New York: Free Press.

Conn, E. W. (1998). The Desiring Self: Rooting Pastoral counseling and Spiritual Direction in Self-Transcendence. Paulist Press.

Cornett, C. (1998). The soul of psychotherapy: Recapturing the spiritual dimension in the therapeutic encounter. New York: Free Press.

Edwards, T. (1980). Spiritual Friendship: Reclaming the gift of spiritual direction. New York: Paulist.

Francis, L. J. and Kaldor, P. (2002). The relationship between psychological well-being and Christian faith and practice in an Australian sample. Journal for the Scientific Study of Religion, Vol. 41: 179-84.

Fukuyama, M. A. and Todd D. S. (1999). Integrating spirituality into multicultural counseling. Thound Oaks. Calif.:Sage.

Galindo, I. (1998). Spiritual direction and pastoral counseling. Journal of Pastoral Care, 51:395-402.

Green T. (2012). 밀밭의 가라지: 기도와 행함이 만나는 곳 (최상미 역). 서울: 도서출판 로뎀. (원저 1984년 출판)

Jones, A. W. (1982). Exploring spiritual direction. New York: Seabury.

Karasu, T. (1999). Spiritual psychotherapy. American Journal of Psychotherapy, 53: 143-62.

Kelly, E. W. (1995). Religion and spirituality in counseling and psy-chotherapy. Alexandria, VA: American Counseling Association.

Koenig, H. G., McCullough, M. E., & Larson, D. B. (2001). Hand-book of religion and health. New York: Oxford university Press.

Koenig, H. G. & Cohen, H. J. (2002). The link between religion and health: Psychoneuroimmunology and the faith factor. New York: Oxford

Larson, D. B., Swyers, J. P., McCullough, M. E. (Eds.). (1997). Scien-tific research on Rockville. MD: National Institute for Healthcare Research.

Leech, K. (1997). Soul friend: The practice of Christian spirituality. San Francosco: Harper & Row.

Leech, Kenneth. (2006). 영혼의 친구 (신선명외 역). 서울: 아침영성지도연구원. (원저 1977년 출판)

Lovinger, R. J. (1984). Working with religious issues in therapy. Northvale, NJ: Jason Aronson.

Lovinger, R. J. (1990). Religion and counseling: The psychological impact of religious belief. New York: Continuum.

May, G. (2006). The awakened heart. 사랑의 각성 (김동규 역). 서울: IVP. (원저 1991년 출판)

McMinn, M. R. (1996). Psychology, theology and spirituality in Christian counseling. Weaton, Ill. : Tyndale House.

Mills, P. J. (2002). Spirituality, religiousness and health: From re-search to clinical practice. Annals of Behavioral Medicine, 24:1-12.

Plante, T. G., & Sherman, A. C. (Eds.). (2001). Faith and health: Psychological perspectives. New York: Guilford Press.

Rice, H. (1991). Reformed spirituality. Philadelphia: Westerminster / John Knox Press.

Rice, H. (2000). 영성 목회와 영적 지도 (최대형역). 서울:은성출판사. (원저 1995년 발행)

Richards, P. S. & Bergin, A. E. (Eds.). (2000). Handbook of psychotherapy and religious diversity. Washington, DC: American Psychological Association.

Roy, P. (1989). Four principles in spiritual guidance. Sharing Sacred Stories. Ed. Robert Frager. New York: Crossroad.

Sperry, L. (2001). Spirituality in clinical practice. Philadelphia: Brunner-Routedge.

Sperry, L. (2001). Spirituality in clinical practice. Philadelphia: Brunner-Routedge.

Sperry, L. (2003). Integrating spiritual direction functions on the practice of psychotherapy. Journal of Psychology and theology, 31(1): 3-13.

Sperry, L. (2004). Spiritual direction and psychotherapy. In Spiritual 야 rection and the care of soul, ed. Gary Moon and David Benner. Ill: Inter-Varsity Press.

Steer, D. (1997). Spiritual presence in psychotherapy: A guide for caregivers. New York: Brunner.Mazel.

Tan, Siang-Yang. (1996b). Religion in clinical practice: Implicit and explicit integration. In Religion and the clinical practice of psychology, ed. E. P. Shafranske, pp. 365-87. Washington, D. C.: American psychological Association.

Tan, Siang-Yang. (1999c). Religion in Psychological Therapy. Psychology of Religion Newsletter, 24(3):1-7.

Tan, Siang-Yang. (2001b). Integration and beyond: Principled, Professional and Personal. Journal of Psychology and Christianity, 20:18-28.

Van Kaam, A. (1975). In search of spiritual identity. Denville, NJ: Dimension Books.

Walsh, F. (1999). Spiritual resources in family therapy. New York: Guilford.

West, W. S. (2000). Psychotherapy & spirituality. London: Sage Publications.

Wicks, R. J. (1983). Self-ministry through self-understanding. Loyola University Press

ABSTRACT

A Study on Similarities and Differencies between Psychodynamic Psychotherapy and Spiritual Direction

Man Hong Lee, M.D. and Kyung Sim Lim, Ph.D.

This present study is to address comparing and contrasting psychotherapy with spiritual direction. The authors focus on spiritual direction of rich Christian tradition which has expanded and noted remarkable rise of interest in spirituality in resent years. Spirituality has become increasingly important in the circle of psychotherapy as well. Traditionally, psychotherapists were trained to focus principally on the psychological dimension. However, the reality is that the psychologi-

Cal and spiritual dimensions overlap considerably. Accordingly, the challenge for contemporary counselors and psychotherapists are to become sufficiently conversant with spiritual and religious dynamics to meet client needs and expectations. The authors raised the issues on the limitation of psycho-dynamic psychotherapy and other schools of psychotherapy, specifically in term of spiritual dimension and suggested that the traditionally-inherited spiritual direction of the Christian community can be a strong complimentary, or in some point, rather fundamental component to the psychotherapeutic approach. Throughout the article, the discussion is made to anchor spiritual direction in relation to Christian psychotherapy, not simply Christian soul care. Major points of commonality between spiritual direction and psychotherapy are compared and five characteristics are discussed by differentiating psychotherapy from spiritual direction. It is concluded to suggest the need of integrating the spiritual direction as means of more intentionally addressing the spiritual issues of their clients need to pay attention to the unique dynamics of spiritual direction into the practice of psychotherapy.

Key Words _psychotherapy(심리치료), spiritual direction(영성지도), holistic healing(온전한 치유), Christian spirituality(기독교 영성)

03

심리치료와 영성지도

통합을 위한 시도

2010년 5월 29일 감신대학교, 한국목회상담협회 연례학술대회에서 강연

내가 만일에 사람이 오직 정신 뿐이라면,
생각 속에서 예배드리는 것이 하느님과 교제하는 형식이 될 것이다.
그러나 사람은 몸과 영혼이며, 또한 그의 목표는
"그의 가슴과 육신이 모두 살아계신 하느님께 맞추어 노래하는 것"
이 되도록 살아가는 것이다.

아브라함 요수아 헤셸

들어가는 말

최근 10년 사이에 한국에서의 목회(기독)상담의 현실은 놀랄만한 발전을 이루어 왔으며, 일반 사회에서조차 기독교 상담이 하나의 치유운동의 모습으로 일반에게 부각되어 있는 것은 놀랄만한 축복입니다. 이제 우리는 과연 우리가 현재 하고 있는 기독(목회)상담이 무엇을 의미하는 것인가 심각히 생각해야 할 시점에 이르렀다고 봅니다. 저는 먼저 우리의 상담치료 작업이 향해야 하는 목표가 무엇인가를 잠시 언급하려 합니다.

매일 매일의 임상에서 우리를 찾아오는 대부분의 내담자들은 당면한 정신병리나 해결해야 할 갈등을 안고 있는 것을 봅니다. 그러나 모든 내담자들은 동시에 영적 성숙의 문제를 안고 있으며, 이 양자는 서로 밀접하게 상관되어 있음을 봅니다. 그들을 향한 우리의 치료 작업의 궁극적인 목적이 치료가 아닌 성숙에 있지 않을까 생각할 때가 종종 있습니다. 일상의 치료 작업이 어떤 국한된 정신병리를 치료하는 것으로 그치는 것이 아니라 그 이상을 넘어서, 때로는 그 정신병리를 그대로 놔둔 채 앞으로 나아가는 것이 될 경우도 많습니다. 물론 영적 성숙을 이루어 나가기 위해서는 많은 경우 그 발목을 잡고 있는 정신병리를 먼저 해결해야 할 경우도 있으나, 정신병리의 치료 자체가 최종적인 치유작업의 목표가 될 수는 없다고 생각합니다. 기독교 상담치료 작업의 궁극적인 목표는 정신병리의 해결을 넘어서 인격과 영성을 아우르는 전인적인 성숙, 신학적으로는 성화의 개념에 가깝다고 볼 수 있습니다(Sperry, 2003; Galinto, 1998). 우리가 관심을 가지고 바라보는 대상은 해결해야 할 어떤 문제나 정신병리를 가진 심리학적 인간일 뿐 아니라, 데이야르 드 샤르뎅의 표현처럼 육화되어 걸어다니는 영이라고 표현하고 싶습니다. 하나님으로부터 분리되어 고통을 받고 있는 육체를 지닌 우리 영혼들이 나무되신 주님께 온전히 붙어 생명의 물을 공급받으며 아름다운 열매를 맺게 되는 것이 우리의 매일 매일의 작업의 현실적이고도 구체적인 목표가 되어야겠다는 생각을 합니다. 이러한 생각들은 오래 전부터 이론적으로나 학술적으로는 매우 익숙한 것들이었지만 이를 대상을 앞에 놓고 치료 작업을 하는 바로 그 한 복판에서 의식하고 실현한다는 것은 현실적으로 결코 쉬운 일이 아님을 우리는 점점 더 분명히 깨닫게 됩니다.

정신분석의 기여와 한계

오늘날 국내 기독교 상담학의 현실을 말할 때 언급해야 할 점이 있는데, 그것은 기독교상담학이 그 서론은 그럴 듯 해 보이나 방법론에 있어서 매우 빈약하다는 것입니다. 그러다 보니 지나치게 정신분석 등의 일반(세속) 심리학에 매달려 있다는 것입니다. 상담자가 기독교적으로 교육을 받았고 기독교적 인간관과 세계관을 가지고 있어도 우리가 적용할 수 있는 것이 상담 시작하기 전과 후에 형식적으로 기도하는 것을 빼면 실제 상담시간 내내 우리의 머리를 지배하고 있는 것은 정신분석적 내지는 인지행동주의적인, 또는 이들로부터 변형된 방법론이 대부분이라고 보여 집니다. 그러나 정신분석을 위시한 일반 세속 심리학이 우리의 온전한 대안일 수는 없습니다. 정신분석 등의 심리학은 문제나 병리의 치료이기는 하지만 인간성숙에 대해서는 할 말을 많이 가지고 있지 않기 때문입니다. 이는 기독교상담학에서만이 아니라 일반 심리학에서도 정신분석은 그 치료의 능력 자체에서 한계를 드러내고 있는 학문임은 지나간 세기에 이미 알려진 사실입니다. 그렇기 때문에 서구에서는 1980년대 뇌과학의 발달을 계기로 정신분석은 두 방향으로부터 심각한 도전을 받고 있습니다. 아래로부터는 신경생리학과 인지과학의 발달이며, 위로부터의 도전은 특히 영적인 차원에서에서 동양종교, 초월심리학, 신비주의, 뉴에이지 영성 등으로부터의 거센 도전에 직면해 있습니다. 좋든 싫든 우리는 이미 하나된 학문의 세계적 흐름 속에 살고 있습니다. 심리학, 특히 정신분석학이 이 양자로부터의 도전을 포용하고 확장함이 없이는 치료적 한계에 다다를 수밖에 없는 상황인데도, 유독 국내에서만, 특히 기독교 상담학의 분야에서만 오히려 정신분석의 해묵은 흥미에 빠져 있는 것 같은 현상은 마치 1950-60년 대 미국의 상황에 머물러 있다고나 할까, 우려를 느끼게 하고 있습니다. 그렇다고 우리에게 다른 심리치료적인 대안이 있는 것이 아니기에 치료자로서 우리는 혼란과 공허감을 느끼고, 자신의 치료작업에 대하여 이것이 도움을 필요로 하는 사람들에게 진정한 도움을 주고 있는지 회의할 때가 많습니다.

그렇다고 결코 정신분석이나 역동심리치료가 쓸모없는 것이거나 버려야 할 것이라고 주장하는 것이 아닙니다. 정신분석과, 이를 기초로 하여 실용적으로 개발된 역동심리치료 모델들은 아직도 꼭 필요하고 가장 중요한 치료모델임에 틀림이 없습니다. 우리는 역동심리치료를 매우 자랑스럽게 생각하고 지금도 이에 의존하고, 감사하게도 주님이 주신 최상의 선물 중의 하나라고 생각합니다. 그리고 정신분석은 인간의 영적 대상과 체험에 대하여 심리학적인 이해의 길을 개척해 왔습니다. 잘 알려진 대로 Freud는 종교나 신앙체험을 유아기적인, 또는 신경증적인 퇴행현상으로 이해하였으며, 하나님 표상은 어린 시절 아버지 상에서부터 유래된 고정된 심리현상이라고 보았습니다. 그러나 Freud 이후의 현대 종교심리학자들은 우리가 가지고 있는 하나님 표상을 포함하여 종교나 심리체험적 현상들은 그런 고정적이고 퇴행적인 심상의 차원을 뛰어넘어, 인간의 가장 심층적이고도 중심부에 자리한, 인간의 유한성을 초월하여 영속하려는 고차원의 욕구로부터 출발하여 완전, 성숙, 궁극적인 실재에 도달, 또는 실현하려는 역동적이고도 창조적인 현상이라고 보았으며, 이를 영성이라고 보편적으로 정의하고 있습니다. 그러나 현대정신분석학, 그리고 이로부터 출발한 이론들, 예를 들면 안나 마리아 리주토 등의 이론들은 보다 발전적인 영성에 관한 역동적인 설명의 틀을 제공해 주고는 있지만 이런 현상들을 그 틀 안에 가두어 둘 수는 없으며, 인간의 영성은 정신분석이 줄 수 없는 풍요로운 세계를 통하여 그 한계를 뛰어넘고 있음을 치료현장에서도 현실로 이해할 수 있습니다. 따라서 정신분석이나 역동심리치료 만으로는 주님이 바라시는 완숙의 길로 나아가는 데에 절대로 부족함이 있으며, 우리는 정신분석이 제공하는 이해와 치료적인 틀을 넘어서는 곳에 우리의 눈길을 들어야 합니다. 그리고 100년 이상 심리학과 갈라져 있던 기독교 전통으로 다시 돌아가 진지한 고민을 시작해 보아야 하겠습니다(Benner, 2002).

영성지도

이제 저는 그 대안적인 보완으로서 영성지도(spiritual direction)를 소개하려고 합니다. 먼저 영성지도가 무엇인지 처음 듣는 분들을 위하여 간략하게 영성지도 자체에 대하여 설명하겠습니다. 영어의 spiritual direction을 넓은 의미로 이해할 경우 저는 이것을 앞으로 제가 소개하려는 협의의 spiritual direction과 구분하기 위하여 '영적 지도'라는 기존의 번역을 사용려고 합니다. 넓은 의미에서 영적 지도(spiritual direction)란 한 사람의 크리스천이 다른 크리스천의 신앙생활 전반에 걸쳐 영적 성숙을 돕는 행위를 말하며, 이런 행위는 물론 사도들의 성경적 사례와, 그 후 특히 사막의 교부들인 abbas, ammas 들의 예를 거쳐, 수

93

도원이나 수도회에서는 매우 보편화된 제도였으며, 종교개혁 후에는 다양한 형태의 목회활동이나 소그룹모임 등의 형태로 이어져 왔습니다. 이 경우 영적 지도는 spiritual guidance, spiritual friendship, soul friend, mentoring 등과 거의 같은 의미로 사용되며(Leech, 2006), 그 형태는 각 종파나 수련 또는 신앙공동체의 전통에 따라 매우 다양하게 이루어지고 있습니다.

그러나 여기서 제가 특별히 언급하고자 하는 협의의 영성지도란 최근 약 30-40년 전부터 새롭게 조명되기 시작한 특정한 형태의 영성운동, 즉 묵상생활과 기도(contemplative life and prayer) 및 영적 분별(spiritual discernment)을 주개념으로 하는 보다 체계적이고 구조화된 지도를 의미합니다(이만홍, 2006; Edwards, 2010). 간략히 설명을 드리자면, 영성지도를 받고자 하는 그리스도인 수련자 (*기존의 '피지도자'라 번역된 directee를 앞으로는 '수련자'로 번역하겠음.)가 가지고 온 영적 체험, 특히 소명이나 기도생활, 하나님 표상 등에 관한 체험과 느낌들을 기도 가운데서 듣고 함께 성령님의 임재하심 가운데서 그 분의 뜻을 분별해 나가는 작업을 말합니다. 그렇게 함으로써 수련자의 묵상생활을 돕고, 점차로 수련자 스스로가 성령님의 음성을 듣고 분별해 나갈 수 있도록 영적 성숙을 돕는 것입니다. 이 영성지도의 핵심은 '너희는 이 세대를 본받지 말고 오직 마음을 새롭게 함으로 변화를 받아 하나님의 선하시고 기뻐하시고 온전하신 뜻이 무엇인지 분별하도록 하라(롬

12; 2)'는 말씀을 이루어가는데 있다고 보겠습니다.

영성지도는 과거 사막의 교부시대로부터 중세까지 상당히 성행하였지만, 중세 후반 이후에는 예수회 등 가톨릭의 극히 일부에서만 명맥을 유지해 오다가 1970년대부터 다시 관심을 끌기 시작하고 있습니다. 현대 사회에서 영성지도가 다시 각광을 받는 이유는, 첫째로 교회공동체를 포함하여 현대 사회에 정신병리와 심리적 갈등이 만연해 있고 이에 대하여 교회 안에서 심리치료나 상담에 대한 관심이 증가하고는 있지만, 동시에 이 방법들이 지닌 한계를 인식하게 되면서 지나치게 정신분석을 위시한 세속적인 심리학에만 편향되어 있었음을 자각하게 되었고 (Koenig & Cohen, 2002), 그로 인해 교회 안의 전통 속에서 영성지도가 가지고 있는 새로운 치유와 성숙의 가능성에 눈을 돌리게 되었다고 봅니다. 둘째로, 현대는 삶의 공허함과 고독을 심각하게 겪는 시대이면서 동시에 개인적인 느낌과 경험으로 이를 극복하려는 체험의 시대이기도 합니다. 그러나 현대의 다중화, 기계화, 정보화 등이 인간의 고립과 고독을 가중시켜 결국 교회 안에서조차 영적 갈급과 공허함에 허덕이게 되었고, 이를 채워 줄 영적 체험을 더욱 추구하게 되었습니다. 이에 따라 지난 세기 말 80-90년대에 영성신학에 대한 관심이 고조되면서, 영적 성장, 영성훈련, 영성지도 등에 관한 주제를 다룬 책과 세미나들이 넘쳐나게 되었습니다. 이런 현상들은 결국 갈수록 심화되는 영적 갈급과 인간 존재의 공허함, 비인간화의 병폐, 그리고 여기서 출발하는 불안감과 병리현상들을 어떻게 교회가 치유해 나갈 것인가에 대한 심각한 질문과 책임감을 던져 주고 있는 것 입니다(Cornett, 1998). 이제 우리는 다시 초대 기독교 시대 사막의 교부들이 꽃피워 왔던 영성지도를 우리가 하고 있는 심리치료의 작업 안으로 이끌어 와서 성숙을 향한 여정에 사용할 수 있도록 신중히 검토할 필요가 있습니다.

심리치료와 영성지도의 만남

영성지도는 참 지도자인 성령님을 모시고 두 사람이 인생이라는 영적 여정을 함께 가는 영적 순례의 과정이라고 할 수 있겠습니다. 영성지도란 지도자가 수련자의 어떤 문제를 직접적으로 해결해 주는 것이 아니라 내적으로 일어나는 영적 경험을 인식하게 하고 그것이 의미하고 있는 길을 찾아가도록 도와주고, 각 개인에게 임하시는 성령의 역사를 감지하도록 도와주는 것이기 때문에 말씀 선포나 말씀 연구와는 달리, 개인의 기도 체험 가운데 나타나는 하나님과의 관계에 대한 문제점을 함께 다루어 나감으로써 영적 성숙을 목표로 하는 것이므로, 정신병리의 해결을 넘어 인격의 성숙을 목표로 하는 심리치료와는 좋은 보완 내지는 동행이 됩니다.

아시는 바와 같이 이미 심리학과 심리치료 분야에서는 그 한계를 극복하고 영적 영역으로의 확대를 위한 시도가 지난 수십 년 간 활발히 있어

왔습니다. 실존분석, 윌리엄 제임스의 업적과 초월심리학, 동양의 전통에 눈을 돌리는 명상심리학, 그리고 켄 윌버의 통합심리학과 뉴에이지 심리학에 이르기까지 이러한 경향들은 그 현대적인 필요에 의해 심리치료의 현장을 점차 점령하고 있는 추세에 있습니다.

반면에 현대의 영성지도 분야 또한 필연적으로 심층심리학의 영향을 심각하게 받고 있으며 인간의 치유와 성숙을 향하여 동행 내지는 통합의 압력을 받을 수 밖에 없게 되었습니다. 심층심리학은 영적 영역을 포함한 인격의 발달과 구조에 대한 보다 체계적인 이해의 틀을 제공하게 되었으며, 영성지도의 현장에서 지도자와 수련자와의 관계에서 일어나는 현상들은 물론, 수련자와 하나님과의 관계에서 일어나는 현상을 이해하는데 이제까지 소홀했던 차원을 보완해 주고 있습니다. 현대의 영성지도자들은 심층심리학을 배우고 응용하는데 그 어느 때보다 열심을 내고 있으며, 보다 진전된 형태의 영적 지도가 이루어지기 위한 필요성을 인정하고 있습니다(Sperry, 2003).

이제 우리는 인간을 과학적, 심리학적으로 균형있게 이해하고, 내담자가 가지고 있는 정신병리와 갈등문제를 다루어 가면서, 동시에 그 속 혹은 그 위에 삶과 영성의 구체적인 문제에 통합적으로 응답할 준비를 갖추고 영적 여정을 함께 할 훈련되어진 영성지도자를 요구하는 시대에 와 있다고 하겠습니다(Sperry, 2001, West 2000, McMinn, 1996). 이제 더 이상 심리치료와 영성지도는 각자의 고유영역에 머물러 있을 수 없고 상호 보완적인 동반자로써 그 교육(수련)과 치료(지도)에서 서로를 필요로 하게 되었습니다. 특히 일부 연구자들은 온전한 기독교적 인간치유와 성숙을 위하여 방법론적인 통합이 이루어져야 한다는 주장이 제기 되고 있습니다(Bakke, 2000; Benner, 2002; 이만홍, 2006).

심리치료와 영성지도의 비교

영성지도는 은사자나 목회의 능동적인 돌봄처럼 지도자가 수련자의 문제를 적극적으로 해결해 주는 것이 아니라, 진리이신 하나님 앞에 설 때 내적으로 일어나는 개인의 영적 체험을 스스로 인식하게 하고 위로부터 오는 영적 통찰에 기초하여 의미있는 삶을 찾아가도록 동반자로서, 또는 중보자로서의 수동적 역할을 하므로 자연스레 심리치료자의 역할, 목표, 진행과정이 유사하다 할 수 있겠습니다. 그럼에도 불구하고 이 심리치료와 영성지도는 오랜 기간 동안 서로 분리된 채 각기 다른 역할을 하며 발전해 왔으므로, 방법론적으로 어떻게 보완 내지 통합이 이루어져야 하는지는 논란이 있습니다. 특히 두 분야 모두에서 제대로 된 교육과 수련이 이루어진다는 것은 현실적으로 쉽지 않으며, 각각의 목표와 역할이 다르기 때문에 이의 혼동을 막고, 인간의 치유—성숙 작업에 상호 보완 내지 통합하는 작업을 온전히 하기 위하여는 성급하게 어떤 이론상의 통합적인 방법론을 제시할 것이 아니라 먼저 이들이 어떻게 동질성이 있고 또 동시에 어떤 차이점이 있어서 상호 보완이 되는지를 면밀하게 살펴보는 작업이 충분히 선행되어야 하겠습니다. 이 부분에 대하여는 이미 몇몇 연구자들의 연구(Barnhouse, 1979; Wicks, 1983; Leech 1997; May, 2000)가 있기는 하지만, 아직도 바람직한 통합의 모델이 나오지 않는 것은 이 양자에 대한 면밀한 분석이 더욱 필요함을 뒷받침한다고 볼 수 있기 때문에, 이제까지의 연구를 요약하면서 발전시켜 보겠습니다.

첫째, 앞에서 언급한 것처럼 우리의 일상에서의 작업 목표는 전인적 성숙이며 역동심리치료와 영성지도는 이런 성숙을 향한 동질성을 가지고 있습니다. 역동심리치료는 프로이트 시대의 병리의 치료를 넘어서 자아 내지는 인격의 성숙을 목표로 삼고 발전하고 있으며, 또 발전되어야 할 운명에 있다고 보며, 영성지도 또한 영적 여정에 있어서의 성숙을 목표로 합니다. 따라서 이 양자는 동시에 전 인격적 내지는 존재 초월적으로 성숙을 향하여 필요하며, 동시에 서로 다른 영역을 감당하고 있다는 점에서 차이가 있습니다. 당연히 이 둘은 서로 보완 내지는 통합이 되어야 하겠습니다(이만홍, 2008).

둘째, 이 둘은 모두 인간의 의식(consciousness), 넓게 말하면 자기(self)의 영역을 확장하는 작업이며 그 노력이기도 합니다. 역동심리치료는 오래 전부터 잘 알려진 대로 우리의 의식을 아래로(downward) 확장하려는 작업입니다. 인간의 과거와 무의식에 대한 통찰을 얻고 이를 의식화함으로써 그 영역을 넓혀가려는 시도라고 하겠습니다. 영성지도 또한 우리의 의식을 위로(upward) 확장하려는 작업이기도 합니다. 우리는 묵상기도와 묵상적 삶 가운데서 자기라는 존재의식을 소월아어 보다 넓고 큰 세계로 확장함으로써 하나님의 임재, 하나님 나라, 하나님 품 안에까지 확장해 가는 것입니다(Wicks, 1983). 따라서 이 양자는 이러한 자기(self)의 확장을 향한 노력이라는 동질성을 가지면서, 동시에 각기 다른 방향성을 가짐으로써 서로 다른 차이점을 상호 보완하는 입장에 있습니다. 이 양자는 모두 우리의 내면세계를 풍요롭게 하는데 기여합니다. 심리치료는 사람들로 하여금 이제까지 해 왔던 것과는 다른 방법으로 인식하고, 느끼고, 행동하도록 새로운 통찰을 얻게 해 줍니다. 그것은 치료자와의 새로운 관계경험을 통하여 자라나며, 우리의 인식을 확장해 줍니다. 영성지도 또한 기도 가운데서 하나님과의 교제를 통하여, 침묵 속에서 그리고 분별이라는 사랑의 이끄심 가운데서 심령(spiritual heart)을 통하여 신비롭게, 초월적으로 우리의 인식이 자라나게 합니다(Edwards, 2010).

셋째, 이 둘은 모두 개인적인 체험, 특히 정서적인 체험을 중시합니다. 19세기 인간의 지성을 중시하던 계몽주의와 합리성과 효율성을 중시하는 실용주의의 끝자락에 와 있는 현대인의 공허한 실존을 치유하는 출발점으로서 이 둘은 개인적의 정서 체험과 공감에 관심을 둡니다. 우리는 역동심리치료 과정 속에서 내담자의 내면 감정에 초점을 맞추어 그와 나 사이를 흐르는 감성적 체험과 이를 바탕으로 하는 상호 공감을 통하여 치유와 성숙에 도달하려고 노력합니다. 심리치료에서의 진정한 통찰은 이성적인 것이 아니라 정서적인 재현을 동반한 것이라야 성숙을 이끌어낼 수 있다는 것은 우리가 잘 아는 사실입니다. 반면에 영성지도는 우리의 마음을 열어 성령님께 향함으로써 성령님의 움직임에 초점을 맞추고 그 움직임이 우리의 내면에서 어떤 정서적 체험을 불러 일으키는지에 관심을 둡니다. 예를 들면 이냐시오의 영분별의 원리들, 위안(consolation)과 고독(desolation)의 개념들은 우리의 정서적인 체험에 바탕을 두고 있는 것입니다(Green, 1997; Barry and Connolly, 2003). 그러나 한 가지 여기서 언급하고 넘어가야 하는 문제는 인간의 체험, 특히 개인이 느끼는 감성적인 체험은 다분히 신뢰할 수 없는 요소를 가지고 있다는 점입니다. 그래서 역동심리치료에서는 감성의 재현이 통찰을 위한 필수 요소이긴 하지만 통찰 자체는 이성에 의지하게 됩니다. 마찬가지로 영성지도에서도 개인적인 기도체험은 반드시 분별의 과정을 거쳐야 합니다(Buckley, 2005). 그래서 온전한 영성지도는 관상기도와 영적 분별로 이루어지게 되어 있습니다.

넷째, 이 둘은 우리 모두가 잘 알고 있는 대로 대상과의 관계를 중시하는 작업입니다. 흔히 일반심리치료에서의 관계를 이중적 관계라 하는 반면, 영성지도를 포함한 기독교 상담에서의 관계는 두 사람 외에 성령의 임재하심을 중시하기 때문에 삼중적 관계라고 합니다. 즉 역동심리치료는 자기와 타 인간존재와의 관계개선을 목표로 하고 있으며 이를 방해하는 자아의 미성숙한 방어체계를 효과적으로 다루어 주는 것을 목표로 합니다. 성숙하지 못한 사기대상을 바라보고 다루어 나감으로써 현실의 실재 대상과의 성숙한 관계를 이룰 수 있도록 돕는 것이기 때문에 역동심리치료는 내담자와 상담자 간의 전이와 저항을 중요하게 다루어 나갑니다. 영성지도 또한 지도자-수련자 관계가 존재하므로 경우에 따라서는 심리치료와 마찬가지로 전이와 저항의 존재와 현상을 충분히 이해해야 합니다. (일부 영성지도자들은 영성지도에서는 전이나 저항은 무시해도 좋을 만큼 심각하게 일어나지 않는다고 주장하지만, 그것은 심층심리를 충분히 이해하지 못하는 데서 일어나는 오해라고 생각합니다.). 그러나 심리치료에 비하여 영성지도는 상당히 다른 차원의 관계들을 고려해야 합니다. 즉 수련자는 자신과 하나님이라는 대상과의 관계에 초점을 맞추어 이를 개선하는 것에 관심을 둡니다. 각자가 가지고 있는 왜곡된 원초적 하나님 상으로부터 진정한 절대타자, 초월적이면서 이 창조세계를 이루어 가시는 온전한 대상으로 하나님과의 관계를 성숙하게 해 나가는데 관심을 두며, 또한 이 관계개선 작업에 방해가 되는 세력들, 즉 자신의 죄성과 세상의 어둠과 악의 세력들과의 투쟁에 관심을 집중합니다. 지도자와 수련자 사이의 전이와 저항은 최소화하게 되며, 하나님을 향한 전이와 저항의 개념이 주를 이루는 가운데 더욱 복잡한 양상을 띠게 될 수도 있으므로 이들에 대한 인식과 구분이 요구됩니다. 영성지도 시간은 두 사람이 함께 하나님께로 마음을 열고 기도하는 순간들로 채워지며, 일상적인 치료의 적극성을 포기한 채 하나님 스스로가 영성지도의 순간들을 이끌어 나가시도록 침묵 가운데서 그 분의 임재을 바라보기만 해야 하는 경우가 많습니다. 이렇게 하여 이 심리치료와 영성지도는 우리 인간 존재가 수평과 수직 모두의 관계에서 성숙하게 되는 것을 목표로 하므로 그 개념들은 각기 다른 영역을 관계하면서도 상호 보완적이 되게 합니다.

영성지도와 심리치료의 통합적 시도, 그 토의점

이상 살펴 본 바대로 영성지도와 심리치료는 서로 목표하는 바가 차이가 있으면서 상호 보완이 됩니다. 심리치료는 정신병리를 포함한 문제의 해결과 인간관계의 갈등의 해소가 일차적 목적이라면 영성지도는 하나님과의 관계 개선을 통한 영적 성숙이 그 일차적인 목표라 하겠습니다(May, 2000; Barry, 2003; Leech, 2006; Benner, 2007). 심리치료가 자기통합(self-integration), 자기실현(self-actualization)을 목표로 한다면, 영성지도는 자기포기(self-surrender), 자기초월(self-transcendence)을 목표로 합니다(Conn, 1998). 인간의 성숙을 자율성과 동일시하는 현대 심리학적 이론에 기초한 심리치료자들은 자율성의 포기를 보다 궁극적인 성숙으로 여기는 영적 열망을 간과할 수 있으며, 반면 자기희생과 자기포기를 바람직한 덕목으로 훈련받은 영성지도자들은 심층심리적인 통찰을 소홀히 할 때 종교적인 외식과 미성숙에 빠질 위험이 있습니다. 이 양자는 서로 상반 되면서 동시에 서로 보완이 되며, 또 그래야만 전인적인 치유를 기대할 수 있습니다. 저는 이 두 가지를 보완 또는 통합하는 치유-성숙의 작업이야말로 진정한 영성치유라고 부르고 싶으며, 인간은 자기를 포기하면서(self-surrender) 동시에 자기를 구현해야(self-actualization) 하는 패러독스의 존재로서, 이를 통합해야 하는 미션을 지닌 존재이기도 합니다. 그리고 이 미션은 절대 타자의 이끄심 없이는 결코 이루어질 수 없다는 것이 기독교 신앙을 가진 치유자의 기본 생각일 것입니다. 그러면 이제 문제는 실제 임상에서 어떻게 심리치료와 영성지도를 보완적으로 수행해 나갈 수 있는가 하는 문제일 것입니다.

그러나 아직도 이 보완-통합의 실험은 초기 단계입니다. 미국을 중심으로 하여 최근까지 여러 연구자들이 통합의 시도를 하고 있지만 아직도 아! 바로 이렇게 하면 되겠구나 라고 인정할만한 모델을 제시하지 못하고 있다고 봅니다. 그런 의미에서 우리는 어떤 새로운 출발점에 서 있다고 생각합니다. 우선 이제까지 연구자들이 지난 30-40년 동안 이 양자의 보안-통합을 위해 고민한 부분을 고찰해 본다면, 다음과 같은 세 가지 문제로 정리할 수 있다고 봅니다. 첫째, 우리의 내담자-수련자에 대하여 한 사람의 동일한 치료자-지도자가 심리치료와 영성지도를 모두 수행할 수 있는가? 아니면 각각의 전문가가 별도로 수행하는 것이 좋은가? 둘째, 만약 동일한 한 사람의 치료-지도자가 시행한다면 시간적인 안배를 어떻게 할 것인가? 셋째, 양자를 통합한 별도의 새로운 모델이 필요한 것인가?

첫째, 한 사람의 동일한 치료자-지도자가 심리치료와 영성지도를 모두 수행할 수 있는가? 아니면 각각의 전문가가 별도로 수행하는 것이 좋은가 하는 문제에 대하여는 아직도 의견이 엇갈리고 있습니다. 전통적으로 상당수의 영성지도자들이 심리치료는 인간의 내면을 향하고 영성지도는 성령님을 향하기 때문에 이 양자는 서로 혼동 되어서는 안 되며 따라서 한 사람이 이 양자를 동시에 작업하는 것은 무리이고, 내담자-수련자는 심리치료와 영성지도를 각각 별개의 전문가에게서 받아야 한다는 주장도 있습니다(May, 2000; Barry & Connolly, 2003). 즉 정신병리가 심각하거나 현실적으로 우선 다루어져야 할 경우 심리치료자와 치료작업을 하며, 영적인 문제나 성숙을 위하여는 별도의 영성지도자와 작업을 수행해야 한다는 주장입니다. 그렇습니다. 치료자와 지도자의 관심이 향하는 초점이 되는 대상이 다름은 매우 중요하며 혼란이 일어나서는 결코 안 되고 성숙을 향한 작업을 하는 사람들은 이것을 잘 숙지하고 있어야 합니다.

그러나 시간이 흐를수록 점점 동일인에 의하여 영성지도와 심리치료가 이루어져야 한다는 주장이 높아져 가고 있으며, 특히 심리치료자들에게서 이러한 주장이 더욱 설득력을 얻어가고 있습니다. 제랄드 메이나 데이비드 베너, 고든 스미스 등은 심리치료자 또는 목회상담가로 출발하여 이미 영성지도자로서 적극 활동한 바 있는 대표적인 사람들입니다. 이는 역설적으로 인간의 내면을 향하는 작업과 성령님을 향하는 작업이 인위적으로 분리되어 각기 다른 인간에 대하여 별도로 이루어 진다는 것은 심각한 모순을 갖게 됨을 이미 현장에서 체험하게 되기 때문입니다. 주님은 우리를 전인적으로 창조하셨고, 또 전인적으로 다루어지도록 부름 받았다고 생각합니다. 잘 알려진 바와 같이 치료자와 영적지도자가 본디 하나였다는 사실은 인류의 역사가 증명하고 있는 점입니다. 기독교 전통 안에서도 구약의 족장시대 그 이전부터 예수님에 이르기까지 치료와 영적지도는(이상적인 형태로) 동시에 이루어져 왔으며, 치료하시는 하나님은 인간의 전 존재를 다루시는 한 분 하나님으로 계시되어 왔습니다.

또한 당면한 심리적 장애가 바라는 바의 영적 성숙을 방해하고 발목을 잡으며, 영적 성숙의 장애는 심리적 이해 없이 해결이 불가능하다는 점은 우리 모두가 이미 임상에서 익히 경험하고 있는 것입니다. 즉 심리적 성숙과 영적 성숙은 뗄레야 뗄 수 없는 불가분의 관계이며 매일 매일의 임상에서 직면하는 현실이라는 것입니다. 그러나 우리는 이 양자를 오랜 동안 인위적으로, 부자연스럽게 분리해 다루어 왔으며, 그 결과 온전한 성숙을 돕는다고 하면서도 그것을 현장에서는 제대로 이루어 오지 못하였습니다. 그리고 이제 이 인위적인 분리는 더 이상 지속되어서는 안되겠다는 자각을 하게 됩니다.

사실 자세히 관찰해 보면, 이미 전술한 바와 같이 심리치료와 영성지도는 그 틀과 개념들 모두가 일관된 공통점을 가지고 있으므로 심리치료의 기본 개념에 정통한 사람들은 그 개념들을 그대로 영성지도에 적용할 수가 있습니다. 물론 이 양자는 차원 상 일정 부분 다르므로 심리치료 차원에 일정부분의 개념을 확장할 필요는 있지만, 근본적으로는 인간관계의 원리들은 대부분 그대로 인간과 하나님과의 관계에 적용될 수 있다고 봅니다. 특히 인간의 가장 심층심리를 다루는 정신분석적 심리치료의 모델의 원칙과 개념들, 예를 들면 공감, 저항, 전이, 해석 등과 같은 정신분석적 개념들은 그 의미들을 왜곡하지 않으면서도 이들을 그대로 영성지도에서 적용할 수 있다고 봅니다. 따라서 경험이 풍부한 영성지도자들은 심층심리에 대한 충분한 교육이나 지식이 없는 사람이 영성지도자가 되는 것은 어렵다고까지 주장을 하고 있으며, 실제로 저명한 영성지도자들은 자신들이 이미 공식적 또는 비공식적으로 깊이 있는 심층심리학을 전공한 분들이기도 하며, 이미 심리치료와 영성지도의 개념과 기술들이 임상에서 함께 사용되어 오고 있다는 증거이기도 합니다.

두 번째 제기되는 문제는, 만약 위와 같이 한 사람의 훈련된 (그리고 부르심을 받은) 심리치료-영성지도자 (저는 이런 사람을 간략하게 영성치유자로 부르려고 합니다.)가 내담자-수련자를 도와 통합적인 치유작업을 이루어 가는 것이 가능하고, 또 바람직하다면, 구체적으로 어떤 식으로 접근하느냐 하는 문제, 특별히 이 두 가지 접근 틀에 대하여 시간적인 안배를 어떻게 하느냐가 연구자들 사이에 논의점입니다. 즉 대부분의 연구자들은 심리치료의 시간과 영성지도의 시간을 따로 분리해야 한다는 주장인데, 예를 들면 심리치료 회기를 먼저 진행하여 어느 정도 정신병리적 내지는 심리 내적 갈등의 문제들을 다루고, 그 후에 영성지도적인 시간을 갖는 식입니다. 또는 양자를 번갈아 한 시간씩 할 수도 있고, 매 회기 안에서 시간을 나누어 1시간의 전반 30분은 심리치료를, 후반 30분은 영성지도를 하는 식으로 나누는 것이 효과적이라는 주장도 있습니다. 이런 주장들은 상당히 타당한 주장들입니다. 왜냐하면 전술한 바와 같이 심리치료와 영성지도는 그 향하는 초점이 상반되기 때문에 이에 대한 혼란을 피하기 위해서입니다.

그러나 이렇게 회기를 인위적으로 분리하는 방법은 초기 수련기간 동안에는 필요할지 모르나 궁극적으로는 오히려 자연스러운 영성치유의 흐름을 방해하게 될 수 있다고 봅니다. 영성치유자가 매 순간 순간 마음을 열고 치유받는 자의 마음의 자연스런 흐름을 따라가면서 두 방법을 넘나드는 통합을 하는 방법이 가능하며, 이것이 더 바람직하다고 봅니다. 왜냐하면 전술한 바와 같이 인간은 전인적으로 지음을 받았으며, 특히 우리의 정신(심리)과 영(혼)은 인위적으로 분리하여 생각할 수 없는 연속체-정신영적 연속체(psychospiritual continuum)이며, 내담자-수련자가 가지고 오는 병리현상을 포함하는 모든 문제들은 심리학적-영적 이중 의미를 항상 내포하고 있기 때문입니다. 이는 치유 받는 자의 모든 표현 속에는 심리적 경험(psychological experience)과 영적 경험(spiritual experience) 모두가 들어 있으며 이 양자를 따로 인위적으로 분리하여 다룰 수는 없다고 봅니다. 따라서 심리적 경험인 것처럼 보이는 내담자의 모든 표현은 심리적 분석과 아울러 영적인 의미를 파악하고 접근할 필요가 있으며, 마찬가지로 수련자의 영적인 듯 보이는 모든 표현은 그 속에 담긴 심리적인 분석이 없이 단지 영적 의미만을 다루어 준다면 우리는 그를 온전히 이해하지 못 학 뿐만 아니라 치료-성숙을 제대로 돕지도 못하게 된다고 봅니다. 예를 들면 어떤 내담자가 기도가 잘 안되고 하나님과 대면한다는 것이 뭔가 부담스럽다, 하나님이 나를 사랑하신다는 느낌이 없다고 고백하였을 때, 통상적으로 영성지도자는 이러한 기도에 대한 저항을 절대적인 대상 또는 진리에 나의 전 존재를 내어맡기는데 대한 두려움, 또는 초월적 변형을 위하여 이제까지의 정체성을 상실할지도 모른다는 영적인 의미, 나아가서는 이런 두려움을 증폭시키는 악의 세력 등을 염두에 두면서 함께 주님 앞에 마음을 열고 그 분의 음성에 귀를 기울이게 됩니다. 그러나 역동심리를 공부한 사람이라면 당연히 어린 시절 정서적으로 중요했던 권위대상, 즉 아버지에 대한 전이현상으로서의 하나님 표상의 표현이라는 점을 다루지 않는다면 이것은 심각한 오류라고 지적을 할 것입니다. 마찬가지로 심리치료 전문가로서 이것을 난시 전이적인 심리현상 또는 미성숙한 중간대상(transitional object)이라고만 접근한다면 그는 이 문제가 가지는 영적인 의미를 놓치는 것이며, 변형적 영적 성숙의 기회를 놓칠 수도 있는 것입니다.

세 번째로, 심리치료와 영성지도를 통합해야 한다면 본래의 원리나 과정들이 보다 효과적으로 통합되어 새로운 형태의 모델로서 다루어지는 것이 효과적이지 않겠나 하는 문제입니다. 일반적으로 사람들은 대부분 치료-영성적 효과를 얻기 위하여 뭔가 새로운 방법을 시도해보거나 변형된 방법을 찾는 경향이 있습니다. 연구자들의 관심을 끌고 있는 통합적 모델 시도의 예로는 Bernad Tyrrel의 그리스도 요법, David Benner의 집중적 영혼돌봄(ISC; Intensive Soul Care) 등을 들 수 있습니다 (Sperry and Schafranski, 2008). Tyrrel의 그리스도 요법은 이냐시오의 영신수련에 기초하여 각 수련단계의 주제로부터 치료적인 개념을 추출하여 이를 4주간에 걸쳐 체계적으로 적용하려는 시도입니다. 베너의 집중적 영혼돌봄 역시 4주간의 장기 피정 기간 동안 수련자를 집중적으로 지도하는 것으로서, 이러한 특정 모델들은 나름대로 이에 적용되는 적절한 대상의 경우 비교적 단기간에 체계적인 접근을 통하여 효율적으로 심리치료적 효과와 영적 성숙에 대하여 발전 내지는 최소한의 진지한 숙고를 해볼 수 있는 좋은 기회가 된다고 봅니다. 그러나 이들 특정 모델이 영적 성숙과 심리적 치유의 효과를 의미있게 보편적으로 유도할 수 있느냐 하는 것은 아직도 논란의 여지가 많다고 봅니다. 일정한 체계화의 적용은 그 나름대로 적용상의 무리와 문제점을 가지고 있을 뿐 아니라 영성지도 본래의 과정과 심리치료 본래의 과정을 왜곡 내지는 제한할 소지를 가지고 있다고 보기 때문입니다.

이러한 시도들에 반하여 저는 역동심리치료의 원칙을 훼손하지 않으면서 동시에 기독교 전통의 성숙의 개념과 방법을 왜곡시키지 않으면서도 우리의 풍부한 각각의 전통 안에서 좋은 방법을 충분히 이끌어 낼 수 있다고 보며 또 그래야 된다고 생각합니다. 우리의 정신과 영혼이 본디 별개의 것이 아닌 단일체 또는 연속체(psychospiritual continuum)였던 것처럼 이들 각각을 다루는 영성지도와 심리치료는 굳이 특정한 모델로 인위적인 통합을 하려고 시도할 필요조차 없이, 정신분석적 심리치료와 영성지도는 마치 원래 하나였던 것처럼 그대로 연속선 상에서 적용이 가능하며, 오히려 인위적인 새로운 모델로 체계화할 경우 치명적인 제약을 가져올 수 있다고 봅니다. 정신분석과 영성지도는 다 같이 침묵, 치유자의 들음, 공감, 자유연상, 정서적 체험, 현장적 만남, 자유로운 해석과 선택(분별) 등과 같은 하나님의 선한 가치들을 공유합니다. 이는 바람이 어디서 와서 어디로 부는 것인지 알 수 없는 성령님의 자유로운 임재의 개념과도 맥을 같이 합니다. 따라서 저는 이 양자가 별도의 특정한 모델로서의 변형을 거치지 않더라도 있는 그대로 잘 통합이 될 수 있다고 봅니다.

이런 맥락에서 보면 이냐시오의 '영신수련'에 거의 절대적으로 의존하는 체계화되고 논리적인 예수회 전통의 분별과정 또한 그것이 가지는 좋은 장점들과 더불어 자유로운 성령님의 임재하심과 인도하심을 제한하는 경향이 있다고 봅니다. 특히 최근의 영신수련의 체계에 근거하면서도 심리학에 지나치게 편향되어 분석적인 공식을 적용하는 경향은 오히려 잘못된 심리치료적 결과를 나타내기도 합니다. 이에 비하면 인위적인 논리의 적용이 배제된 채 자유로운 성령님의 임재와 인도에 함께 머물러 있는 로렌스 수사의 임재연습의 태도는 그 자체가 정신분석의 연상과 공감의 자유로운 흐름과 더욱 잘 조화가 된다고 봅니다.

전혀 새롭지 않은 모델, 영성치유자에 의한 새로운 시도

그러면 어떻게 두 영역이 동시적으로 치료-성숙을 위하여 통합될 수 있는가? 저는 그 해답을 어떤 특정 방법이나 새로운 모델에서 찾기 보다는 처음부터 끝까지 한 사람의 치료자-지도자(영성치유자), 즉 사람 그 존재의 준비됨(부르심)과 행함 자체에 달려 있다고 생각합니다. 온전한 영성치유자로 역할을 하는 것, 그 속에 모든 답이 있다고 보는 것입니다. 그리고 온전한 영성치유자가 되기 위하여 두 가지 조건이 필요하다고 보는데, 즉 부르심(소명)에 대한 자각과 순명, 그리고 심리치료와 영성지도 양 분야에 대한 제대로 된 교육수련이 필요하다고 보며, 이에 관하여는 앞으로 학회 차원에서 보다 깊은 논의가 이루어져 가야 하겠습니다.

다만 오늘 세미나에서 주로 논의하고 싶은 점은 치료-지도자(영성치유자)의 의식에 관해서입니다. 왜냐하면 심리치료와 영성지도가 치유의 현장에서 어떻게 통합되어질 수 있는가 하는 문제의 해답은 치유자의 의식(consciousness)에 있다고 보기 때문입니다. 영성지도자 또는 영성치유자로 부르심을 받았다는 것은 곧 기도, 특히 묵상기도(contemplative prayer)하는 자로 부르신다는 뜻입니다. 치유자는 깊이 묵상하는 자이며, 묵상하는 삶을 사는 자이며, 삶과 세상을 묵상하는 눈으로 바라보는 자이며, 치유의 현장에서 내담-수련자와 함께 묵상하는 자이며, 내담-수련자의 상황을 묵상하는 의식(contemplative consciousness)으로 바라보는 자입니다. 내담자의 문제를 치유하고 함께 영적 성숙의 길을 가기 위해서 한편으로는 수련자와 함께 하나님을 향하여 의식이 깨어 있어야 하는 동시에 다른 한편으로는 내담자의 내면과 현실에 공감하는 의식이 있어야 합니다. 여기서 중요한 것은 의식의 상태, 의식 집중의 대상에 있다고 보는데, 왜냐하면 내담자에게 집중하는 것도 의식을 통해서고, 하나님의 임재와 그에 대한 경험도 우리의 의식이라는 단일 통로를 통하여 이루어지고 있기 때문입니다.

여기서 치유자에게 중요한 것은 의식(consciousness)의 자유로운 전환이라고 하는 것인데, 이를 더 상세히 설명하여 보이겠습니다. 잘 아시다시피 정신분석적 심리치료는 주로 어린 시절의 정서적 갈등이나 미성숙한 감정이 현재의 삶 속에서 반복적으로, 부적응적으로 표현되는 것을 효과적으로 다룸으로써 심리적 초월과 변형을 이끌어가는 것이라고 봅니다. 즉 심리치료에서는 삶의 경험으로서의 내적 대상이나 외적, 수평적 대상과의 사이에서 일어나는 정서적 체험에 초점을 둡니다. 여기서 초점을 둔다는 것은 내담자의 느껴진 감각(the felt sense; Gendlin, 1978), 즉 표현된 느낌에 의식을 집중한다는 말입니다. 분석가는 내담자의 경험적 느낌에 공감하는 마음으로, Gendlin의 표현대로 체험적 초점두기, 즉 의식을 집중하면서 내담자의 의식 또한 함께 자신의 느낌에 머물러서 살펴 나가도록 돕습니다. 반면에 영성지도는 자신의 전 존재와 절대자이신 성령님과의 수직적 교류를 향하여 마음을 엽니다. 그 분의 임재와 간섭하심이 수련자와 지도자의 만남을 감싸고 그 안과 밖에 충만히 머물러 계시기를 바라는 마음, 즉 기도 충만한(prayerful) 상태로 의식을 엽니다. 그 순간 의식은 내담자의 표현된 체험적 초점으로부터 풀려나 주님과 함께 존재하는 영적 공간으로 확대되어 가며 배경의식(background cosciousness)을 형성합니다. 마음은 그 눈을 연 채로 앞에 펼쳐지는 내담자의 체험을 바라보면서 체험의 한계를 넘어서 새로운 의미를 부여하게 되면 이것이 바로 영적 변형을 이루어 가는 것이 되 겠습니다. 그러므로 의식은 어떤 구체적인 표현의 내용에 분석적인 시 각으로 공감하고 함께 파고들어 머물다가- 여기서 Gendlin의 느껴진 감각에 머물기와 영성지도에서의 침묵은 상당히 유사한 면이 있기 때문 에 이 또한 쉽게 연결이 됩니다.-, 다음 순간 묵상적인 시각으로 물러나 는 것으로 자유롭게 전환이 됩니다. 즉 치유자의 의식은 내담자가 말하 는 이야기와 느낌에 머물다가 다음 순간 하나님을 향하여 열기를 반복 하게 되는데, 처음에는 한 순간에 한 가지만 가능하지만 점차로 익숙하 게 될수록 나중에는 두 가지 의식 상태가 동시에 일어날 수도 있다고 봅 니다. 배경의식이 기도 충만한 가운데 열려 있으면서 동시에 내담자의 스토리 안으로 공감적인 참여가 동일한 의식 속에서 일어나게 됩니다. 이러한 현상은 언어로 표현하면 다소 애매하고 복잡하여 보이지만, 실 제 상황에서는 비교적 간단합니다. 그러나 간단하다고 해서 결코 쉽지 는 않은 것이며, 상당한 훈련을 필요로 합니다. 훈련이라기 보다는 하나 님을 사랑하는 행위 즉 묵상기도가 일상의 삶 속에서 아름다운 습관이 될 때 그 안에서 가능합니다. 묵상으로의 부르심을 깨닫고 그 같은 삶을 살아내는 가운데서 만이 가능합니다. 여기서 한 가지 꼭 덧붙일 것은 우 리가 이렇게 노력한다고 하여 치료-성숙이 잘 일어난다고 기대하는 것 은 잘못이라고 생각합니다. 치유의 과정은 전적으로 주님의 은혜 안에 있기 때문이라는 것이 우리의 믿음이며, 치료-성숙의 장을 주도하고 계신 분은 어디까지나 그 분의 영이기 때문입니다.

맺는 말

　요약하자면, 정신분석적 심리치료는 인간의 치료와 성숙을 위한 작업 중 가장 효과적인 방법 중의 하나이고 필요한 것이기는 하지만 그 자체만으로는 온전한 성숙을 이루기에는 부족한 것입니다. 기독교 원래의 전통에 서 있는 영성지도는 이러한 역동 심리치료를 보완 완성하는 데 있어서 매우 적절하며 하나님께로 나아가는 성숙으로 인도하는 방법이라고 생각합니다. 매일 매일의 치유와 성숙의 작업에서 역동심리치료와 영성지도의 방법들을 어떤 식으로 통합적이고도 구체적으로 적용할 것인가는 이제 우리 앞에 던져진 과제입니다. 그리고 이 과제를 푸는 작업의 핵심적인 열쇠는 묵상기도의 공간 속에서 매 순간 이루어지는 치유자의 의식의 자유로운 전환-내담자의 내면을 향하면서 동시에 하나님을 향하여 열려 있는 의식에 있다고 봅니다. 따라서 우리는 심리치료와 영성지도의 통합을 위한 시도에 착수하기 전에 먼저 갖추어야 할 것이 있는데, 그것은 묵상기도를 올바로 할 수 있게끔 우리 스스로를 주님의 인도하심을 따라 내어놓는 것입니다. 좋은 역동심리치료자가 되기 위하여 사례지도감독과 훈련분석을 거쳐야 하듯, 우리는 좋은 영성지도자와 영성치유자가 되기 위해서는 주님의 뜻을 듣고 따르려는 묵상기도와 분별의 훈련이 필요합니다. 기도 없이는 치유가 이루어지지 않는다는 주님의 말씀은 전인치유를 지향하는 영성치유자가 늘 의식 속에서 실현해야 하는 말씀이기도 합니다.

참고문헌

이만홍 (2006). 영성치유. 한국영성치유연구소.

이만홍 (2008). 기독상담학의 오늘과 내일: 기독상담과 영성지도의 통합을 위하여. 한국영성치유연구소 10주년기념 강연(미발행).

Bakke, J. (2000). Holy invitation: Exploring spiritual direction. MI: Baker Book.

Barnhouse, R. T. (1979). Spiritual direction and psychotherapy. The Journal of Pastoral Care, 33: 149-63.

Barry, Wiliam & Connoly, W. (2003). 영적 지도의 실제 (김창재, 김선숙역). 왜관: 분도출판사. (원저 1970년 발행)

Benner, D. (2002). Sacred Companions: The gift of spiritual friendship and direction. Downers Grove, Ill.: InterVarsity Press.

Benner, D. (2007). 거룩한 사귐에 눈뜨다 (노종문 역). Seoul: 한국기독학생회 출판부. (원저 2000년 출판)

Buckley, M. (Eds.). (2005). Sacred is the Call: Formation and Transformation in Spiritual Direction Programs. NY: The Crossroad.

Conn, E. W. (1998). The Desiring Self: Rooting Pastoral counseling and Spiritual Direction in Self-Transcendence. Paulist Press.

Cornett, C. (1998). The soul of psychotherapy: Recapturing the spiritual dimension in the therapeutic encounter. New York: Free Press.

Edwards, T. (2010). 영혼을 돌보는 영성지도. (이만홍. 최상미 역). 서울: 도서출판 로뎀. (원저 2001년 출판)

Galindo, I. (1998). Spiritual direction and pastoral counseling. Journal of Pastoral Care, 51:395-402.

Gendlin, E. (1998): Focusing. New York, NY: Batam Books.

Green T. (2012). 밀밭의 가라지: 기도와 행함이 만나는 곳 (최상미 역). 서울: 도서출판 로뎀. (원저 1984년 출판)

Koenig, H. G. & Cohen, H. J. (2002). The link between religion and health: Psychoneuroimmunology and the faith factor. New York: Oxford University Press.

Leech, Kenneth. (2006). 영혼의 친구 (신선명. 신현복 역). 서울: 아침영성지도연구원. (원저 1977년 출판)

May, G. (2006). 영성지도와 상담 (노종문 역). tdnf: IVP. (원저 2000년 출판)

McMinn, M. R. (1996). Psychology, theology and spirituality in Christian counseling. Weaton, Ill. : Tyndale House.

Sperry, L. (2001). Spirituality in clinical practice. Philadelphia: Brunner-Routedge.

Sperry, L. (2003). Integrating spiritual direction functions on the practice of psychotherapy.

Sperry, L. and Shafranske, E.(2008). 영성지향 심리치료. 최영민, 조아라, 김민숙 옮김, 하나의학사, 2008. (원저 2005년 출판)

West, W. S. (2000). Psychotherapy & spirituality. London: Sage Publications.

Wicks, R. J. (1983). Self-ministry through self-understanding. Loyola University Press.

04

목회적 돌봄에서의

영성지도

2012년 4월 18일, 연세대학교 세브란스 병원 채플에서 한국임상목회협회 연례 세미나 강연

영성지도란 살아계신 하나님과 의식적으로 관계를 맺고
하나님으로 하여금 그와 관계를 맺으시고
그 관계 안에서 성숙하고 살도록 함을 돕는 사역으로서,
목회적 돌봄의 한 형태라고도 할 수 있다.

월리엄 베리

들어가는 말

오늘 강연 제목과 관련하여, 정신과 의사인 연자가 영성지도를 소개하는 것은 어찌 보면 아이러니처럼 보여질 수도 있으나, 이는 오늘날 목회상담자들이 분석적 심리치료에 몰두하는 것과 같은 현상이다. 돌봄의 현장에서 이런 현상들이 보여주는 것은, 첫째 신학, 심리학, 정신의학이니 하는 전통적인 학문의 경계가 허물어져 간다는 사실과 함께 이들이 적극적으로 통합되어간다는 사실을 보여주며, 둘째는 영성에 관한 한 모든 사람들이 목말라 하는 갈망의 시대이므로 더 이상 영성은 일부 영성가의 전유물이 아니라 누구에게든 열려 있는 시대를 의미한다.

오늘 우리 시대의 화두는 치유와 영성이다. 얼마전 MBC에서 제작한 "호흡"이란 명상관련 프로그램을 인상깊게 본 적이 있는데, 내용 중에 미국 쉐도나라는 도시에 전 세계의 명상치유 단체들이 마치 박람회처럼 운집해 있고, 많은 사람들이 순례자들처럼 관광을 와서 명상도 배우고 치유의 시간도 갖는 것을 보면서 역시 치유와 영성이 시대적 요청임을 알게 되었다.

목회적 돌봄의 목표

지금은 치유의 시대이다. 기독교적인 시각에서의 진정한 치유, 진정한 돌봄의 목표는 무엇일까? 아마도 고통의 극복이나 죽음의 위로 따위에 국한되는 것은 아닐 것이다. 저는 이 시간에 목회적 돌봄 사역의 현장에서 보다 더 영성에 초점을 맞춘 치유와 성숙이란 어떤 것이어야 하는가를 살펴보고, 이를 위한 방법의 하나로서 기독교적 전통의 영성지도가 목회적 돌봄에 적극 활용되기를 제안하려고 한다.

지난 20-30년 간 심리치료가 일반인들에게 각광을 받으며, 교회에서 조차 심리치료에 아웃소싱을 너무 많이 하고 있는 사이, 영적인 돌봄은 목회적 돌봄사역자의 관심 시야에서 멀어져 가고 있는 게 오늘의 현실인 듯 보인다. 미국에서도 교회가 기독교 본래의 영성을 제시하지 못하고 머뭇거리는 사이에, 동양종교적 명상이 치유 사역의 중심을 차지하게 되었다. 그 대표적인 예가 하버드대학 병원에서 시도하는 '알아차림 명상치유법'(mindful-based cognitive therapy)같은 것들이다. 그리고 그것들은 실제적인 효과가 있기 때문에 최근 들어 대체의학의 한 자리를 차지하고 붐을 이루어가고 있다. 그래서 Stairs(2000)는 "세상은 교회가 좀 더 교회다워지고, 거룩함과 의미 그리고 하나님을 발견하고, 경험하고, 이해하고, 다시 상상할 수 있는 공간과 장소를 대표할 수 있기를 소리쳐 요구하고 있다"고 했다. 그 원인은 현대 사회가 지나치게 자기애, 실용주의, 그리고 지나치게 휴식이 없는 상태에 빠져 있기 때문이라고 Rolheiser(1995)는 지적했다. 우리 시대의 화두는 치유이지만, 그 치유의 의미는 즉각적인 고통과 갈등의 해소와 사회적 기능에 맞추어져 있다. 이를 뛰어넘어 고통과 죽음의 의미를 깨닫고 진정한 성숙과 치유를 추구한다는 돌봄사역의 본래의 목표는 상실된 듯 보인다. 특히 돌봄의 현장에서 만나는 사람들이 바라는 것은 고통의 호전이나 회복이다. 가능한 한 죽는다는 사실을 직면하지 않은 채 고통없이 피해 가기를 원한다. 죽음은 삶의 끝이고, 실패나 좌절을 의미한다. 암세포를 얼마나 줄이느냐, 환자의 기능을 얼마나 회복시켜 줄 수 있느냐의 절박하고 마음의 여유가 없는 사투를 벌이는 현장이 병원이다. 새로운 약물의 발견과 같은 약간의 전진은 커다란 희망과 기대를 낳고, 더 이상의 생명의 연장이 불가능한 것은 절망으로 연결된다. 그 회복의 기대를 첨예하게 만나는 것이 임상목회의 현장일 것이다.

그러나 우리 그리스도인들의 시각은 다른 것일 것이다. 우리의 삶은 사후의 삶에 초점이 맞추어져 있어야 한다는 것이 정답이다. 그리고 현세의 삶은 그 영원한 삶을 위한 준비과정, 성숙의 과정이며, 우리의 현재의 삶 속에서 만나는 고난, 아픔, 고통, 그리고 마지막 죽음까지도 성숙의 과정임을 깨닫는 것이 중요함을 안다. 그러나 우리는 정답대로 살고 있지 않다. 우리는 의식적이든 무의식적이든 현재의 삶에 초점을 맞춘 생활을 산다. 현재의 삶이 중요하다는 지나친 강조 속에서 산다. 그러므로 죽음은 삶의 마감, 종결, 그리고 실패와 좌절로 인식되어 왔다. 그리스도인은 그렇지 않아야 하는데, 현실은 마찬가지이다. 우리는 고난을 당하거나 심한 병으로 죽음의 공포를 느끼게 되면 그런 현상을 쉽게 받아들이지 못한다. 우리는 항변한다. 어떻게 무한히 선하신 하나님이 그들의 사랑하시는 아들과 딸의 삶 속에 이런 일이 일어나도록 허락하신다는 말인가? 하나님의 지혜와 섭리를 도저히 받아들일 수 없어 보일 때도 있다. 원망하고, 신앙은 흔들리고, 생을 마감한 그 존재를 부여잡고 그냥 함께 아파하고 있을 수 밖에 없을 때가 있다. 그 어떤 위로나 설명도 도움이 안 될 때도 있다. 다만 돌보는 자는 자신의 무지와 무력함에 머물러 있을 수 밖에 없을 때가 있다. 우리의 신앙이 모든 것에 답을 주고 위로가 되지 못함을 받아들일 수 밖에 없을 때가 있다. 우리는 다만 그 분을 만날 때까지 기다리지 않으면 안 될 때도 있음을 깨달으면서 우리의 고통을 그 분께 내어드릴 수 밖에 없다.

인생을 살다보면 이렇게 지금까지 자신이 붙잡고 살아오던 인생관이나 세계관이 그 의미를 상실하고 삶이 그 가치를 잃어버리는 듯한 순간이 있게 마련이다. 이런 종말과 같은, 우리 자신을 잃어버리는 과정은 역사적으로 여러 영성의 전통 안에서 기술되어져 왔다. 예를 들면, 사막의 영성, 어둔 밤, 샘이 마름, 무지의 구름 등이 그것이다. 그러나 이런 영성의 전통들은 이런 시점이나 과정들이 단순히 절망과 좌절의 시점만은 아니며, 그것은 하나의 파라독스로서 새로운 출발점으로 바뀌는 시점이며, 새로운 길을 찾아 성숙하기 위하여 자신의 기왕의 걸어온 길을 버리거나 포기하여야 된다는 점을 가르쳐 주고 있다. 절망은 믿음으로 나아가는 전제가 된다. 복음서에서도 예수님이 분명히, 그러나 아주 무겁게 말씀 하신다. "자기 생명을 사랑하는 사람은 잃을 것이요, 이 세상에서 자기 생명을 미워하는 사람은 영원히 그 생명을 보존할 것이다." (요 12:25) " 그러나 다음 순간 제자들에게 잠시 마음 속 속내를 내비치신다. "지금 내 마음이 몹시 괴로우니 내가 무슨 말을 하겠느냐? '아버지여, 내가 이 시간을 벗어날 수 있게 해 주십시오' 하겠느냐?"(27절) 그리고는 다시 그는 단호하게 외치신다. "아버지여, 아버지의 이름을 영광스럽게 하소서!"(28절) 그것은 그분은 누구나 받아들이기 힘든 고통과 죽음의 의미에 대한 온전한 깨달음이 있기 때문일 것이다. 바로 이점이 누구나 바라는 목회적 돌봄과 영성지도의 목표가 될 것이다. 삶과 죽음, 그리고 그 죽음 이후의 삶까지도 포함하여 그 의미를 이해하고 받아들인다는 것은 우리 모두의 바람직한 태도이기 때문이다. 영성지도나 목회적 돌봄의 가장 어렵고도 중요한 임무는 내담자들로 하여금 삶의 현재의 고통을 거치면서 삶과 죽음의 의미에 대한 적절한 태도를 갖게 되는 리허설이 되도록 돕는 것이다(Michael, 1989). 즉 목회적 돌봄의 목표는 십자가의 삶을 어떻게 이해시키고 준비시키는가 하는 점이다.

Alister Mcgrath(2005)는 루터가 그의 십자가신학에서 이 점을 명료하게 뒷받침해 주고 있다고 언급하였다. 루터의 주장을 해석하자면, 상식적으로 우리의 이성이 생각하는 것은 하나님은 반드시 위대한 영광과 장엄하고 영광스러운 권능으로 충만한 상황 속에서 자신을 계시하셔야 한다고 믿으며, 따라서 우리의 삶도 풍성하고 온전하고 번영된 곳에 하나님이 계시다고 믿는다. 그러나 하나님은 오히려 이와는 정반대로 수치스럽고 연약하기 이를 데 없는 십자가 속에서 자신을 계시하기로 하셨고, 마찬가지로 우리의 현실 속에서도 비극, 슬픔, 설망 그리고 언악한 상황 속에서 자신을 드러내시는 길을 택하셨다고 한다. 그리하심으로써 하나님은 온유한 모습으로 우리의 한계를 지적하시고 가르치신다. 따라서 우리는 자신이 원하는 하나님의 모습이나, 우리 삶에 개입하시는 모습을 이런저런 생각으로 꾸며내고 기대할 것이 아니라 실제 그 분의 모습 그대로, 그 분의 섭리 그대로 계신 하나님께 귀를 기울여야만 한다. 이 점은 기독교 신학에서 가장 힘든 교훈을 배우도록 요구받고 있는 것이라고 Mcgrath는 지적하였다.

영성지향 심리치료의 역사와 개념

잘 아는대로 목회적 돌봄의 대표적인 분야인 목회상담과 임상목회는 그 기법에 있어서 상당히 오랜 기간 일반 상담심리학에 의존해 왔다. 그런데 심리상담의 일반적인 목표는 인생에서의 성공과 풍요로움을 동반하는 자기구현(self-actualization)이다. 대인관계에서의 갈등을 효과적으로 해소하고 현실에서의 삶의 만족과 웰빙을 추구한다. 자기실현이 중요한 시대이다. 그러므로 자기부인을 거쳐야 바로소 자기실현의 삶을 살 수 있다는 그리스도적인 깨달음은 점점 설 자리를 잃어가고 있는 시대이다. 심리적 상담을 통하여 목회적 돌봄의 일을 한다는 것은 인간 내면의 깊은 곳에서 하나님을 알고 그 속에서 진정한 자아를 깨닫고 삶의 의미와 고통의 의미를 이해함으로써 성숙하게 되는 것을 돕는 사역이라고 이해한다. 그러므로 오늘날의 목회적 돌봄은 매우 어려운 사역이며 일반 심리상담과는 달라야 한다고 할 수 있다. 목회적 돌봄의 현장에서 심리치료나 상담은 우리에게 많은 도움을 주기는 하지만 그리스도인의 현실과 삶을 다루는 데는 분명한 한계가 있다. 즉 심리학적 상담은 기본적으로 사람의 내면에 집중하게 되므로 문제를 해결하는데 도움을 주고 고통을 덜어주기도 하지만, 그 다음의 문제, 즉 영적 성숙의 문제, 삶의 의미 문제, 특히 하나님을 바라보는 것에는 한계가 있게 되고, 자칫 상담의 틀 안에서 자기몰두에 빠지게 만들 위험도 있다. 인간을 깊이 있게 알고 하나님을 모르면 그것은 희망이 없다. 따라서 인간의 깊은 내면에서 하나님을 발견하고, 하나님 안에서 진정한 나를 발견하게 되는 것을 돕는 것, 이것이 목회적 돌봄의 진정한 존재 이유일 것이다.

최근 들어 다시 제 자리를 잡아가고 있는 듯 여겨지는 목회적 돌봄의 한 줄기로서 영성지향 심리치료는 환자나 내담자들의 증상을 다루고 고통을 제거하는데 초점을 두는 것이 아니라, 개인의 전체 경험에 참여함으로 환자들의 고통의 의미를 영적으로 이해하려고 노력한다. 이렇게 내담자의 영적 관심사를 다루는데 수용적이고 효과가 있는 최근의 심리치료 모델들은 영성지도(spiritual direction)의 개념과 기능을 다소간 섞어 들인 것들이다. 그리고 현재 미국을 중심으로 이루어지는 대부분의 이런 모델들의 심리치료에서는 명상이나 기타 여러 영적 수행을 심리치료와 병행하는 것이 거의 표준처럼 되어 있다(Sperry and Shafranske, 2005). 그래서 최근의 목회상담은 심리학적 상담 방법론에서 상당부분 영성적인 부분을 되찾아 가려고 하고 있는데, 목회상담에 영성지도적인 방법을 적절히 활용하는 영성지향적 심리치료나 목회상담의 형태로 발전되고 있기도 하고, 일부에서는 이 두 형태를 통합하고자 하는 시도도 있다. 심리치료의 역사에서 영적인 측면을 다루는 개념은 거슬러 올라가면 Jung 에서 출발하였다고 말할 수 있으나, 본격적으로 심리치료의 현장에서 다루기 시작한 것은 인본주의 심리치료(existential psychotherapy), 특히 Victor Frankl의 의미요법이었다고 말할 수 있으며, 이 흐름은 그 후 자기초월 심리치료(transpersonal psychotherapy)를 거쳐, 기독교적 개념을 주로 하는 영성지향 심리치료(spiritually focused psychotherapy)에서 활발한 시도가 이루어지고 있다. 그리고 그것들은 일부 혹은 전적으로 영성지도(spiritual direction)의 전통을 현대에 재해석한 것들이라고 말할 수 있다.

이상의 영성지향적인 심리치료의 역사를 일별하였지만, 그 중에서 특별히 Victor Frankl과 실존주의 심리치료자들의 시도를 조금 더 살펴볼 필요가 있다. 흔히 목회적 돌봄의 현장에서 만나게 되는 사람들은 두 부류로 나눌 수가 있다. 한 그룹은 아직 하나님의 존재를 알지 못하고 영적으로 깨어나지 못한 상태의 존재들이며, 다른 한 그룹은 깨어나긴 했어도 좀 더 하나님을 알고 가까이 갈 필요를 느끼는 사람들이다. 후자의 사람들을 위하여는 앞으로 논술하게 될 영성지도가 도움이 되겠지만, 전자의 사람들에게는 자신들이 당면한 고난이나 고통의 와중에서 눈을 들어 자신의 겪고 있는 고난의 의미를 찾아 보다 차원 높은 의식의 상태로 깨어나는 것을 돕는 작업이 필요한데, 이에는 Frankl의 의미요법이나 실존주의 심리치료가 우리가 참고할 만한 거의 유일한 접근이다. 우리가 만나는 사람들은 고통을 당하는, 절망과 당황 앞에서 마음의 여유나 다른 사람의 말에 귀를 기울일 여유를 갖지 못하는 사람들이다. 그들이 자신의 고통과 낙담 속으로부터 빠져 나와 더 큰 삶의 의미를 발견하게 도와 줄 수 있도록 만들어진 보편적인 어떤 방법이 있을까? 이 질문은 우리 모두가 알고 싶어한다면 당장이라도 베껴서 활용하고 싶은 질문이다. Frankl의 의미요법의 출발은 모든 사람의 인생에는 의미가 있음을 믿으며, 의미를 발견하려는 의지가 있고, 의미를 추구하는 자유가 있다는 것이다.(Fabry, 1985) 최근의 신경심리학 연구는 인간의 뇌는 우리에게 들어오는 물리적 자극, 분자 차원의 의미없는 자극을 개념적, 설명 가능한 차원의 지각으로 바꾸는 본래적 성향이 있음을 밝혀 냈다. 만약에 어떤 자극이나 상황이 설명 가능한 지각으로 조직화하지 못하면 가능할 때까지 사람은 긴장되고, 불안하며 만족을 느끼지 못한다. 이러한 인간의 생리적 경향은 우리의 일상 안에서 벌어진 자극이나 상황에 의미를 부여하려는 경향을 의미한다. 즉 인간은 의미를 갈망하며 의미를 느끼지 못할 때 불안을 느낀다. 따라서 의미는 처음부터 주어지는 것이 아니라 찾아야 하는 것이다. 즉 인간은 의미를 만들 수는 없으나 발견해야 한다는 것이다(Yalom, 2007). 실존주의 심리학자들의 주장에 따르면, 인간이 추구하려는 의미의 일차적인 목적은 불안의 제거에 있지만, 보다 더 근원적으로 말하면 자기초월의 본능에서부터 기인한다는 것이다. 즉 제한적인 생명과 죽음을 뛰어넘어 실존을 연장하고자 하는 자기초월의 경향성이 있다는 주장이다.

Frankl이 제안한 의미치료의 방법으로는 소크라테스적 대화(socratic dialogue), 역설적 의도(paradoxical intention), 반추제거(dereflection), 심리적 심기증(psychological hypochondrics) 들이 있으나(Fabry, 1985), 이것들은 상당히 추상적이며, Frankl이 제시한 치료사례들은 의미 추구와는 직접적으로 관련성이 부족한 강박증, 공포증 환자들이었다. 삶의 의미를 추구하는데 가장 우리의 관심을 끌게 만든 심리치료 체계는 실존심리치료이지만, 그러나 그 중요성에도 불구하고 실제 현장에서 크게 영향을 주지 못한 채 가라 앉았던 이유는 그 방법론이 매우 빈약하기 때문이며, 과학적인 치료효과를 입증할만한 보편타당한 치료접근이 부족하다는 점이다. 바로 여기에 한계가 있는 듯 보인다. 실존심리치료는 여기까지이며, 그 다음의 방법론은 아직도 우리들 앞에 남겨진 숙제이다. 그 다음의 출구는 아직 상담심리 쪽에서는 보이지 않고 있다.

영성에 초점을 둔 목회적 돌봄이나 심리치료자, 영성지도자가 되기 위하여는 여러 가지 영성심리학의 개념들을 이해할 필요가 있다. 영성의 표현과 관련한 전통적인 개념들, 예를 들면 유념적 영성과 무념적 전통, 깨어남-정화-조명-합일의 전통적인 영적 성숙의 이론들, 그리고 현대적인 영성발달의 개념들이다. 현대의 영성심리학 이론들 중에서 특히 관심을 가질만한 것으로는 데이빗 헬미니악의 영적 발달 단계 모델(Helminiak, 1987)과 월터 콘의 자기-초월 이론(Conn, 1998) 등이 있다. 이러한 이론들은 영성을 심리학적인 논리구조의 틀 속에 가두어 버렸다는 비판이 있음에도 불구하고, 우리의 인격, 자기의 중요한 측면으로서의 영성이 어떻게 한 개인의 인격 속에 지속적으로 통합되어 가면서 심리-영성이 함께 통합되느냐 하는 과정과, 자기실현과 자기포기라는 두 가지 모순된 현상이 어떻게 자기초월을 통하여 확장되어 가는지의 과정을 심리학적인 시각에서나마 이해를 도와줌으로써 목회적 돌봄과 영성지도의 이론적 토대의 일부를 제공한다.

한편 의식심리학이라는 분야 역시 영성지향 심리치료를 목회적 돌봄에서 적용하려는 사람들에게는 매우 중요한 새로운 학문영역으로 대두되고 있다. 인간의 몸을 성전이라고 한다면 의식은 지성소에 비유할 만하다. 그 안에서 치열한 영적 투쟁이 일어난다. 감정이나 행위에서보다도 의식은 영성의 핵심 역할을 하는 부분이다. 기억하라 기억하라 하는 하나님의 말씀도 의식 속에서 기억이 되는 것이며, 묵상기도가 이루어지는 곳도 의식을 중심으로 해서이다. 하나님의 임재를 느끼는 것도 의식이며, 동양철학에서 명상의식은 영성의 핵심 역할을 하는 부분이다. 기억하라 기억하라 하는 하나님의 말씀도 의식 속에서 기억이 되는 것이며, 묵상기도가 이루어지는 곳도 의식을 중심으로 해서이다. 하나님의 임재를 느끼는 것도 의식이며, 동양철학에서 명상의 훈련을 통하여 이루어지길 시도하는 것도 의식상태의 변형(alteration of conscious state)인 것이다. 앞으로의 심리학이나 상담, 치유의 중심 연구영역은 따라서 의식심리학이 될지도 모른다. 그러나 이것은 단순한 심리학이라기보다는 생물학, 뇌과학, 신경사회학, 신학 등이 어울어진 통합적인 학문이다.

목회적 돌봄 안에서의 영성지도

1970년대 후반부터 미국을 중심으로 영성지도에 대한 붐이 일어났는데, 그것은 지나치게 심리학적 방법론에 쏠린 목회적 돌봄의 반성과, 일반인들의 영적인 목마름이 고조에 달했기 때문으로 보인다. 일부의 영성운동가들이 과거의 희미해졌던 오래전의 기독교 전통으로부터 영성지도라는 틀을 발굴해 냈다. 구체적인 기원은 사막의 교부들에게서 찾아 볼 수 있으며, 중세 수도원의 전통을 거쳐 근대에 들어 예수회나 베네딕토회 등 일부 카톨릭 공동체 내에서 명맥을 유지하다가 1970년대에 에큐메니컬하게 활성화되었다. 초기에는 이 운동이 곧 목회상담적인 돌봄의 자리를 대체할 것처럼 보였으나, 시간이 지남에 따라 목회적 돌봄의 큰 틀 안에 목회상담과 영성지도가 함께 공존하게 되는 것 같다. 그러므로 현재의 목회적 돌봄은 그 방법론에서 크게 말해서 목회상담과 영성지도로 구분할 수 있다. 이 양자는 실제로는 서로 중첩되기도 하지만 가장 큰 차이를 말한다면 목회상담은 내담자의 고통, 갈등, 역기능, 대인관계의 문제점을 다루는 것이 일차적 목적이고, 영성지도는 하나님과의 관계, 즉 '하나님은 나에게 누구인가?', 그리고 '나는 하나님에게 어떤 존재인가?'에 일차적인 초점을 맞추기 때문에 주로 기도에 관하여, 기도를 통하여 문제를 다룬다. 상담은 현세의 삶의 웰빙에 일차적 관심이 있다면 영성지도는 현세를 포함한 더 큰 테두리적 삶, 그리고 그것을 섭리하시는 주님의 뜻에 관심을 둔다. 즉 '나를 향하신 하나님의 뜻은 무엇인가?', '이러한 일들 가운데 주님은 어디에 계신가?'와 같은 질문들에 초점을 맞추기 때문에 묵상기도(contemplative prayer)와 영적 분별(spiritual discernment)이 핵심 개념이다. 물론 목회상담 시간에도 기도의 문제나, 하나님과의 관계를 다룰 수는 있지만, 상담심리적인 방법이 주로 사용된다. 또 목회상담 전 후에 기도를 할 수도 있지만, 통상적으로 기도한 내용이나 과정을 다루지는 않는다. 이 때의 기도는 대체로 문제가 잘 해결되고 상담이 잘 진행되도록 주님의 도움을 청원하는 방법으로서의 기도이다. 영성지도와 목회상담의 차이 중 하나는 바로 이 기도에 어떻게 대처하느냐이다. 영성지도는 일차적으로 하나님과의 관계에 초점을 맞추기 때문에 결국 기도의 내용과 과정에 초점을 맞추며, 기도 가운데서 활동하시는 성령의 임재에 초점을 맞춘다. 즉 기도할 때 기도하는 사람의 마음 속에서 어떤 일이 벌어지는가, 그 마음을 통하여 성령님은 어떻게 활동하시는가에 주의를 집중한다. 그리고 소위 '영분별(discern the Spirit)'을 하기 위하여 기도 가운데 느끼는 경험, 경험하는 느낌을 신앙적인 감각으로 다루어주는 것이다.

영성지도의 실제

"영성지도란 살아계신 하나님과 의식적으로 관계를 맺고 하나님으로 하여금 그와 관계를 맺으시고 그 관계 안에서 성숙하고 살도록 함을 돕는 사역으로서, 목회적 돌봄의 한 형태라고도 할 수 있다."라고 Barry (1977)는 말하였다. 영성지도는 환자나 내담자 뿐만 아니라 상담자 자신에게도 매우 정신건강적, 영적 유익성을 줄 수 있다. 영성지도는 묵상기도와 분별을 주로 하는 기독교 전통적인 돌봄의 한 형태이다. 스스로를 묵상을 통하여 영적 깊이와 안전성을 확보할 수 있으며, 동시에 여기서 얻어진 능력과 기술을 통하여 내담자, 환자와 함께 하며, 영적 여정을 함께 가며, 도울 수 있는 돌봄이다.

영성지도의 형태는 여러 가지가 있다. 가톨릭에서는 주로 권위적인 형태의 영성지도가 전해져 오고 있으나, 저자가 소개하고자 하는 영성지도는 1970년대 에큐메니컬하게 일어나고 있는 비권위적, 동반자적인 형태의 영성지도이다. 이해를 돕기 위하여 심리상담적인 방법과 대조하면서 전형적인 영성지도 회기의 모습을 그려보면 다음과 같다. 영성지도 시간은 고백 또는 문제의 제기와 묵상적(contemplative) 경청, 묵상기도, 기도나눔과 분별, 그리고 다시 묵상기도와 기도나눔/분별을 반복하는 것으로 구성된다. 모든 과정은 성령님의 임재에 의식적으로 집중하는 분위기 가운데, 즉 묵상적 분위기 가운데 성령님을 참 영성지도자로 모시고 그 분의 인도하심을 따라가는 자세로 이루어진다. 이 모든 과정은 기도충만한(prayerful) 분위기 가운데 지도자와 수련자가 하나님의 임재를 경험하는 것이 주된 요소를 이룬다. 이 점은 특히 목회적 돌봄의 현장에서 유용한데, 고통받는 사람들 앞에서 우리는 별다른 할 말을 느끼지 못하고 다만 주님과 함께 존재하는 것 이외에는 별달리 사랑을 표현할 길이 없다는 것을 종종 경험하기 때문이다.

내담자 즉 영성 수련자 (directee)가 자신의 삶을 꺼내 놓는다. 영성지도를 원하는 사람들은 자신의 삶 모든 영역을 주님 앞에서 영성지도자와 열린 마음으로 함께 나누려고 하는 용기와 갈망을 전제로 한다. 말하는 사람과 듣는 사람 모두 성령의 인도하심을 구하면서, 즉 의식을 가능한 한 성령님께 주의집중하면서 시작한다. 물론 듣는 사람은 일반 상담에서와 같이 주의를 집중하여 경청하고 공감하는 기술이 필요하나, 영성지도에서는 이에 더하여 수련자의 삶을 성령님의 시각으로, 묵상적인 태도 (contemplative attitude)로 듣는 것을 묵상적 경청이라고 한다. 이것은 상담에서처럼 문제해결을 염두에 두고 내담자의 말을 분석적인 시각으로 듣는 것이라기 보다는 총체적(wholeness)이고 존재론적(being-related)인 마음(heart)으로 듣는 것이다. 이것은 동양적 명상에서 말하는 알아차림 명상(mindfulness)과 유사하지만 그 출발점과 목적지가 전혀 다르다. 특히 그가 겪은 사건이나 문제, 어려움 가운데 하나님은 어디에 계셨는지, 하나님의 이미지는 어떤 것인지, 그것을 하나님께 가져갈 때, 즉 기도할 때 어떤 경험을 하였는지, 기도의 저항은 없었는지 등이 주된 관심사가 된다. 여기서 영성지도자의 묵상적 듣기 (contemplative listening)는 무엇보다 중요하다. 그것은 주님 앞에서, 주님 안에서 주님과 함께 기도 가운데서 마음으로 듣는 것이며, 제사장적인 듣기라고도 말할 수 있다. 듣기는 순종의 행위이며, 친밀의 행위이고, 수용성의 행위이며, 맞아들임과 집중하는 행동이기도 하며, 영혼으로부터 영혼을 듣는 행위이다(Stairs, 2000).

목회상담자나 임상목회자들을 포함한 상담치유자들은 한 마디로 듣는 전문가라고 말할 수 있다. 듣는 것, 그 자체가 치유의 효과를 가져 온다는 말이다. 그러나 상담에서 제대로 듣기란 가장 기본적이고 가장 중요한 덕목이면서도 동시에 가장 어려운 것이라고 말할 수 있다. 이 점은 사실 상담관계만이 아니라 모든 대상관계에서 그렇다. 제대로 듣고 공감하기가 모든 관계를 이루는 근간이 된다. 듣는 것에서 출발하고 듣는 것에서 무르익어 간다. 한편 듣는 전문가로 훈련된다는 것은 대단한 특권이다. 그러나 동시에 상처받을 위험에 노출되어 있다. 깊은 슬픔과 절망, 고통을 함께 나누어야 하는 것은 듣는 전문가들의 마음 속에 유사한 감정을 불러일으킬 수 있는 가능성에 노출되며, 이것에 방어하여 오히려 비인간적으로 될 수도 있고, 무디어지거나, 회피적이 될 수도 있다. 혹은 감정을 고갈되게 만들 수도 있다. 그래서 듣는 돌봄은 매우 어려운 일이며, 오히려 설득하고 권면하는 일이 훨씬 쉽게 느껴진다. 따라서 듣는 전문가들은 자신들의 스스로의 정신건강, 영적성숙, 영적 안식을 신중하게 고려하지 않으면 쉽게 탈진할 수 있다.

고통스러워 하는 사람, 죽어가는 사람들 앞에서 무슨 할 말이 있을 것인가? 아무 할 말이 없다. 가르칠 필요도 없다. 다만 들을 수 있을 뿐이다. 그냥 그 앞에 존재하면서 함께 있는 것, 뭔가를 해주는 것이 아니라, 우리가 함께 존재함으로써 하나님이 존재 하시는 것. 함께 그 분의 말씀을 듣는 것에 초청하는 것이 목회적 돌봄의 전부일 수 있다. 환자들에게 다가갈 때도 듣는 것으로부터 시작해야 한다. 힘내라고 격려하고, 위로하고, 낫게 해달라고 기도하기 전에 환자의 마음을 듣는 것으로부터 돌봄은 시작되어야 한다. 그가 하나님을 어떻게 이해하는지, 어떻게 자신의 삶을 이해하는지를 듣는 것으로부터 출발해야 한다. 그러기 위하여는 소크라테스적인 질문이 필요하다. 그런데 우리 그리스도인들 대다수에서 유독 듣지 않는 경우가 있는데, 바로 기도하는 습관에서이다. 하나님과 사람과의 관계에서도 마찬가지이다. 듣는 것이 없이는 그분을 기쁘시게 할 수 없으며, 우리 또한 그 분과 친밀한 관계를 이룰 수가 없다. 그런데 우리는 언제부턴가 듣지 않고 떠드는 것으로 기도를 시작하고 마친다. 기도는 듣는 것으로부터 출발해야 한다. 그것이 묵상이다. 거기서부터 분별이 나오고, 하나님의 뜻을 이해하고 그리고 행동으로 옮겨야 하는데, 우리는 떠들고, 부르짖고, 외치고, 갓난 아이처럼 흔들어댄다. 그런 기도는 때로는 목적을 이룰 수는 있겠지만, 성숙은 없다. 성숙은 듣는 것으로부터 출발하며 그렇게 인도하는 것이 바로 영성지도이다. 오죽 듣지 않았으면, 들어라 이스라엘아! 라고 애타게 말씀하시는 하나님을 우리는 성경에서 쉽게 찾아볼 수 있다. 입 좀 닥치고 조용히 있어라. 하나님은 나이다. 내가 이야기할테니 들어라. 하나님은 안타까와 하신다. 귀가 없어 듣지 않는 것이 아니다. 하나님 자신도 원래 듣는 것을 좋아하신다.(렘 29:12) 우리 모두는 듣는 돌봄의 전문가이다. 그러나 다른 듣는 전문가와 다른 점은 사람의 마음을 듣는 것 만이 아니라 궁극적으로는 하나님을 알고 듣는데 있다. 우리는 다른 사람을 위하여, 그와 함께 거룩한 듣는 분 앞에 함께 서는 것을 전문으로 하는 업종이다.

그러면 너희가 나를 부르고 와서 내게 기도할 것이고

나는 너희 말을 들을 것이다. 너희가 너희의 온 마음으로 나를 찾을 때

너희가 나를 찾고 나를 발견할 것이다.

렘 29:12-13

내담자(수련자)의 고백 다음에 일어나는 상황이 아마도 상담과 영성지도를 확연히 구분짓는 모습일 것이다. 영성지도는 상담에서처럼 반복되는 구체화를 위한 질문을 통하여 내담자의 내면으로 침잠해 들어가는 과정으로 이어지지 않고, 대신 언급된 내용을 침묵 속에서 주님께 올려드리고 그 분의 음성을 듣는 묵상기도(contemplative prayer)*로 이어진다. 묵상기도를 하는 침묵의 시간은 주님의 일하심에 내어드리는 공간이며, 수련자를 위하여 중보하는 기도의 시간이다. 아마도 전체 영성지도 시간 가운데 가장 중요한 요소를 꼽으라면 바로 이 침묵일 것이다.

말없이 입을 다물고 주님 앞에 나의 영혼이 듣는 것은 이스라엘의 팔십인 장로가 거룩한 산에서 주님 앞에서 먹고 마시듯, 이사야가 배우는 학생의 귀를 주신 것을 감사하면서 듣듯, 시편 저자가 가만히 있어 하나님 됨을 듣듯, 예수님이 요단강에서 하늘이 열리는 것을 보시고 하나님의 기뻐하심을 듣듯, 게세마네에서 그분의 뜻을 듣듯, 그렇게 순종하면

---

* contemplation 을 묵상이라 번역하고 기존의 관상주의자들과 다른 정의를 사용하는 것에 대한 구체적인 설명은 본 저자의 네이버 카페 '우울과 영성이 있는 카페 로뎀 포레스트'를 참고하시기 바란다.

서 듣는 행위는 그대로 주님 품에 안겨 주님과 하나되는 가운데서 이루어진다. 침묵에 관하여 Bonhoeffer(2002)는 '신도의 공동생활'이란 책에서 아주 아름답게 표현하고 있다. "침묵이란 개개인이 하나님의 말씀 아래서 다만 고요하게 되는 것을 말합니다. 우리는 말씀을 듣기 전에 잠잠합니다."(114쪽), "우리는 말씀을 들은 다음에도 잠잠합니다. 말씀이 아직 우리 안에서 떠나지 않고 울리어 살아있기 때문입니다. 그리고 우리는 잠자리에 들기 전에 잠잠합니다. 마지막 말씀도 하나님이 하셔야 하기 때문입니다. 우리가 잠잠히 있는 것은 오직 말씀 때문입니다."(115쪽), "침묵은 결국 하나님의 말씀을 기다리는 것이요, 하나님의 말씀으로 축복을 받은 상태를 말하는 것입니다. 지껄이는 소리가 천지를 뒤덮는 이 시대에 이것을 익힐 필요가 있습니다."(116쪽), "그리스도인의 침묵은 듣는 침묵이요, 겸손한 침묵, 겸손 때문에 언제든지 깨질 수 있는 침묵입니다. 그것은 말씀에 매인 침묵입니다. '즐겨 침묵하는 자만큼 확실하게 말할 사람도 없다'고 한 토마스 아 켐피스의 말은 그런 뜻입니다."(117쪽)

묵상기도는 목회상담자의 일방적이고 선포적인 아젠다 대로 권면, 설교, 말씀선포, 위로 이런 것들로 채워지지 않으며, 대신 지도자와 수련자가 함께 기도 가운데 경험한 하나님 음성, 하나님 체험을 기도 후에 서로 나누는 것으로 이어진다. 성령은 자유롭게 어디로 바람이 불지 모르듯, 때로는 지도자의 마음을 통하여, 때로는 수련자의 영혼을 통하여 말씀하신다. 때로는 하나님은 침묵하시기도 한다. 지도자와 수련자는 함께 주님 앞에서 어깨를 나란히 한 채 함께 가는 영혼의 동반자로서 주님의 음성을 듣고, 분별한다. 서로가 경험한 하나님 체험을 기도 가운데서 이것이 그러한가 아니한가를 묵상기도와 기도나눔을 반복함으로써 분석이 아닌 분별의 과정을 거친다. 그리고 기도성찰이 있은 다음, 감사와 찬양과 중보로서 시간은 마친다.

영성지도자의 준비

우리는 상담을 처음 배울 때부터 치유자가 정성을 다해 진지하게 내담자의 호소를 듣고, 진정으로 공감을 해 주며, 사랑하는 마음으로 상황을 해석하고 권면하는 것, 이것이 치유의 중요한 요소라는 것을 익히 들어 왔다. 그러나 치유자 자신이 치료제라는 말은 쉽게 들어보지 못했다. 목회적 돌봄에서는 치유자의 마음상태 자체가 바로 가장 강력한 치료제이며, 가장 중요한 성숙촉진제이다. 성령은 치유자의 마음을 통하여 말씀하신다. 따라서 우리는 우리 자신의 마음 상태에서부터 평안을 누리고 유지하여야 한다. 그래서 묵상적 삶은 치유자 자신에게 먼저 필요한 것이다. 그렇지 않으면 임상 목회자는 매우 쉽게 탈진의 위험에 직면하게 된다.

한편 목회적 돌봄은 다른 치유사역과는 다른 점이 있다. 만약에 어떤 의사가 암환자를 치료한다고 할 때, 그는 자신이 치통을 앓던, 부인과 갈등이 있건, 심지어는 자신의 스스로의 암과 투병중이더라도 그것은 암환자의 치료에 별다른 영향을 미치지 않는다. 심리상담에서도 우리는 자신이 산 주식이 폭락을 했건, 차가 접촉사고를 냈건, 상담사 개인의 삶이나 인격은 그다지 문제가 되지 않고, 제한된 시간에 상담의 원칙과 기술로서 내담자를 대하면 그만이다. 그러나 목회적 돌봄은 우리의 전체 삶과 내담자의 전체 삶이 맞닥드리는 현장이고, 서로 상처를 주고 받고 서로 인격의 영향을 미칠 가능성이 높고, 또 그렇게 되는 과정이 없이는 삶의 변화나 성숙을 기대하기는 어렵다. 치유자와 내담자의 영혼이 만나고 주님의 임재 안에서 교류하여야 한다. 자신이 성숙에 헌신하지 않고는 남에게 그것을 말할 수는 없다. 그렇다고 해서 치유자는 스스로 온전해야만 한다는 것은 아니다. 그러한 가치를 이해하고 그렇게 살도록 향해 나가는 길에 있어야 한다는 것이다. 오늘날 우리는 전문가가 되기 위하여 여러 가지 학술적, 도덕적, 신앙적 훈련을 받는다. 그러나 자신의 영적 성숙을 위하여 훈련을 받거나, 심지어는 영적 성숙에 대한 체계적인 관심을 가지지 못하는 것이 현실이다. 여기서 영성지도는 목회적 돌봄의 치유자들 자신을 성숙의 길로 훈련시킬 수 있는 기회를 갖게 한다. 영적으로 성숙하다는 것은 여러 가지로 정의할 수 있지만, 하나님의 임재를 많이 의식하면서 순간을 살아가는 것, 하나님의 손길과 그 분의 입김 안에서 살아가는 순간들이 늘어나는 것을 의미한다고 말할 수 있다. 목회적 돌봄의 현장에서 일하는 치유자는 자신의 존재로서 (말이나 논리가 아니라) 상대방에게 손을 내미는 것이다. 아니 더 정확히는 자신의 존재를 매개로 일하시는 성령님의 손을 내담자가 붙잡도록 인도하는 것이다.

오늘날 돌봄의 현장에서 고통받는 사람이나 죽어가는 사람들에게 하나님 말씀이 잘 소망이 되지 않는 것은 영적인 갈급함의 팽배에도 불구하고 정작 이러한 묵상적 영성을 제공해야 할 공급자가 희박하다는 점에도 있다고 본다. 의무감으로 드리는 기도, 규례적으로 드리는 기도, 기도를 어떤 목적 달성을 위한 수단으로 사용할 때 거기에는 기쁨과 희망이 사라지고, 그것은 하나님과의 사랑의 관계의 터전이 될 수 없다. 자기생각에 몰두하여 일반적으로 외치는 기도는 주님이 말씀하시거나 일하실 여유가 없다. 우리는 먼저 주님의 하신 일이나 말씀을 보고 들어야 하며, 기도 가운데서 우리가 보고 들은 것을 느끼고 반응해야 한다. 그리고 그렇게 우리가 만나는 사람들이 반응하도록 도움을 주는 것이 영성지도이다. 조용한 침묵 가운데 먼저 주님의 하신 일과 말씀을 묵상하면서, 느끼고 반응하는 기도는 기쁘게 드리는 사랑의 표현이 된다. 이것은 어떤 순간에 이루어지는 것이 아니라 우리의 삶 자체가 변화되어야 함을 전제로 한다. 기도시간 만이 아니라 일상에서 묵상적 삶(contemplative living)의 태도로 살아져야 하며, 목회적 돌봄을 사역하는 자신들이 먼저 경험해야 할 일이다. 묵상적 삶의 태도는 비단 하나님 앞에서만이 아니라 다른 사람을 대할 때도 주님의 인도하심을 관찰하고 공감과 열린 마음을 가지고 상대의 말에 귀를 기울이는 자세를 말한다. 음악을 들을 때, 아름다운 그림을 감상할 때, 해가 뜨고 지는 것을 볼 때, 새가 둥지에서 새끼를 먹이는 모습을 보면서 주님의 하신 일과 하시는 말씀을 듣는 태도이다.

묵상적 태도를 방해하는 것은 자기몰두이다. 평소에 훈련이 되어 있지 않으면, 배가 고플 때는 아름다운 석양이 눈에 들어오지 않는 법이다. 자신의 몸에 심각한 고통이 있을 때, 좌절과 절망에 휩싸여 있을 때는 주님의 말씀이 들어오지 않는다. 주님의 하신 놀라운 일과 기쁜 소식이 경험되지 않고, 기도는 자기몰두에 빠지게 된다. 목회적 돌봄은 그래서 인내와 기다림, 그리고 주님의 지혜가 필요하다. 어려움 가운데서도 만약 주님을 보고 들을 수 있다면 거기에는 시편의 저자가 자주 보여주는 것과 같은 기쁨과 두려움 섞인 찬양이 있게 될 것이다. 하나님의 임재를 더 밀착해서 보고 느끼기 위하여 우리는 말씀을 읽을 때 자기몰두에 빠지지 말아야 하며, 침묵을 할 때에야 비로소 우리와 더욱 친밀하기 원하셔서 적극적으로 일 하시는 하나님을 경험하게 되고, 우리는 더욱 그 분과 친밀함을 경험하게 된다.

묵상기도 가운데서 우리는 갈 5:22-23 의 성령의 열매를 경험할 수 있다. 그러나 묵상기도는 이렇게 늘 순탄하게 이루어지는 것은 아니다. 하나님께 다가갈수록 우리는 깊은 평화와 함께 한편으로는 두려움과 의심을 경험하기도 한다. 주님은 우리가 다가갈수록 우리의 모든 것을 내어놓길 원하시는데 우리는 아직도 불안해 하고, 그 다음을 걱정한 나머지 더 이상 친밀해지기를 거부하고 옛날로 다시 되돌아 가려고 하는 저항을 느끼게 된다. 이렇게 묵상기도는 때때로 양가감정과 저항의 위협을 늘 받게 된다. 그런데 이런 것들은 심리치료의 개념이 있는 사람들이라면 더욱 잘 다룰 수 있다. 영성지도는 바로 목회적 돌봄을 훈련받은 사람들이 잘 할 수 있고, 그래야 되는 것으로 생각된다. 그리고 무엇보다 우리 자신이 교육분석을 받았듯, 성령님으로부터 훈련을 받으므로써 스스로 묵상적 삶을 실천하고 성령의 열매를 경험하는 것이 필요하다고 하겠다.

묵상적 삶을 훈련하는 방법들

평소 스스로 묵상적인 삶의 실천은 정해진 시간에 묵상기도를 실천하는 것을 전제로 한다. Dietrich Bonhoeffer 목사는 하루 세 번 기도하되, 아침에 눈을 떠서 제일 먼저 하나님의 말씀을 듣는 것으로 하루를 시작하고, 저녁에 잠들기 전 하나님을 향하고, 한 낮에 중간에서 예수의 우주적인 중보기도의 흐름에 동참할 것을 촉구한다. 목회적 돌봄을 전문으로 하는 사람들은 스스로의 영성의 고갈을 막기 위하여는 하루의 일과 가운데 가장 먼저 침묵의 오아시스를 마련해 놓아야 한다. 다른 사람을 위하여만 분주하게 찬양하고 말씀 전하고 봉사하다 보면 언젠가는 탈진을 하거나, 아니면 위선의 틀 속에 갇혀 버리게 된다. 예수님은 한적한 곳으로 나아가 하나님과의 만남을 소중하게 여기셨다.

나는 여기서 두 가지 묵상훈련의 방법에 관하여 소개하려고 한다. 그하나는 아침에 주로 하는 렉시오 디비나(lectio divina)와 저녁에 주로하는 의식성찰이다. 아침에 하는 렉시오 디비나는 말씀을 듣는 전통적인 방법의 하나이다. 오늘날의 큐티는 본래 렉시오 디비나에서 비롯되었을지라도 다소 지적이고 논리적으로 편중되어, 침묵 속에서 하나님과깊이 있는 교제를 하는데는 오히려 감성적이고 직관적인 전통적인 방법이 더 나을 수도 있다. 그러나 전통적인 방법이라고 하여 무비판적으로따를 필요는 없다. 마지막 관상(contemplatio) 단계가 지나치게 신비주의적인 의식변형을 조작할 가능성이 높은 것도 염두에 두어야 하며, 경우에 따라서는 지나치게 개인적, 감성적인 묵상에 흘러, 공동체적인 균형을 잡거나, 성경말씀의 본문이 주는 메시지에서 멀리 벗어나지 않도록 지적인 말씀공부와 균형을 맞추는 것도 중요하다.

주로 저녁에 하는 의식성찰(consciousness examen; Aschenbrenner, 2007)의 중요성은 아무리 사역에 바빠서 다른 기도는 못하더라도 기도성찰 만은 반드시 해야 한다는 이냐시오의 충고에서도 잘 나와 있다. 묵상기도가 갈수록 깊어지는 것은 의식성찰이 중요한 역할을 하게 될 때이다. 마음을 고요히 가라앉히고 삶에서부터 한 발 물러선 곳에 머물러 오늘 하루의 삶의 모습을 아침부터 저녁까지 가볍게 훑어 나간다. 아침의 산책, 가족과의 대화, 대인관계, 일터의 모습, 주님의 임재, 등등을 가볍게 집어 가노라면 몇몇 장면이나 순간이 보다 뚜렷이 떠 오를 것이다. 주님, 당신은 저를 어느 순간으로 이끌어 가시기를 원하십니까? 오늘 제게 조명해 주실 부분은 어떤 곳인가요? 겸손한 마음으로 이끄심을 바라면 드디어는 어느 순간이나 사건, 감정, 주제 중에서 어느 하나에 머무르게 될 것이다. 그 시점에 머물러 성령의 임재 가운데서 깊이 있게 성찰을 하는 것이다. 의식성찰은 개인적으로 잠자리에 들기 전에 하는 것이 좋으나, 공동체적으로도 기도모임에서는 되도록 모임이나 기도를 마치기 전에 기도에 관한 성찰을 하는 것이 좋다. 상담 전문가들은 상담의 내용보다 과정이 더욱 중요하다는 것을 보다 잘 이해하는 사람들이기 때문에 기도성찰 역시 기도의 과정에 주의를 둔다는 점에서 쉽게 이해가 갈 것이다. 기도성찰은 기도를 마친 후 자신의 기도가 어떻게 흘러갔나, 자신의 의식상태가 어떠했나, 성령님의 임재와 움직임은 어떠했나 등의 질문을 일별해 보는 것으로 이루어진다.

이상의 렉시오 디비나와 의식성찰은 개혁신앙의 원리에도 큰 무리가 없다고 본다. 그러나 그 밖에 유행하는 여러 기도 형태들은 좀 더 세심히 살펴보아야 한다. 상당한 경우에 있어서 펠라기우스적인 문제를 띠거나, 지나치게 신비주의에 빠지게 될 가능성이 높기 때문이다. 예를 들면 최근의 관상기도 운동을 하는 분들 중에서 보편적으로 사용하는 향심기도는 그 출발과 방법론이 동양적인 명상론에 근거하고 있음을 잘 이해할 필요가 있다. 이콘기도, 걷기기도, 이냐시오식의 복음관상 등은 초기에는 매우 흥미를 끌고 심리적인 고요를 효과적으로 가져다 준다는 점에서 좋은 점도 있으나, 하나님의 말씀 앞에 아무 꾸밈없이 순수하고 단순하게 하나님을 인격적으로 만나는 단순한 묵상하는 기도와 비교해 볼 때 인위적인 요소가 없는지 잘 점검할 필요가 있다.

이 밖에도 하나님의 말씀과 경험을 분별하는 가장 현실적이고 강력한 분별의 방법은 잘 훈련된 묵상기도자들의 소그룹 영성지도 모임이라고 본다. 하나님의 말씀과 공동체의 규범은 분별의 원리가 되지만, 그것이 인간의 개인 편견에 의하여 오용되지 않기 위하여는 오랜 기간 훈련된 영적 동반자들의 기도모임이 필요하다.

맺는 말

영성지도를 목회적 돌봄에서 적용하기에는 현실적 제한점이 있을 수 있다. 목회적 돌봄의 현장에서 만나는 사람들은 신체적 고통이나 직면한 죽음을 앞둔 사람들이다. 그들은 자신의 고통이나 상실, 심리적 당황과 혼란 때문에 자기몰두에 빠져 있는 상태가 많으므로 영적인 차원의 성숙을 생각할 마음의 여유가 없을 경우가 많다. 돌보는 자는 이들의 시선을 어떻게 현장에서 하나님을 바라보게 도와줄 수 있는지 지혜가 필요한 부분이며, 효과적인 영성지도가 이루어지지 않을 수도 있다. 그러나 어느 경우라도, 고통받는 사람과 함께 존재하는 것, 침묵 가운데서 성령님의 움직임에 귀를 기울이는 노력 이상 그들에게 가치있는 것은 없을 것이다. 그들의 고난과 죽음에 함께 참여하는 것은 목회적 돌봄이 가장 바람직하게 지향하는 바, 즉 예수님의 십자가 죽으심과 부활에 참여하는 의미로서 가치가 있다. 루터의 십자가신학에서 주장하는 하나님, 십자가에 계시지만 침묵하시는 하나님을 만나는 것을 돕는 사역이 돌봄의 사역이 향하는 목표가 아닐까?

참고문헌

Aschenbrenner SJ, G. (2007). Consciousness Examen. Chicago, Ill.: Loyola Press.

Barry, W. A. (1977). Prayer in pastoral care: A contribution from the tradition of spiritual direction. The Journal of Pastoral Care, 31(2) 91 -96.

Bonhoeffer, D. (2002). 신도의 공동생활 (문익환 역). 서울: 대한기독교서회. (원저 1997년 출판)

Conn, W. (1998).: The desiring self: Rooting pastoral conseling and spiritual direction in self-transcendence. New York: Paulist Press.

Fabry, J. B. (1985). 의미치료: 빅터 프랭클의 생애와 로고테라 피 (고병학 역). 서울: 하나의학사. (원저 1988년 출판)

Helminiak, D. (1987). Spiritual development: An interdisciplinary study. Chicago: Loyola University Press.

Mcgrath, A. (2005). 종교개혁시대의 영성 (박규태 역). 서울: 좋은 씨앗. (원저 출판: 1991년)

Michael, C. P. (1989): An introduction to spiritual direction: A psychological approach for directors and directees. New York: Paulist Press.

Rolheiser, R. (1995). The shattered lantern: Rediscovering a felt presence of God. New York: Crossroads.

Smet, A. D. (2004). Counselling, spiritual accompanying & pastoral care. Contact 143, p28-36

Sperry, L. and Shafranske, E. (2008). 영성지향 심리치료 (최영민 등 역). 서울: 하나의학사.(원저 2005년 출판)

Stairs, J. (2000). Listening for the soul: Pastoral care and spiritual direction. Minneapolis: Fortress Press.

Tillich, P. (1962). The courage to be. London: Collins.

Yalom, E. (2007). 실존주의 심리치료 (임경수 역) 서울: 학지사. (원저 1994년 출판)

05

영적 정체성을 찾아서

- 한 기독교 심리치료자의 영적 탐구 -

2013년 5월 연세대학교 연합신학대학원에서, 한국기독교상담심리학회 봄 학술대회

인간은 영을 가진 존재라기보다는
육화된 영(incarnated spirit),
걸어다니는 영(walking spirit)이다.

데이야르 드 샤르뎅

들어가는 말

지난 15년 간의 기독교 상담심리치료학회(현 기독교상담심리학회)의 역사를 돌아보면 한 마디로 큰 축복이었음을 알 수 있습니다. 이렇게 단기간에 학회의 양적 성장을 가져온 것은 세계적으로 유례가 드문 경우일 뿐만 아니라, 일반 사회에 상담이 가장 중요한 치유의 현상으로 자리를 잡게 된 것은 우리 기독교 상담가들의 중요한 공헌이 아닐 수 없습니다. 물론 그 전에도 소수의 목회상담가들의 활동이 있어 왔고, 이 분들의 기여가 기독교상담 분야에 중요한 이론적인 초석을 놓아 왔으며, 다른 한편에서는 기독교 공동체 밖에서 노력해 온 일반 상담심리학자들도 있었지만, 1999년도 이전에는 상담치유 활동이 사회에 미치는 영향은 제한적이었습니다. 치유, 힐링이라는 말이 오늘날처럼 보편적으로 우리 사회의 화두가 될 만큼 상담과 치유가 하나의 사회운동화하고 보편화된 것은 우리나라의 기독교상담 운동이 이끌어 낸 영향을 단적으로 보여주는 현상입니다.

그러나, 이렇게 외적 성장을 이룩하는 사이 우리는 기독교 상담가로서의 우리 자신의 정체성을 잃어간다는 우려의 목소리도 있습니다. 건강한 인간정신은 건강한 종교활동에서 비롯된다는 것은 역사가 증명하는 사실이며, 그것은 사회 전체적으로도, 그리고 각 개인적으로도 옳은 말입니다. 단적으로 오늘 우리 사회에 팽배해 있는 여러 정신병리들은 건강하지 못한 종교활동, 더 구체적으로는 기독교에 대한 사회적 비판과 무관하지 않음을 알아야 합니다. 종교가 사회를 정화하고 치유하는 기능를 상실할 때 사회는 깊이 병들어가게 됨은 당연한 이치입니다. 세계 제일의 자살률에 대하여 우리 교회가 무기력한 것은 그 심각성을 말해주는 하나의 예입니다. 이제 우리는 지금부터 앞으로의 오는 시대에 사회와 보편적인 인간의 건강한 정신을 위하여 종교가 해야 할 소명이 무엇인지 진지하게 생각해야 할 시점에 이른 것 같습니다. 오늘 학술대회의 주제가 이런 논의의 시발점이 되길 바랍니다.

우리 시대의 정신병리

우리는 흔히 오늘의 시대를 영성의 시대라고 표현하기도 하지만, 오히려 양극단의 시대라고 말하는 것이 더 정확할 것입니다. 한편으로는 그어느 때보다 영적인 갈망이 있으면서도, 전자통신의 발달로 대표되는 물질적 의존성 사이에서 인간의 정신세계는 점점 황폐해져 가고, 정체성의 혼란과 상실이 가속화되어 감을 체감하고 있습니다.

제가 보는 관점에서는 오늘날 우리 시대의 정신건강의 문제점은 두 가지로 요약할 수 있습니다. 첫째는 오늘을 사는 사람들의 대부분이 성격장애적인 요소가 깊이 스며들어 있다는 것인데, 특히 자기애적인 경향과 삶의 모든 면에서 충동을 절제할 수 있는 의지력이 약화되었다는 점이고, 두 번째 문제는 영적인 공허감을 절실히 느끼는데 해결의 길을 못 찾고 있다는 점입니다. 이에 대하여는 이미 사도 바울도 말세가 되면 인간의 인격이 그러하다는 것을 엄중한 어조로 예언한 바 있습니다.

너는 이것을 알라. 말세에 고통하는 때가 이르러
사람들이 자기를 사랑하며 자랑하며 교만하며 비방하며
부모를 거역하며 감사하지 아니하며 거룩하지 아니하며
무정하며 원통함을 풀지 아니하며 모함하며 절제하지 못하며
사나우며 선한 것을 좋아하지 아니하며 배신하며 조급하며 자만하며
쾌락을 사랑하기를 하나님 사랑하는 것보다 더 하며
경건의 모양은 있으나 경건의 능력은 부인하니
이 같은 자들에게서 네가 돌아서라.

딤후 3:1-5

오랜 임상경험에서 요즈음 더욱 절실히 느끼는 점은, 어떤 사람이 공식적으로 진단을 받은 환자이던 아니던 상관없이 사람들이 건강한 삶을 살고 있느냐 아니냐는 무엇보다도 그 사람의 의지가 중요한 열쇠라는 사실입니다. 인간의 자기애적 충동과 이를 제어하는 의지의 약화가 빚어내는 병리는 폭력과 중독이라는 현상을 일으키게 됩니다. 우리는 누구나 모두 직, 간접적으로 폭력의 가해자이자 피해자로 연루되어 있습

니다. (이 문제는 또 다른 긴 성찰을 필요로 하는 문제이므로 오늘은 자세히 다루지 않고 중독의 문제를 잠시 언급하겠습니다.)

우리 시대의 중독 현상

정신의학적으로 진단받은 특정 질병이 없더라도 삶이 어떤 것에 중독되어 있을 경우 그 사람의 삶은 아주 심각하게 황폐 해져 간다는 것은 사실입니다. 오늘날 대한민국이 어느 때부터인가 각종 중독 현상에 시달리는 중독 공화국이 되어 있는 것도 오늘 우리 시대 젊은이들이 의지에 심각한 문제가 있다는 것과 깊은 관련이 있습니다.

제가 정신의학을 공부하던 1980년대까지만 해도 '중독'하면 몰핀중독이나 알코올중독처럼 이미 치료의 가망이 없어져 버린 절망적인 상황만 연상이 되었었습니다. 그래서 대부분 중독에 대하여 연구를 하거나 전공을 하려는 생각을 하지 않았고, 그런 환자들은 일반 사람들과는 전혀 다른 생물학적 구조를 가지고 치료가 되지 않는 상황 때문에 한 옆으로 제켜놓았었습니다. 그러는 사이, 어느 덧 우리나라는 여러 면에서 심각한 중독의 문제를 안게 된 사회가 되어 버렸습니다. 대표적인 것은 잘 알려진 대로, 알코올 중독, 인터넷 중독, 게임 중독 등을 들 수 있지만, 사실은 동일한 의지박약에서 오는 각종 중독 현상, 예를 들면 골프, 낚시, 섹스, 심리치료, 스포츠, 애완동물, 영화, 주식, 음주, 인간관계, 정,

세미나, 자기계발, 정치, 착한 사람되기, 체중, 커피, 컴퓨터, 텔레비전, 흡연, 그 중독의 메뉴는 끝이 없이 열거할 수 있습니다. 어찌 보면 우리의 삶을 누리고 있는 모든 것들이 다 중독에 속한다고도 할 수 있습니다. 관념과 일, 쇼핑, 도박, 관계, 권력, 기분, 환상을 비롯하여 우리를 즐겁게 하고 고통이나 갈등을 덜어주는 온갖 물질들이나 행동, 일의 성취, 책임감, 친밀감, 호감을 얻는 것, 심지어는 삶의 의미를 갖게 하는 것 같은 종교에 이르기까지 그것들이 중독되어가는 과정은 알코올과 마약중독에 이르는 과정과 동일합니다. 그리고 이것들은 정도의 차이는 있겠지만, 자세히 살펴보면 나름대로 심각한 내성과 금단증상이 모두 존재하고 있음을 알게 됩니다. Gerald May(2005)에 의하면 모든 사람이 중독자이며, 알코올이나 다른 약물에 대한 중독은 다른 종류의 중독들에 비해 그저 좀 더 명백하고 비참한 중독일 뿐이라는 것입니다. 살아있다는 것이 중독되어 있다는 것이며, 말 그대로 우리는 모두 어떤 것에든 중독되어 있고, 그 중독은 우리의 건강한 마음과 치유, 성숙을 가로막고 있는 적입니다.

중독현상은 바로 영적 현상이기도 합니다

요즈음은 힐링이 대세입니다. 누구나 힐링을 입에 달고 다니고, 먹거리 하나, 발길 닿는 잠깐의 숲 속도 힐링이라고 합니다. 그러나 과연 말

만큼 힐링이 이루어지기는 하는 걸까요? 온갖 힐링의 방법이 난무합니다. 가족치료, 집단치료, 정신분석, 코칭, 그것도 아주 짧은 기간에 산뜻한 패키지식 방법들이 귀에 솔깃하긴 합니다. 그러나 폭력과 중독의 문제는 줄어들기는커녕 우리 사회의 존립을 위협할 만큼 심각합니다. 자기를 향한 폭력인 자살률은 여전히 1위이고, 그 밖에도 아동학대와 성폭력 등 온갖 폭력과, 이런 폭력의 희생자들인 사고후 스트레스 장애도 심각하게 늘어나고 있습니다. 폭력과 중독의 문제만이 아니라 실은 교과서에 적혀 있는 모든 정신병리는 줄어드는 기미가 보이지 않습니다. 그 이유는 무엇일까요? 그것은 한 마디로 우리가 살고 있는 시대는 영성의 시대이고, 우리가 직면하는 정신병리들은 영적인 차원의 성격을 지니고 있기 때문이라고 말하고 싶습니다.

　20세기를 휩쓸었던 정신분석과 이로부터 파생된 대다수의 치료법은 자아가 우리 자신의 내부를 통제하는데 실패한 질환들을 효과적으로 다루었던 치유법이라고 할 수 있다. 히스테리, 강박증 등이 그 대표적인 것들로서 통찰을 통하여 자아가 자신의 심리세계와 주위 환경을 잘 통제할 수 있는 능력을 회복하는데 초점이 맞추어져 있는 치료법들입니다. 그러나 20세기 후반 들면서 이런 고전적인 정신분석적 치료법들이 해결할 수 없는 질환들, 즉 자아 개개의 영역을 넘어서 인간의 상호 관계의 결핍에서 초래하는 질환들, 예를 들면 경계성 인격장애나 정신분열 등의 질환들이 급증하게 되었으며, 이들을 치료하기 위한 논리적 발전이 바로 대상관계 이론과 Kohut의 자기심리학이었다고 봅니다. 그러나 이제 세계는 인간의 상호 관계 만으로서도 치유가 불가능한 차원, 심리학적 영역을 초월하는 보다 깊은 차원에서부터 초래되는 현상들, 바로 중독의 문제와 자기애성 장애, 온갖 폭력 등의 정신병리에 직면하였다는 사실을 인식할 필요가 있습니다. 상담학을 포함하는 오늘날(그리고 앞으로의)의 치유심리학은 이제까지의 자아와 대상관계 등의 주제들을 넘어서 인간의 의지, 자유, 인내, 이타적인 사랑 등 자기초월적인 덕목의 결핍으로부터 초래되는 인류공통의 문제, 바로 영적인 문제에 직면하게 되었습니다. 따라서 이러한 정신병리들을 해결하기 위하여 우리 자아의 내부나 인간관계에서 치유인자를 찾으려는 시도는 실패로 끝날 수 밖에 없으며, 이를 해결하기 위하여는 우리의 존재를 뛰어넘는 절대자, 초월자와의 관계, 우주의 근원과의 관계에서 치유를 기대할 수 밖에 없게 되는 데 이것이 바로 우리가 영성으로 돌아가야 하는 이유라고 저는 주장하는 것입니다.

중독심리학은 이 문제에 더욱 깊이 있는 설명을 제시하고 있습니다. 중독이 왜 영적인가? 왜 건강한 마음을 유지하기 위하여 영성이 필요한가? 심리학자 Abraham Maslow(2013)에 의하면 인간의 욕구에는 단계가 있으며, 가장 높은 단계의 욕구는 자기초월의 욕구라고 합니다. 모든 인간은 선천적으로 자신의 죽음과 한계를 뛰어넘어 초월하려는, 기독교적으로 말하면 하나님을 바라고 향하는 욕구가 있다는 것이 모든 영성가들의 공통된 견해입니다. 신앙이 있건 없건, 이 욕구는 사람의 가장 깊은 갈망이며, 사랑하고, 사랑받고자 하는 욕구이며, 사랑의 근원이 되신 분께 더욱 가까이 다가가고자 하는 열망입니다. 이 욕구는 인간 영혼의 본질, 즉 우리의 가장 강한 희망과 고결한 꿈이기도 합니다.

사랑이 없이는 힐링이 가능하지 않다는 것을 우리 너무나 다 알고 있지만 아이러니컬하게도 현대심리학이 가능한 한 피하고 싶어하는 단어는 "사랑'입니다. 공감 정도로는 약간의 교정적 정서를 경험할지는 몰라도 진정한 힐링은 가능하지 않습니다. 그러나 동시에 우리의 절망적인 실존은 사랑을 줄 대상도 없을 뿐만 아니라, 사랑을 받을 만한 자기도 없다는 것입니다. 대상관계 정신분석은 우리의 가장 원초적인 욕구를 object-hunger라고 하는데, 우리 스스로는 서로에게 진정한 대상이 될, 사랑을 타인에게 줄 실력이 없다는 사실입니다. 사랑을 만들어 내려는 나와 나의 자아의 활동은 왕성하나 자아는 사랑과는 아무런 상관이 없습니다.

우리는 이 욕구를 무시하고 억압할 뿐만 아니라 기회가 있을 때마다 의식적으로든 무의식적으로든 다른 대상으로부터 충족하는 것으로 대체하려는 경향이 아주 강하게 있습니다. 그래서 그 충동이나 경향은 우리를 진정한 사랑으로부터, 하나님과 이웃을 향한 사랑으로부터 멀어지게 만듭니다. 이것은 바로 우리에게 죄가 되기도 하고 모든 정신병리의 근원이 되기도 하는 것입니다. 이것을 심리학적으로 가장 잘 설명할 수 있는 것이 바로 집착과 중독이라는 개념입니다. 우리가 물질에 애착을 가지고 매어 달림으로써 하나님이 인간에 주신 고귀한 자유의지를 상실하는 것과 동시에 하나님을 향해야 할 우리의 열망을 다른 대상을 통하여 충족시키게 됨으로 하나님으로부터 궁극적인 관심을 멀리하게 된다는 것입니다. 이 충동성은 DNA를 통하여 세대를 거듭하며 각 사람의 뇌에 각인이 되어 쾌락중추와 보상회로를 형성하게 됩니다. 이것이 중독이 의학적 또는 심리적인 질병을 넘어서 영적인 질병이 되는 점입니다. 그러므로 이 점이 바로 영적 접근이 배제된 단순한 현대 심리치료나 의학적인 치료만으로는 중독의 해결이 안 되는 이유를 잘 설명할 수 있기도 합니다. 이미 반 세기도 전에 익명의 금주모임(Alcoholic Anonymous)은 바로 이 점을 정확하게 집어냈지만, 우리는 별로 주목하지 않았습니다. '우리는 정신적으로, 육체적으로 뿐만 아니라 영적으로 병든 상태이기 때문에 우리가 영적으로 극복된다면 우리는 정신적으로나 육체적으로 바르게 될 것이다.'라는 익명의 금주모임의 주장이 바로 오늘 제가 '우리가 전문가로서 정신병리를 어떻게 효과적으로 극복해 나가야 하는냐'는 문제를 다루는데 있어서 중독치료의 파라다임에 주목하는 이유입니다.

중독으로부터의 자유

아직도 알코올중독 치료에서 가장 효과가 있다고 알려져 있는 것은

Alcoholic Anonymous의 12단계 과정인데(조근호 등, 2011), 이를 살펴보면, 첫 단계의 자기포기의 고백으로부터, 위대한 하나님의 능력을 인정하고 은혜를 구하며, 철저한 자기검증과 죄의 고백을 거쳐, 이웃에 대한 보상과 용서, 화해, 그리고 기도와 묵상을 통하여(11단계) 바로 영적 각성을 이루어 나가는 과정이라고 할 수 있습니다. 그러므로 일반 심리치료적인 접근이나 의학적 시도가 실패로 끝나는 고질적인 인간의 오래된 질곡을 다루는 시도는 결국 영적인 과정인 것이며, 이제 오늘 이 점을 현실적으로 받아들여야 할 때가 왔다고 봅니다. 어떤 의미에서, 우리는 영성의 시대와 영성에서부터 초래되는 정신병리를 해결하기 위하여 아직도 구시대적 자아심리학의 치유방법들에 몰두하고 있기 때문입니다.

  결국 제가 오늘 주장하고 싶은 핵심은 매우 진부하게 들릴 수도 있겠지만, 우리가 부르심을 받은 치유자로서, 무엇보다 영성을 회복해야 한다는 것입니다. 우리는 영성으로 돌아가야 진정한 힐링을 발견할 수 있습니다. 제자들이 치료하지 못해 난감해 하는 귀신들린 자를 고쳐주시면서 예수님이 하신 말씀, "기도 외에는 다른 것이 없다."라는 말씀에 귀를 기울여야 한다는 것입니다. (오늘의 주제가 종교와 정신건강이지만 저는 종교라는 중립적인 단어는 정신건강이나 치유에 아무런 상관이 없다고 생각합니다. 문제는 영성이라고 생각합니다.) 북미지역에서는 이미 1960-70년대를 기점으로 엄청난 영성의 바람이 불고 있습니다.

이 바람은 상담과 심리치료를 포함한 목회적 돌봄과 치유의 장 안에서 거센 돌풍을 일으키며 지나가고 있습니다. 엄청난 수의 명상센터가 힐링을 주도하고 있으며, 명상치료가 최첨단의 과학적인 치료법과 나란히 목록에 올라 있습니다. 대표적인 예가 하버드 대학 부속병원의 암환자들을 위한 명상치료 프로그램을 들 수 있겠습니다.

그런데 그것은 아쉽게도 기독교 내에서부터 분 바람이 아니라, 새로운 시대의 영성이라고 하는 뉴에이지 영성입니다. 사람들의 영적인 갈망 앞에서 이를 채워줘야 할 교회가 머뭇거리고 있는 사이 동양종교와 철학에 바탕을 둔 영성이그 자리를 차지하게 되었다고 Jean Stairs(2000)는 그의 책에서 지적하고 있습니다. 동양종교에 치유가 없다고 말하는 것은 아닙니다. 그러나 저는 오랜 기간 동안 검증을 거쳐 왔고, 여러 영성의 요소들, 즉 개인적인 체험의 차원, 사회적 차원, 윤리적 덕목, 논리적이고 학문적인 측면 등의 여러 차원들이 균형을 이루면서 오랜 기간 이어져 내려온 기독교 전통의 영성을 회복하는 것이 옳다고 생각합니다.

치유의 장에서 영성으로 돌아가다

온전한 치유를 위하여는 영성으로 돌아가야 한다는 뜻을 저는 다음의 세 가지로 강조하고 싶습니다. 첫째는 각 개인이 자신의 영적 아이덴티티로 깨어나서, 영의 삶을 살아가도록 노력해야 한다는 것과, 둘째로 상담과 치유의 장 안에서도 기독교 공동체적인 영성을 회복해야 하며, 영성과 심리치료를 통합하는 학술적인 작업이 이루어져야 하겠다는 것입니다. 그리고 셋째는 앞으로 치유와 성숙에 관한 주요 주제가 될 의식심리학에 관심을 가져야 한다는 것입니다.

영으로 깨어나다

첫째, 개인의 영적 아이덴티티를 회복한다는 뜻은, 치유의 주체로서 부르심을 받은 우리 자신이 영적으로 깨어나서, 일상에서 이를 구현한다는 의미입니다. 가톨릭 사제이자 심리학자인 Adrian van Kaam (1975)은 오늘날 많은 크리스천들이 영성 없는 크리스천의 삶을 살고 있다고 지적하였습니다(오늘의 강연 제목은 그의 책 제목 In search of spiritual identity에서 영감을 얻었습니다). 그는 복음서에 나오는 바리새인과 세리의 기도에 대한 예수님의 날카로운 비교를 언급합니다. 바리새인은 주님의 부르시는 영혼의 외침에 귀를 기울이지 않고 존재의 절망을 율법을 지키고 선행과 경건을 행함으로 외면합니다. 반면에 세리는 영혼의 적나라한 요구 앞에 깨달음을 가지고 하나님께 나아가는 영성의 길을 택했고, 그는 주님으로부터 의롭다 하심을 받고 집으로 돌아갔습니다(눅 18;9-14). 제가 즐겨 인용하는 Deihart de Chardin

(2010)의 말이 있습니다. 인간은 '영을 가진 존재라기보다는 육화된 영 (incarnated spirit), 걸어다니는 영혼(walking spirit)'이라는 말입니다. 우리는 보통 '나의 영'이라는 표현을 사용하는데, 이 때의 '나'라는 존재가 따로 있고, 영은 나의 그 어떤 일부, 내가 소유하고 있는 그 어떤 기능쯤으로 생각하는 의미로 해석될 수 있습니다. 그러나 그는 인간 존재는 그 자체가 영이라는 인식, 정신이나 육체는 오히려 영의 소유라는 느낌을 가지게 합니다. 영에 대한 구체적이고도 중심적인 의식, 이것이 그의 인간에 대한 깨달음입니다. 우리가 생각하는 '나'란 존재는 일반적으로는 정신분석에서의 '자아(ego)'의 개념을 무의식적으로 가지고 있다고 봅니다. 자아(ego)란 우리가 현재의 세상에서 적응하고 효율적으로 살아가기 위하여, 스스로를 지키면서 타인과 더불어 성공적으로 살아가기 위하여 기능하는 나를 의미합니다. 그러나 제가 이해하는 영(spirit)이란 하나님으로부터 태초에 창조되었지만 예수 그리스도에 의하여 다시 깨어나서, 하나님 앞에 서 있는 나를 의미합니다. 태초에 불어 넣어진 숨으로서의 나, 성령에 의하여 다시 일으켜진 나, 하나님 안에서 다른 사람의 영과 합하여 사랑이 되어 세상을 향하여 퍼져 나가고, 세상을 감싸 안는, 큰 쉐키나(몰트만의 표현을 빌리자면) 속에서 연합하여 그리스도의 몸을 이루는 육화된 영이라고 말하고 싶습니다(Moltman, 1992). 그래서 영의 관점에서 보면 우리의 현재의 삶은 영원한 삶의 극히 일부분에 지나지 않습니다. 우리가 겪고 있는 고통이나 갈등은 따라

167

서 영적 관점에서는 극히 일부분에의 집착에 지나지 않는다고 생각합니다. 우리는 이 세상에 영원한 사랑을 가르쳐 주시기 위하여 육을 잠시 입으신 그리스도처럼, 영원한 사랑을 배우고 실천할 기회를 얻기 위하여 잠시 육화된 영적 존재라는 것입니다.

우리는 영적 존재임을 교육을 통하여, 그리고 거듭남의 체험을 통하여 이해를 하였지만, 이에 대한 깊은 자각이 부족하고, 아직도 자아에 의해 지배받는 삶을 살아가고 있다고 말할 수 있지 않을까요? 우리 자신의 존재와 삶이 과거의 자아가 지배하는 모습에서부터 영의 존재로 바뀌는 과정을 변형(transformation)이라고 정의할 수 있으며, 이는 영적 실천과 훈련을 거치면서 (물론 성령의 은혜로) 점진적으로 변화하게 되며, 이를 통하여 우리는 온전한 치유와 성숙을 이룰 수 있게 됩니다. 이러한 변형의 과정에서 무엇보다도 중요한 것은 우리의 아이덴티티가 자아로부터 영적 존재로 바뀌는 것일 겁니다. 그것은 우리가 집착하고 있는 세상에서 투쟁하고 있는 자아로부터 벗어나 하나님 앞에 선 영적 존재로서의 나를 경험하기 위하여 계속 노력하는 것이라고 봅니다. 우리의 의식이 (성령의 부르심에 응하여) 깨어나 내가 영의 존재라는 아이덴티티가 구체화되기만 한다면, 우리는 굳이 경건하게 살려고 노력을 하거나 바르게 살려고 몸부림치지 않아도 된다고 봅니다. Van Kaam은 인간은 그 존재의 가장 깊은 곳에 존재하는 영이란 사실을 깨닫는다면, "이 영적 핵심(spirit-core)은 그 전 존재의 타 영역으로 스며드는 경향성이 있다. 이 영성화된 개인(inspirited personal)과 생적 자기(vital self) 안에서, 그리고 이를 통하여 영은 이 세상과 타인을 향하여 퍼져 나간다. 이렇게 밖으로 퍼져 나가는 경향성은 심지어는 변형되기 전이나 은혜받기 전에라도 인간의 자연적인 영의 성격이다."(Van Kaam, 1974, p40) 라고 주장하였습니다.

영성이란, 너무도 신비로워서 그 정의도 제각각이지만, 이를 객관적으로 나열하기 보다는 저는 저 나름대로, 영성이란 영혼의 삶화(생활화라는 용어는 너무 기능적인 인상을 준다.), 영혼의 존재화, 즉 영을 살아내는 것이라고 정의하고 싶습니다. 그냥 영적으로 산다는 말이 우리에겐 더 익숙할지 모르겠습니다.

우리 모두는 와 보라는 주님의 부르심을 듣는 사람들입니다. 영성은 결코 일부 크리스천들의 고상한 취미는 아닐 것입니다. 그것은 우리 모든 크리스천들, 특히 상담사역자로 부름을 받은 사람들이 필수적으로 추구해야 하고 관심을 기울여야 하는 삶의 기본입니다. 그리고 깨어난 우리들 영들은 어떻게 우리의 매일 매일의 생활과 세상에서 열매를 맺기 위하여 육화(incarnation)가 이루어져야 하느냐에 관심을 가져야 되겠습니다. 하나님의 은혜는 인간의 가장 깊은 내면 영의 자유의지를 변형시키고 고양시키며, 영적 의지는 하나님의 스스로 사랑하시는 그 사랑을 인간도 가능하게 해 줍니다. 그리고 은혜받은 인간을 통하여 하나님의 그를 향한 사랑이 세상과 다른 동료인간을 향하여 흘러 나가도록 가능하게 해 줍니다. 하나님에 의하여 구원받고 깨어난 영이 이러한 사랑의 삶을 살아가도록 하는 것이 바로 영성생활이라고 할 수 있겠습니다. 사랑을 줄 수 있는 존재는 하나님의 영이요 사랑을 이해하고 받을 수 있는 존재는 나의 영입니다. 그래서 우리 존재의 가장 깊은 힐링은 우리의 영에 대한 인식에 깨어나는 데서 이루어집니다.

우리는 우리의 정체성을 발견하기 위하여는 하나님을 찾는 것이 우선되어야 한다는 가르침을 받아왔습니다. 우리의 영의 본질인 큰 영에 깨어나는 것은 기도라는 길을 통해서 시작됩니다. 그것은 묵상기도(contempative prayer)입니다. 묵상기도란 하나님 앞에서 침묵하면서 나의 깊은 내면에서 나의 영을 부르시고 이끌어 주시는 하나님의 세미한 음성을 듣는 기도라고 정의할 수 있습니다. 말하자면 내 안에서 하나님을 찾고 하나님 안에서 나의 아이덴티티를 찾아가는 방법이 묵상기도라고 할 수 있습니다. 세상은 외치는 소리로 가득합니다. 듣지 않고 부르짖는 소리만 가득합니다. 뭔가를 이루거나 도달하려면 부르짖는 것도 때로는 필요하겠으나, 정체성을 찾는 것이 절실한 시대에는 입을 닫고 듣는 것이 필요합니다. 묵상기도는 내 안에 계신 하나님 찾고, 그 분으로부터 치유함을 받는 기도입니다.

최근 들어 관상기도(contemplative prayer)*의 개념과 여러 형태가 소개되면서 개신교 안에서 찬반의 논쟁이 일고 있습니다. 건전한 평가와

---

* 신비체험을 목적으로 하고 이에 가치를 두는 신비주의적 경향의 의미와 구분하기 위하여 라틴어 contemplatio를 관상이라는 번역 대신 묵상으로 번역하려고 합니다.

검증의 논의는 상실된 채, 무비판적인 선망과 수용, 아니면 몰이해를 바탕으로 한 무조건의 배격, 이 양 극단만 있을 뿐입니다. 'contemplatio'라는 용어가 일부 오염되어 있다는 것은 사실로 보입니다. 황홀한 신비 경험을 추구하는 자기애적인 추구로 변질되었거나, 동양종교의 영향으로 인하여 정체성을 상실한 신과의 합일을 목적으로 하는 보편영성으로 너무 많이 가 버린 경향들이 있습니다. 우리의 정체성을 찾아가야 하는 유일한 길인 기도가 오히려 혼란을 초래하게 된 현상은 매우 당황스러운 상황이 아닐 수 없습니다. 우리가 추구해야 할 묵상기도는 개혁주의 신학과 잘 조화를 이루는 것이어야 된다고 생각합니다. 묵상기도는 십자가를 바라보는 것, 인간이 되어서 인간에게 수난과 죽임을 당하면서 사랑을 이루는, 십자가에 달린 하나님을 바라보는 것,그 리고 부활의 영이 되어 우리의 정체성의 처음이 되신 예수를 바라보는 것, 그것이 묵상기도의 모든 것이어야 한다고 생각합니다.

　많은 분들이 묵상기도를 처음 시작하면서 어려움을 느끼는데, 그것은 결코 방법을 몰라서가 아니라고 생각합니다. 묵상기도는 방법에 있지 않고, 다만 겸손히, 인내하면서 나-즉 자아-의 적극적인 시도를 포기하는 자세, 그 자체가 중요합니다. 기독교 전통의 묵상기도는 어디까지나 주부적(infused)이기 때문입니다. 따라서 묵상기도를 하는 사람들은 기독교 전통이라고 소개되는 여러 방법들을 그대로 다 믿지 말고 검증할 필요가 있다고 봅니다. 제 개인적인 생각으로는 렉시오 디비나(거룩한 독서)와 의식성찰은매우 훌륭한 기독교 전통에서 비롯된 좋은 방법이라고 보지만, 아이콘기도, 예수기도, 향심기도 등의 일부 방법들은 의식의 변형(alteration of consciousness)을 목적으로 사용되는 것은 아닌지 경계할 필요가 있다고 생각합니다. 앞으로 이 부분은 신학적, 그리고 의식심리학적인 검증이 필요하다고 생각합니다. 특히 신학자들의 절제있고 체계적인 참여가 꼭 필요하다고 봅니다.

영성지도와 심리치료를 통합하다

둘째, 상담과 치유의 장 안에서 기독교 공동체의 영성을 회복한다는 것과, 그 작업은 우리의 기독교 전통에서부터 찾아야 한다는 것입니다. 라틴어로 부르심을 'vocatio'라고 부르는데, 상담치유자는 이중적인 부르심 앞에 서 있는 사람들이라고 할 수 있겠습니다. 하나는 그리스도인으로서의 개인적인 육화된 영으로서의 부르심, 그리고 다른 하나는 치유사역에의 직업적인 부르심이 그것입니다. 우리가 하는 상담, 치유작업은 아주 축복받은 일입니다. 사람을 살리는, 사람을 물리적으로만 살리는 것이 아니라, 정신적으로 영적으로 살리는 일은 (물론 주님이 하시는 일이지만), 위임받은 우리의 사역이 얼마나 중요하고 복된 일인 줄 먼저 깨달아야 하겠습니다. 그런 고귀한 삶에로의 부르심을 받은 존재인 우리는 얼마나 복받은 존재들인지!

영이 깨어나서 자유의지를 가지고 변형이 되어서 사랑의 삶을 살아가는데, 심각한 제한과 방해를 하는 것은 우리가 성장하면서 겪는 심리적인 트라우마들입니다. 상담, 심리치료란 이러한 변형을 이루는데 발목을 잡고 있는 트라우마를 벗기고, 보다 크고 근본적인 영적 존재로서의 나로 깨어나도록 이해시키고 받아들이도록 돕는 역할을 합니다. 우리의 사랑은 이러한 트라우마에 의하여 오염된 것들이 정화되지 않는다면, 그 순수성은 상실이 되고, 사랑이라는 미명 하에 타인을 착취하고 억압하게 됩니다. 그런 의미에서 현대의 심리치료는 우리의 영의 정화를 위하여 필요한 하나의 준비작업으로서 이해가 됩니다. 그래서 우리는 인간의 내면심리의 경험, 느낌들, 사고, 의지 등을 끊임없이 분석하고 성찰하는 작업이 필요합니다.

그러나 심리치료는 거기까지입니다. 심리치료 그 자체 안에는 자유의지나 사랑이나 영적인 삶으로 올라가는 방법이 없기 때문입니다. 따라서 심리치료적인 방법론에만 매몰된다면 미완성의 치유작업으로 그칠 수 밖에 없습니다. 바로 이 점이 오늘 제가 걱정하는 우리의 모습입니다. 미완성의 심리치료 밖에 모르는 세상을 향하여 우리 기독교 상담가들이 보여주어야 할 것은 기독교 영성임을 좀 더 절실히 느껴야 된다고 저는 주장합니다. 물론 상당수의 상담가들이 개인적으로 고민하고 혼란스러워 하면서도 끈을 놓치지 않고 열심히 나름대로 추구하고 있음을 알지만, 공동체적으로, 학회 차원에서 좀 더 구체적으로 함께 가야 한다고 봅니다. 기독교 상담학, 기독교 심리치료는 좀 더 영성으로 보완되고 완숙되어져야 합니다. 목회적 돌봄은 좀 더 영성으로 돌아가야 합니다. 영성이 없는 상담, 영성이 없는 목회적 돌봄이 얼마나 인간병리에 도움을 줄 수 있을까요?

그런데, 여기서 저는 한 가지 조언을 드리고 싶은 것이 있습니다. 제가 이해하기에는 오늘날 기독교상담, 특히 목회상담이나 목회적 돌봄이 그 정체성이나 논리적 근거를 신학적 체계에서 찾는 경향이 많은 것 같은데, 저는 기독교상담, 목회상담, 목회적 돌봄은 그 정체성을 좀 더 영성적 전통으로 균형을 맞추어야 하며, 영성적 전통에 오히려 더 무게를 두고 그 정체성의 주류를 찾아야 한다고 봅니다. 좀 심하게 과장한다면, 신학의 틀을 벗어나서 영성으로 흘러 들어가야 한다고 주장하고 싶습니다. 물론 신학은 상담과 목회적 돌봄의 논리적 근거를 제시하는데 기여를 하여야 하지만, 그 논리의 틀 속에서 영적 각성이 제약을 받고, 삶이 메말라 갈 수도 있다는 것입니다.

오늘날의 기독교 상담, 목회적 상담, 목회적 돌봄은 좀 더 영성으로 돌아갈 필요가 있는 것 같습니다. 다시 Adrian van Kaam의 목소리에 귀를 기울여 보겠습니다. 그는 기독교 성찰의 전통을 신학적 전통과 영성적 전통으로 나누었습니다. 조직신학은 하나님의 말씀을 문화적, 철학적 개념들과 이와 관련된 준거들로 설명하는 체계이며, 반면 영성은 개인의 신앙적 체험에 비추어서 하나님과의 친밀한 교제를 성찰하는 체계라고 말합니다 (van Kaam, 1975, p8). 그는 말하기를, 기독교의 초기에는 이 조직신학적 성찰 체계와 영성적 성찰이 서로 분리되지 않았으나, 중세로 들어가면서 서방세계에서는 대학을 중심으로 한 조직신학과 수도원을 중심으로 한 영성으로 나뉘게 되었으며, 이에 따라 영성적 성찰은 수도원 신학(monastic theology)으로 불리게 되었으며, 후에 신비 신학이 이에 추가되어 영성적 성찰을 이루게 되었다고 보았습니다. 그러나 16세기 이후 기독교 세계에서 영성적 전통이 심각하게 소외되어 왔으며, 지적인 신학적 전통만이 중요한 자리를 차지하게 된 결과, 현대 인간 정신의 치유에 메마른 신학적 성찰이 제공할 수 있는 도움은 매우 제한적일 수 밖에 없다고 보았습니다.

최근 들어 많은 학자들이 (상담)심리학과 신학의 통합을 시도하고 있지만 보편적으로 동의를 이끌어낼 이렇다 할 모델이 아직은 보이지 않는 것 같습니다. 이에 관하여 최근 흥미있게 읽었던 책 중에는 Deborah van Deusen Hunsinger(2000)의 "신학과 목회상담"이 있습니다. 그녀는 기독교적인 심리치료와 기독교적인 세계관(신학)과의 관계를 칼게돈 회의의 원칙에서부터 유추하여 양자 간의 통합할 수 없는 평행적 균형을 언급하였지만, 그것은 영성적 성찰의 전통을 고려하지 않을 때 초래되는 매우 당연한 귀결이라는 생각이 들었습니다. 여기서 저는 신학적 성찰과 치유심리학을 연결할 수 있는 것은 지적인 조직신학이 아니라 기독교 영성적 성찰이라고 주장하고 싶습니다. 저는 기독교상담은 그 정체성을 영성에 두어야 하며, 기독교 상담가는 동시에 영성가가 되어야 하는 것이 시대적 요청이라고 생각하게 되었습니다. 그것이 온전한 치유자가 되는 출발이 된다고 봅니다. 이제 과거의 수도원적 영성은 더 이상 일부 은둔적인 삶의 모습 속에서나 가능한, 그런 분들의 전유물이 아니라 삶의 현장에서, 정신병리를 극복하고 인간의 근본적인 성숙을 이루기 위한 상담과 치유현장에서 구체적으로 구현되어야 할 것이라고 봅니다. 사실은 교회가 머뭇거리는 사이에 이미 미국을 중심으로 정신과 치료에 실제 알아차림 명상(mindful meditation)과 같은 동양종교적인 영성훈련이 활발히 도입, 시도되고 있음은 이미 언급한 바 있습니다.

그러나 우리 기독교는 이에 못지 않은 매우 풍부한 영성의 전통을 가지고 있으며, 우리는 우리 자신의 정체성과 마찬가지로 치유현장에서도 기독교 역사 속에서부터 찾아낸 바른 영성을 통한 치유와 성숙의 방법으로 돌아가야 한다고 보는데, 그것이 바로 영성지도(spiritual direc-tion)입니다. 영성지도는 과거 기독교 역사에서 주로 수도공동체 내에서 공동체 구성원의 영성을 증진시키기 위하여 사용되던 영성수련의 방법으로 전해져 내려오던 것을 1960년대 후반 새롭게 현대적 영성의 형태로 해석한 방법입니다. 영성지도는 매 순간 그 분을 바라보면서 열린 마음으로 단순하게 존재하는 함으로써 그 분과의 친밀한 교제 가운데 들어가는 묵상기도(contemplative prayer)와 영적인 분별(spiritual discernment)로 이루어져 있어서, 치유현장에서 심리치료와 함께 개인

혹은 그룹의 심리적 및 영적 성숙과 치유에 통합적으로 구현할 수 있는 하나의 패러다임입니다. 영성지도와 심리치료는 마치 원래 하나의 일관된 치유행위였던 것처럼 아주 잘 어울리며, 특히 심리치료 전문가가 자신의 치유행위를 더욱 확장하고 포괄적이 되도록 연결시켜 줍니다. 기독교 전통의 영성에 기초한 상담은 그래서 자연스레 영성심리치료적인 모습을 갖추게 됩니다.

저는 지난 10여 년 간 이 영성지도를 통하여 치유를 완성하는 것이 저의 부르심이라고 생각하여 왔고, 제 자신 심각하게 앓고 있던 우울증을 이 영성지도적인 통찰로서 극복하게 되었습니다. 그러나 사실은 영성지도는 새로운 것이 아니라, 하나의 치유적인 기독교 영성훈련의 한 형태로서 미국을 중심으로 1960년 대 말부터 관심을 받아 왔으며*, 우리나라에도 일부 영성신학자들을 중심으로 소개되어 오고 있습니다. 특히 제가 이 자리에서 강조려고 하는 한 가지 주목할 사실은 북미를 중심으로 하는 영성지도가 점차로 심리치료 전문가들에 의하여 새로운 형태의 시도로 이루어지고 있다는 것입니다.

Janet Ruffing은 그의 저서 Uncovering Stories of Faith(1989)에서

---

* 케네스 리치는 1960년대 후반 들어 목회적 돌봄의 흐름이 과거의 기독교전통의 지혜로부터 재발견해 낸 현대적 영성지도의 부흥을 가져왔다고 지적하였다. 이는 20세기 들어 기독교적 치유와 성숙의 노력이 심리치료에 지나치게 의존한 결과 목회자의 정체성에 혼란이 일어났고, 기독교적인 영적 전통과 단절이 일어났기 때문이었다고 보았다. (Kenneth Leech)

현대 영성지도의 특징으로 다섯 가지를 들고 있는데, 이는 바로 현대 영성과 목회적 돌봄의 흐름의 특징을 의미한다고도 볼 수 있습니다. "즉, 첫째, 현대 영성지도는 은사적이며, 비제도적이라는 특징이다. 둘째, 영서지도자와 수련자는 그리스도 안에서 같은 형제요 자매라는 관점에서 영적 동반자 관계(spiritual conpanionship)로 이해한다. 셋째, 영성지도자의 권위와 수련자의 순종은 달라지고 있다. 넷째는, 지도자의 역할은 주가 아니고 도움을 주는 보조적인 것이다. 다섯째, 현대 영성지도는 그 원리와 법칙의 적용보다는 수련자의 종교적 경험에 바탕을 두는 것이다."(이강학의 논문에서 재인용) 이는 과거의 전통적인 구조의 틀을 벗어나 여러 다양한 공동체 속에서 다양한 헌신자, 즉 기성 종교지도자의 틀을 벗어나 오히려 다양한 평신도적 헌신자, 은사를 중심으로 한, 영적지도자라는 새로운 아이덴티티를 제시하는 지도자에 의하여 이루어지는 새로운 형태의 영성운동으로 이해됩니다. 이는 기독교 세계에서 과거의 계층적이고 권위적, 고정적인 인간관계를 뛰어넘는 새로운, 그러나 전혀 새롭지 않고 오히려 그리스도의 원 말씀으로 돌아가는, 그래서 어쩌면 하나님 앞에서 모두가 어깨를 나란히 하고 성찬에 참예하는 마틴 루터의 평신도 신학을 구현하는 의미를 지닙니다. 이 점은 오늘날의 목회적 돌봄이 여성적 돌봄을 특징으로 강조된다고 볼 때, 특히 급증하는 여성 목회자나 사역자들의 역할에 새롭고도 분명한 아이덴티티를 제공한다고 생각합니다.

또한 현대의 영성지도 내지는 기독교상담을 포함한 목회적 돌봄은 일방적이고 선언적인 형태보다는 상호 관계적이며, 개인의 체험을 보다 공감적이고 수용적으로 이해함을 바탕으로 하는 수련자 중심의 흐름, 하나님과 수련자 개인의 깊은 교제성을 중시하는 경향을 띰으로서 치유현장에서 심리치료와 함께 적용할 수 있다고 믿습니다.

의식심리학을 주목해야

셋째, 상담치료의 장 안에서 영성의 현실화를 이루기 위하여 기독교상담학은 좀 더 의식심리학(psychology of consciousness)에 관심을 돌려야 한다고 생각합니다. 우리의 영이 성령과 살아있는 교제를 가지게 되는 것은 우리의 의식(consciousness)을 통해서 입니다. 우리 몸을 성소에 비유한다면 우리의 의식은 지성소에 해당한다고 할 수 있습니다. 우리는 우리의 의식 속에서 주님과 만나고 그 분과의 연합을 깨닫게 됩니다. 타인의 이러한 과정을 돕는 진정한 치유자가 되기 위하여는 그 스스로 우선 자신의 의식 속에서 성령을 만나고 그 분과 연합되는 경험을 가져야 하겠습니다. 심리치료자, 상담자가 타인을 도울 자신의 능력을 증진시키도록 노력할 의무가 있다면, 결국 우리는 우리의 의식을 더욱 예민하게 하나님께 맞출 수 있도록 훈련해야 합니다. 힐링을 주도하시는 분은 우리가 아니라, 우리를 통하여, 구체적으로는 우리의 의식을 통하여 흐르는 성령님의 능력이기 때문입니다. 영으로 깨어난 치유자는 매 순간 하나님의 인도하시는 손을 직관적으로 알아 차릴 수 있고, 하나님의 의지에 초점을 맞추며, 이를 받아들이는데 더욱 큰 수용성을 갖추게 되도록 노력해야 하겠습니다. 다만 우리는 그 분의 임재 앞에서 듣고 나를 그 분께 치유의 도구로서 내어 드립니다. 하나님은 우리 안에서 그 분의 일을 이루어 나가시고 우리는 이를 바라보면서 함께 치유될 뿐입니다.

상담자는 성령에 의하여 자신의 의식이 깨어나는 경험에 바탕을 두고, 타인의 영과 성령이 함께 교제하는 장 안에서 이를 돕고 참여할 준비를 필요로 합니다. 이것이 제가 정의하는 영성심리치료입니다. 우리의 상담행위는 영적인 행위가 되어 우리의 영을 통하여 타인을 힐링시키는데 참여하는 거룩한 행위가 되며, 동시에 우리 스스로를 점진적으로 정화하는 성스러운 작업이 됩니다. 따라서 기독교 상담가나 심리치료전문가는 우리의 영과 우리의 의식에 대하여 좀 더 관심을 가지고, 체계적인 교육을 받고, 훈련을 하는 것이 필요하다고 생각합니다. Gerald May (1982)는 그의 저서 "의지와 영(Will and Spirit)"을 통하여 의식심리학에 대하여 기독교 영역에서는 보기 드문 기여를 한 바 있습니다. 그는 자신의 연구를 관상심리학(contemplative psychology)이라고 이름을 붙였는데, 사실은 이 분야의 연구는 짧지 않은 역사를 가지고 있습니다. C. G. Jung과 William James가 그 초석을 놓았다고 이야기 되어지고 있으나, 본격적으로는 인본주의 심리학(humanistic psychology)의 영향을 받은 자기초월 심리학(transpersonal psychology)의 연구들로부터라고 말할 수 있을 것입니다. 그 흐름 속에는 통합심리학으로 언급되는 R. Assagioli나 Ken Wilber와 같은 대가도 언급될 수 있으나, 우리가 놓치지 않고 주목해야 할 것은 오늘날의 의식심리학(관상심리학 또는 영성심리학)에 아주 확고한 자리와 발전을 만들어 놓은 동양종교나 동양철학의 영향을 빼놓을 수가 없습니다. 영성심리학에 관한한 기독교적인 신학과 심리학이 외면을 하고 있는 사이에 지난 수 십년 간 동양사상에 기초한 심리학이 엄청난 성과를 이루고 일반인의 영적인 삶과 치유의 현장에 아주 깊숙이 영향을 미치고 있다는 사실에 우리는 직면해야 합니다. 치유에 관한 시중 서점의 서가를 점령하고 있는 것은 거의 모두 동양사상에 기초한 의식심리학을 원용한 서적들이며, 기독교의 유명한 영성가들로 알려져 있는 분들의 사상 또한 동양철학의 사고에서부터 자유롭지 못한 것을 볼 수 있습니다.

우리의 의식은 전술한 바와 같이 자아와 신비, 자기와 초월자기가 만나는 장입니다. 이를 연구하기 위하여는 최신 생물학적 지식을 비롯하여, 우주물리학, 철학, 종교학, 정신의학, 신학 등의 다양한 분야의 지식들이 통합되는 것을 필요로 합니다. 그리고 그것은 과거보다는 한 차원 높은, 뇌과학적으로는 한 차원 깊은 치유의 장을 열어주는 듯 보입니다. 어쩌면 이것은 또 하나의 영적 전쟁이라고 부를 수도 있겠습니다. 저는 이 부분에 대하여는 공부가 너무 부족하고 아는 것 별로 없어 오늘의 논의를 여기서 마치려고 합니다. 다만, 주님을 함께 따라가는 기독교 상담치유 전문가 후배 여러분들의 연구를 기대해 보려고 합니다.

맺는 말

이렇게 영성과 치유에 대하여 아는 것도 별로 없고 잘 준비도 안된 제가 분에 넘치는 언급을 하였는지 모르겠습니다. 이렇게 말한다고 하여 제 자신이 깊은 영성의 경지에 있다거나, 상당히 완성된 영성심리치료의 모델을 가지고 있다는 의미는 결코 아님을 이해해주시기 바랍니다. 다만, 그런 목표를 분명히 가졌고, 그 목표를 향하여 노력해 나가고자 하는 의지를 어느 정도 가졌을 뿐입니다. 온전한 기독교 상담치유자가 되기 위하여 우리는,

1. 우리의 각자 자신의 내면 깊은 곳에서 잠자는 영을 향하여 주의깊게 바라보고 귀를 기울이고 우리의 영이 깨어나도록 침묵하는 법을 훈련해야 합니다.

2. 기독교 상담치유 전문가는 기독교 전통의 영적 유산과 그 덕목들에 주의를 기울이고, 기독교 영적 고전들을 부지런히 읽어야 하겠습니다.

예수님은 우리의 유일한 영적 스승이자 영적 모델 그 자체입니다. 참고 인내하며 아버지의 때를 기다리고, 좁은 길로 걸어가고, 두 벌 옷도 가지지 않고, 황야로 들어가며, 가난한 마음으로 함께 먹고 서로 사랑함을 보여주시는 메시지에 귀를 기울여야 하겠습니다.

3. 기독교 전통의 영성지도에 대한 관심을 기울이고 치유의 장에서 적용이 되도록 연구가 더욱 활성화되어야 하겠습니다. 아울러 앞으로 치유심리학의 중심이 될 의식심리학에 대한 기독교 전통의 연구도 활발히 진행되길 기대합니다.

참고문헌

조근호 등 (2011). 중독재활치료. 서울: 학지사.

de Chardin, P. (2010). 신의 영역 (이문희 역). 왜관: 분도출판사. (원저 1957년 출판)

Hunsinger, D. (2000). 신학과 목회상담 (이재훈. 신현복 역). 서울: 한국심리치료연구소. (원저 1995년 출판)

May, G. (1982). Will and spirit. New York, NY: Harpercollins Publishers.

May, G. (2005). 중독과 은혜 (이지영 역). 서울: IVP. (원저 1978년 출판)

Maslow, A. (2013). A theory of human motivation (paperback edition). Martino Fine Books.

Moltman, J. (1992). 생명의 영: 총체적 성령론 (김균진 역). 서울: 대한기독교서회. (원저 1991년 출판)

Ruffing, J. (1989). Uncovering stories of faith: Spiritual direction and narrative. Mahwah, NJ: Paulist Publisher.

Stairs, J. (2000). Listening for the soul: Pastoral care and spiritual direction. Minneapolis: Fortress Press.

van Kaam, A. (1975). In search of spiritual identity. Denville, NJ: Dimention Books.

심리치료와 영성지도에 있어서의

치유관계

- 김미희 · 이만홍 -

2014년 5월 24일 장신대학교 한경직 기념홀에서 한국목회상담협회/학회 봄학술대회 발표

하나님이 되신다는 것은 관계적이시라는 것이다.

캐더린 라쿠나

우리는 고독하신 하나님보다는
교통하시는 하나님을 믿는다.

레오나르도 보프

들어가는 말

 최근 인간의 통전적 성숙에 초점을 둔 영성과 심리치료를 통합하려는 움직임이 다양한 영역에서 제시되고 있다. 기독교의 역사 속에서 영혼의 치유에 중점을 두고 행해져왔던 영성지도가 대중적인 기독교인들 이외에도 심리치료사나 목회상담가들 사이에서 관심의 초점이 되는 것도 역시 이 흐름 속에 있다. 심리치료와 영성지도는 인간의 온전한 치유와 성숙을 지향하는 연속선상에 함께 존재하면서, 인간관계의 수평적 차원인 인간과 인간 간의 관계와 수직적 차원인 인간과 하나님간의 관계에서의 성숙을 지향한다. 이때 두 영역에서 치유의 근간은 "관계"라고 할 수 있다. 그러나 "관계의 발전"을 중심으로 생각해볼 때, 일반적으로 대상 간에 이루어지는 관계들은 처음부터 끝까지 변함이 없는 상태로 발전하지 않는다. Barry와 Connolly는 그렇게 될 수 없는 이유로 본질적으로 인간의 인격 구조 자체가 변화에 저항하는 경향이 있기 때문이라고 제시하고 있다. 관계가 발전되기 위해서는 관계가 변화하는 것에 따르는 혼란과 불안을 경험하는 과정에 대해 개방적이어야 한다. 그러나 우리들 대부분은 혼란을 두려워하며, 관계가 변화되고 성숙되는 과정에서 무의식적으로 저항함으로써 기존의 타성에 물든 안정된 관계의 자리로 돌아가려 한다. 이러한 저항은 모든 대인관계에서뿐만 아니라 하나님과의 관계의 발전에서도 결정적인 영향을 미친다고 할 수 있다.[1] 이와 같이 본질적으로 관계가 발전되는 것에 대해 저항하는 인간 존재를 전제해볼 때, 심리치료와 영성지도에서 이루어지는 관계 안에서 어떻게 치유 과정들이 일어날 수 있는 지, 그리고 심리치료와 영성지도에서 이루어지는 치유 관계는 어떻게 다른지에 대한 의문이 제기될 수 있다. 이에 본 발표에서는 이와 같은 논제를 토대로, 심리치료 −정신역동적 심리치료−와 영성지도에서 이루어지는 치유관계에 초점을 두고 각각의 관계들에 대해 심층적으로 비교 분석해보고자 한다. 특히 영성지도에서의 치유관계의 경우 정신역동적 심리치료에서 관계의 역동성을 대표하는 개념인 저항, 전이, 역전이를 토대로 하여 분석, 논의해보고자 한다.

관계와 치유

치유가 관계를 통해서만 일어날 수밖에 없는 이유는, 인간의 존재론적 본질에 기인한다. Pannenberg는 인간이 하나님의 형상대로 창조되었다는 사실은 무엇보다도 인간이 하나님과 관계성을 가지고 있다는 것을 의미한다고 언급했으며, Barth는 인간이 하나님의 형상대로 하나님과 관계를 가진다는 말은 인간이 하나님과 함께 살아가는 존재임을 의미한다고 언급했다.[2] 이외에도 인간은 나와 너와의 관계 속에서 실존하는 존재라고 명명했던 Buber의 언급이나 인간은 근본적으로 대상을 추구하는 존재라고 설명했던 Fairbairn과 같은 대상관계이론가들의 관점, 그리고 인간의 정신과 인격은 관계성 안에 포함되어 있으며, 관계성 안에서만 실현될 수 있다고 제시하는 Bonhoeffer, Sweet의 언급³⁾들은 치유의 근간이 관계일 수밖에 없음을 시사하고 있다. 이와 같은 인간의 본질을 전제해볼 때, 인간의 온전한 성숙을 지향하는 치유는 하나님과의 관계와 인간의 관계에서의 성숙을 함께 의미한다고 할 수 있다. 이와 같은 치유개념을 중심으로 심리치료에서의 치유와 영성지도에서의 치유가 의미하는 바를 살펴보면 다음과 같다.

우선, 심리치료에서의 치유는 '자아의 성숙'을 목적으로 한다. 이만홍과 황지연은 자아의 성숙에 대해, "통찰을 통하여 무의식적이었던 자신의 핵심역동을 의식에서 깨달아 알고 이해하게 되어, 정서직인 왜곡을 줄이게 되고 자신의 동기와 반응에 대한 현실적인 자각을 높이며 외부세계에 대한 정확한 지각을 촉진시키게 되는 것이다."⁴⁾라고 설명한다. 즉, 심리치료에서 치유란 통찰과정을 통한 무의식의 의식화로 인해 자신의 핵심 역동을 자각하게 되는 한편 이상화된 부모상(idealized parental imago)을 갈망하는 과정에서 일어나는 전이왜곡을 자각, 극복하는 것을 의미한다. 이를 위해 심리치료에서는 인간의 미성숙하고도, 부정적, 병리적인 부분들을 다루어줌으로써 독립적이고 자율적인 인간으로 성장할 수 있도록 하는 데 치유의 목적을 둔다. 그러나 온전한 성숙이라는 측면에서 본다면 심리치료에서의 치유는 한계를 갖는다고 할 수 있다.

영성지도의 치유관계는 심리치료의 치유관계의 한계 지점에서 하나님을 가리킨다고 할 수 있다. 인간은 자신의 핵심 역동을 통찰하게 되면서 자신을 이해하게 됨으로써 자유롭게 되지만 삶을 살아가면서 끊임없이 자신의 발목을 잡는 역동 안에서 다시 걸려 넘어지기 마련이며, 다른 측면으로는 전이를 극복하고 자립적으로 걸어간다고 하지만 자신이 어디로 어떻게 나아가야 하는 지에 대한 갈등과 혼란을 느끼면서 살아간다. 이러한 현실을 토대로 영성지도에서는 두 가지 변화 과정에 기초하여 치유가 일어난다. 첫째, 인간은 자신을 이해하게 되면 될수록 자신의 힘으로는 역동 안에서 벗어날 수 없는 존재임을 더욱 더 자각하게 되며 그렇기 때문에 자신이 하나님을 바라볼 수밖에 없는 존재임을 인식하게 된다. 둘째, 인간 안에서 대상을 추구하던 전이의 끝에 하나님께서 계시며 자신 안에 끊임없는 대상에 대한 갈망이 하나님께서 자신을 찾으시던 갈망임을 깨닫게 되면서 인간은 하나님의 사랑의 초대에 참여하며 나아가게 된다. 즉, 전이 대상으로서 인간이 아닌 하나님께 초점을 전환하게 됨으로써 하나님을 완전히 의존하게 되어[5] 하나님 품에서 사랑의 언어를 속삭이며 그 사랑의 언어가 인간과의 관계로 흘러가게 될 때 진정한 치유가 그곳에 있다고 할 수 있다. John Wesley 역시 하나님으로부터 시작되어 다른 사람들과 함께 하는 사랑의 관계를 그리스도인의 완전(Christian perfection)으로 표현하고 있으며[6], 성경에서 말씀하시는 완전해지라는 요구 역시 이와 같은 영적인 성숙을 언급하고 있다고 할 수 있다.[7] 영성지도에서의 치유는, 예수님께서 그러하셨듯이 하나님과 사랑하는 관계 속에서 자신이 진정 누구인지에 대한 정체성을 새롭게 자각하게 되며 결국에는 인간과 인간관계의 사랑을 실천하는 존재가 되는 것이라고 정의내릴 수 있다. 이것이 바로 온전한 성숙을 의미하는 치유라고 할 수 있을 것이다.

심리치료에서의 치유관계

1. 심리치료에서의 치유관계의 특성

심리치료에서의 관계는 치료자와 내담자 간의 양자 관계(dyadic rela-tionship)로 이루어진다. 심리치료에서의 관계는 일상생활에서 맺는 대부분의 관계들과는 다른 심리적 문제 해결이라는 목적을 중심으로 치료자와 내담자 양자 간에 계약을 맺은 전문적이고도 비현실적인, 인위적인 관계라고 할 수 있다. 심리치료 관계에서 주된 초점은 내담자에게 맞추어져 있으며, 치료자와 내담자는 친밀한 관계를 형성하기는 하지만 치료자가 전문적인 심리치료적 기법으로 내담자를 돕는다는 관점에서 볼 때 일반 관계와는 달리 힘과 자원의 면에서 동등하지 않은 관계라고 할 수 있다. 이때 관계의 매개체는 '대화'라고 할 수 있으며 매주 1회 50분 동안의 치료과정[8] 에서 이루어지는 심리적, 정서적 공간 안에서 치료자와 내담자 두 대상 간에 강렬하고 심층적인 관계가 형성된다. 이와 같은 심리치료의 치유관계는 초기 정신분석에서부터 현대 심리치료기법

에 이르기까지 지속적으로 중요하고 핵심적인 부분으로 조명, 분석되어
져 왔다고 할 수 있다.[9] 심리치료적 환경에서의 '관계의 중요성'에 대한
인식은 Freud에서부터 출발한다. Freud는 내담자가 치료자에게 느끼는
'긍정적인 전이'가 치료에 중요한 토대가 될 수 있다는 것을 인식했으나
치료자와 내담자 간의 관계 자체를 다루어야 할 목표로 바라보지는 않
았다. Freud의 자아와 억압의 개념을 발전시켰던 자아심리학 역시 치유
적 관계보다는 '통찰'과 '해석'을 중심적인 치유과정으로 중요시했다.
그러나 '통찰'과 '해석'을 중심으로 한 분석방법은 어느 정도 자아기능
이 성숙한 신경증 내담자의 경우에만 적용이 되고 정신병리를 보이는
취약한 인격 구조를 나타내는 내담자들에게는 적용하기가 어려운 점들
이 많았으며, 이와 같은 제한점으로 인해 결과적으로 대상관계이론이나
자기심리학이 등장할 수밖에 없었다. 대상관계이론이나 자기심리학은
자기와 대상간의 관계형성에 중심을 두고 있으며, 해석과 통찰보다는
치료자와 내담자 간에 이루어지는 공감이나 치료동맹, 전이, 저항 등에
보다 중요한 의미를 두게 되었다. 그러나 인간의 변화를 실증적으로 실
험해왔던 행동주의자들의 경우에는, 치료자와 내담자 관계에 대해 가치
를 두지 않았으며 이러한 관계를 행동의 변화를 가져오는 부차적 조건
으로 인식할 뿐이었다. 하지만 치료자와 내담자 관계에 대해 주목했던
Rogers의 업적으로 인해 심리치료의 지평이 확대되어졌다. 특히 2차 대
전이후 많은 심리치료 연구가들은 치료과정에서 긍정적인 치료적 결과

를 일으키는 요소들에 대해 집중하게 되었는데,[10] 그 중에서도 Lu-vorsky와 Bordin의 연구들로 인해 치료자와 내담자 사이의 관계성이 다시 새롭게 치유적 효과의 중심으로 대두되어졌다. 이를 뒤이은 Zetzel과 Greenson의 치료동맹의 개념은 모든 이론에 걸쳐 치료환경에서 치료자와 내담자 간의 관계가 치유관계로서 핵심적이라는 사실을 주목하게 만들었다고 할 수 있다.[11] 특히, 정신역동적 심리치료에서는 이와 같은 치료동맹, 저항, 전이, 역전이와 같은 개념들이 치유관계를 대표하는 요소들로서 주요하게 연구되어져 왔다.

이와 같은 치유관계에서 내담자는 자신의 내적 현실과 외적 현실에 기초하여 치료자를 대상으로 다양하고 강렬한 정서체험을 하게 되며, 이러한 정서들은 치유관계의 역동성-치료동맹, 저항, 전이, 역전이-을 형성한다. 특히 '전이'는 심리치료에서의 치유에 결정적인 영향을 미치는 요소[12]로서, 내담자는 치료자를 대상으로 심층적인 마음속에 존재하는 이상화된 부모상을 기대하면서 과거에 추구했던 욕구를 충족시키고자 한다. 내담자는 전이과정 속에서 치료자와의 관계를 통해 초기 유아기 시절에 좌절되었던 부분을 치료자와 함께 새롭게 바라보면서, 결국에는 자신의 전이의 근원이 되는 의존욕구를 채워줄 대상은 없다는 사실과 함께 실존적인 고독을 받아들이고 자신의 삶을 자신이 책임지면서 독립적으로 살아가게 된다. 이 과정이 심리치료에서 바라보는 치유라고 할 수 있다. 이를 위해 치료자는 내담자와의 관계에서 전이를 오염시키지 않으면서 전이가 일어날 수 있도록 하기 위해, Freud가 언급했던 바와 같이 익명성을 가지고 중립적이고 절제하면서 객관적으로 내담자와 관계하게 되며 거울과 같이 내담자의 내적 상태가 투사될 수 있도록 흰 스크린(blank screen)과 같은 태도로 존재한다.[13] Freud가 언급했던 치료자의 중립적인 태도는 내담자의 치유를 위해 전이를 오염시키지 않으면서 증폭시키는 치료적 환경을 인위적으로 만들어내야 하는 목적도 있지만, 이외에도 전이로 인해 일어나는 영향들을 이용하여 치료자가 자신의 권위를 남용함으로써 내담자들을 착취할 수 있는 위험성을 보호하기 위한 차원으로 해석된다. 이와 같은 상황은 심리치료에서 치료자와 내담자 간에 이중관계(dual relationship)를 형성하는 것을 금지하는 근간이 되었다. 여기에서 이중관계란 "치료자가 치료관계를 맺기 이전이나 치료기간 동안 또는 종결된 이후에 내담자와 또 다른 관계(second relationship) 즉, 친구나, 피고용인, 사업동료, 가족, 이성관계로 연결되어 있는 것"[14]을 의미한다. 이를 위해 치료자는 치료세팅이라는 제한된 범위 내에서만 내담자와 관계하면서 되도록이면 자신의 삶을 내담자와 공유하지 않으며, 자신의 내적인 종교관이나 가치관을 내담자에게 강요하거나 논의하지 않는 것을 원칙으로 내담자와 관계를 형성한다. 또한 치료자는 친구나 동료, 형제 등과 같이 치료적 거리(therapeutic distance) 유지가 어려운 대상들을 내담자로 만나는 것과 같은 이중관계를 맺지 않음으로써, 치유를 위한 치료자와 내담자간의 경계를 유지해 나간다고 할 수 있다. 상기한 바와 같은 치유관계를 통해 전이를 극복한 내담자는 자신의 핵심적인 역동을 깨닫고 자신의 왜곡된 정서를 바라보면서 자율성과 독립성을 증진시켜 나간다. 그러나 '인간의 통전적 성숙'이라는 맥락에서 볼 때 심리치료에서 지향하는 치유관계는 한계를 갖는다. 즉, 심리치료를 통한 핵심역동에 대한 통찰과 전이의 극복이 삶 전반에 걸친 문제들에 대한 완전한 해결책을 제시해 줄 수도 없으며 더 나아가서는 온전한 성숙을 이루어주지는 못하기 때문이다. 그럼에도 불구하고 심리치료에서의 치유관계는 온전한 성숙을 지향하는 데 중요한 역할을 수행한다고 인식된다. 심리치료에서의 치유관계는 앞서 제시한 것처럼 성숙을 이루어 주지는 못한다. 하지만, 인간이 온전한 성숙을 지향하는 과정에서 성숙을 막는 내담자의 부정적이고 병리적인, 그리고 미성숙한 측면을 해결해줌으로써 내담자가 자기몰두에서 벗어나서 성숙의 과정으로 계속 걸어갈 수 있도록 이끌어주는 토대가 되는 관계라고 할 수 있다.

2. 심리치료에서의 신뢰관계

심리치료에서 치료자와 내담자 간의 신뢰관계는 전체 치료과정에 결정적인 영향을 미치는 요인이라고 할 수 있다. Mcwilliams는 심리치료의 효과성에 관한 다양한 실증적인 연구들을 제시하면서 내담자와 치료자가 편안하게 협력하는 느낌을 갖게 되는 것이 치료의 효과성과 밀접한 관련이 있다는 것을 언급하고 있는데[15] , 이 과정의 근간이 되는 것이 바로 신뢰적 관계, 라포(rapport)라고 할 수 있다. 심리치료 관계에서 치료자는 치료적 거리(therapeutic distance)를 토대로 내담자의 의존욕구를 충족시키면서도, 다른 한편으로는 내담자가 자신의 문제를 과거의 역동 속에서 바라보고 통찰해 낼 수 있도록 충족을 박탈해나가면서 치료관계를 형성하게 된다. 이와 같은 치료자와의 관계 속에서 치료가 진행될수록 내담자는 억압되어있던 무의식이 의식화되는 과정을 경험하게 되며, 그에 따라 여태까지 지켜온 자기상에 대한 위협을 느끼게 될 수가 있다. 이러한 과정에서 내담자의 신경증의 원인이 되었던 의식화를 막는 정신적인 힘은 치료에 대한 저항으로 나타나게 된다. 특히 내담자가 의존욕구를 박탈당하는 것에 대한 스트레스가 그것을 극복해낼 수 있는 내담자의 능력을 초과할 경우, 내담자는 좌절을 겪게 되면서 치료과정을 중단할 수 있다. 이와 같은 과정이외에도 내담자는 치료자와의 관계에서 초기 과정에서 중요한 대상들로부터 겪었던 공감 실패로 인한 상처를 다시 경험하게 될 것이라는 두려움과 불안을 경험할 수 있다. 이 때 내담자가 치유관계에서 일어날 수밖에 없는 불안과 저항을 담아내면서도 지속적으로 치료 과정에 참여하기 위해서는 내담자를 지탱해줄 수 있는 힘이 필요한데, 바로 이 힘이 치료자와 내담자 간의 신뢰관계라고 할 수 있다. 심리치료에서 나타나는 신뢰관계는 '치료동맹'(therapeutic alliance)의 개념으로 설명될 수 있는데, 여기에서 '치료동맹'이란, "내담자가 치료자와 맺는 상대적으로 비 신경증적이고 합리적인 관계"[16] 라고 할 수 있다. 신뢰관계가 구축되면 내담자는 치료자와 함께 하는 치료과정에 대한 믿음과 안전감을 토대로 불안과 고통을 인내해 나가면서 치료과정에 참여하게 된다. 그러나 신뢰관계에는 치료동맹뿐만 아니라 치료자의 지속적인 지지적인 태도로 인해 형성된 치료자에 대한 무의식적인 의존욕구도 함께 존재한다. 내담자는 Freud가 언급했던 "순종적인 긍정적 전이"(unobjectionable positive transference)에 기초해서 치료자와 치료동맹을 형성하기도 하지만, 치료자가 일정한 치료적 거리 없이 지속적으로 지지적인 태도로만 내담자와 함께 하는 경우에는 내담자의 무의식적인 의존욕구를 증폭시킴으로써 치료의 진전 없이 퇴행한 채 내담자가 치료자와의 관계에만 매달려서 자신을 돌아보지 않게 만들 수 있다. 이러한 과정은 치료자의 역전이로 연결될 수 있으며 결국에는 치료 과정을 중단시키는 요인으로 작용할 수 있다.

치료자와 내담자 간의 신뢰관계에 기여하는 요소로 Greenson은 치료자의 내담자에 대한 공감, 치료과정에 대한 진지한 태도, 헌신적 노력, 내담자의 존엄성에 대한 보호, 탈권위주의적 태도, 수용적이며 인간적인 태도를 설명하고 있다.[17] 특히, 이 중에서 치료자의 권위와 관련된 연구 결과[18]를 보면 치료자가 지시적이거나 분위기가 부정적이고 내담자에게 위협적인 특성을 보일 경우, 내담자들은 신체적, 정서적으로 안전감을 느끼지 못하게 되며 결국에는 이러한 상황이 치료동맹에 부정적인 영향을 미침으로써 치료관계를 방해할 수 있다는 사실을 제시해주고 있다. Casement 역시 치유관계에서의 치료자의 권위와 관련되어 안전하고 신뢰를 주는 분석상황의 중요성에 대해 언급하고 있다. Casement 는 심리치료 공간은 내담자의 정서적, 심리적 영역 안에서 내담자가 침범당하지 않는, 내담자의 욕구가 존중될 수 있는 공간이어야 한다고 제시하고 있다. 이와 같이 치료과정이 방해받거나 왜곡되지 않도록 하기 위해, 치료자는 자신의 개인적 성향이나 이론적인 성향으로 인해 내담자를 압력하기 보다는 내담자가 자유롭게 치료 과정에 참여할 수 있도록 함께 해야 한다고 주장하고 있다.[19] 이상과 같이 치료자는 심리치료의 치유관계 안에서 일어날 수 있는 지나친 의존충족으로 인한 내담자의 퇴행과 권위의 남용의 문제를 고려하면서, 자신의 관찰자아와 경험자아의 조율을 바탕으로 한 '공감'을 통해 내담자와 안전한 신뢰관계를 구축해 나간다.

3. 저항, 전이, 역전이가 심리치료에 미치는 영향

그동안 정신역동적 심리치료에서는 치료동맹, 저항, 전이, 역전이와 같은 개념들이 치료관계를 대표하는 요소들로서 주요하게 연구되어져 왔다. 정신역동적 심리치료에서 치료관계는 내담자가 신경증으로부터 벗어나고 싶은 마음으로 치료과정에 오는 순간부터 이루어진다고 할 수 있다. 내담자는 변화를 원하지만 이와 동시에 내담자의 내면에는 변화를 방해하는 자아의 방어적인 힘이 존재하게 되는데, 이와 같은 힘을 '저항'(resistance)이라고 정의하고 있다.[20] 그는 저항은 치료과정에서 반드시 나타나며 이를 극복하는 것이 분석의 본질적인 작업이라고 주장하고 있다. 저항은 정신역동에서 가장 기본적인 개념 중의 하나로써, 치료과정으로부터 도출되는 위험과 고통으로부터 자신을 방어하고 보호하기 위한 것으로 치료과정이나 치료자, 그리고 내담자의 합리적 자아의 부분을 방해한다. Gabbard는 저항이 치료과정을 방해하는 장애물로 인식될 수 있기도 하지만 치료과정에서 나타나는 저항을 이해하는 것이 바로 치료라고 언급한다. 즉, 저항의 해결을 위해 저항을 분석하는 과정 즉, 내담자는 무엇을 저항하는가, 또는 무엇을 방어하는가, 왜 저항하는가를 분석하는 과정이 반드시 필요하며, 이와 동시에 내담자의 저항에 대해 흔들림 없이 공감적면서도 중립적인 치료자의 태도가 중요하다.[21]

전이(transference) 또한 저항과 함께 정신역동의 중심을 이루는 개념으로, 정신분석의 꽃이자 무덤이라고 할 수 있을 정도로 치료과정에 결정적인 영향을 미칠 수 있다. 전이는 인간존재의 심연에 있는 이상화된 부모상이 치료자에게 전치가 되어 반복되어 나타나는 것으로써, 심리치료 과정에서 치유를 가져오는 도구가 될 수 있기도 하지만 치료과정을 위험하게 만드는 근원이 될 수 있다. 치료과정에서 내담자는 치료자와의 관계에서 전이를 일으키며 전이신경증이나 전이저항을 형성해나갈 수 있는 데, 이 과정에서 내담자는 심리치료의 목적인 문제해결보다는 치료자에게 모든 에너지를 집중시킴으로써 치료과정을 방해하게 될 수 있다. 그러나 다른 한편으로 전이는 내담자가 초기 아동기에 정서적으로 중요했던 대상과의 관계에서 좌절되었던 부분을 치료자와의 관계에서 재현하기 때문에 새로운 교정적 정서체험(corrective emotional experience)을 통해 진정한 치유와 통찰을 경험할 수 있게 되는 중요한 과정이 될 수 있다. 심리치료에서 전이해결이란 인간과 인간 사이에서 이루어지는 어떤 친밀한 관계를 통해서도 이러한 전이감정이 충족될 수 없다는 것을 깨닫는 것이며, 결국 인간의 실존적인 고독을 받아들이고 스스로 자립해나갈 수 있는 것을 의미한다.

내담자에게서 저항, 전이가 일어나는 것과 마찬가지로, 치료자 역시 인간이기에 내담자의 저항과 전이에 대한 반응으로써 치료자 자신이 역저항(counterresistance)과 역전이(countertransference)를 나타내기도 한다. 특히 내담자의 전이가 증폭되어있는 경우, 의식적이거나 무의식적으로 치료자 역시 역전이로 인해 그 과정 안에 들어가게 됨으로써 (transference-countertransference impasse), 내담자의 고통이나 취약함을 회피하거나 수용하지 못하게 될 수 있다. 이 과정에서 내담자는 초기 대상관계에서의 공감적 실패감정을 치료자로부터 느끼게 됨으로써 부정적인 치료결과를 초래할 수 있다. 역전이와 관련되어 치료자는 교육 분석이나 상담을 통해 자신에 대해 잘 알고 있어야 하며, 내담자의 치료적 분열과 마찬가지로 항상 관찰자아를 통해 자신의 경험자아를 바라봐야 하고, 수퍼비전을 통해 치료관계를 객관적으로 살펴봐야한다. .

상기한 바와 같이 치료동맹, 저항, 전이, 역전이와 같은 관계의 역동성들은 치료자와 내담자 간의 치유관계에 매우 중요한 영향을 미치는 결정적인 요소들이라고 할 수 있다.

영성지도에서의 치유관계

1. 영성지도에서의 치유관계의 특성

영성지도는 '관계'에 기초한 상호작용을 통해 수련자가 하나님과의 관계에서 체험하는 감정과 의식을 변환시킴으로써 "관계의 심화와 확장"을 지향하는 치유과정이라고 할 수 있다. 영성지도의 관계는 양자 관계(dyadic relationship)가 중심이 되는 심리치료 관계보다 더 확장된 관계에 기초한다. 즉, 영성지도는 성령님과 수련자, 그리고 영성지도자인 삼자 관계(triadic relationship)로 이루어진다. 이와 같이 영성지도가 삼자관계로 이루어졌다는 사실은 영성지도자와 수련자 양자 관계에 근거한 특성 이외에, 성령님과 수련자, 영성지도자 삼자 관계에서 발생할 수 있는 특성을 모두 나타낸다고 할 수 있다. 그 특성들을 살펴보면 다음과 같다.

1) 삼자 관계(triadic relationship; 성령님, 영성지도자, 수련자)에 근거한 치유관계의 특성

성령님과 수련자, 그리고 영성지도자로 이루어진 삼자 관계에서 진정한 영성지도자는 '성령님'이며 중심적인 관계는 '성령님과 수련자와의 관계'라고 할 수 있다. 심리치료와는 달리 영성지도를 받으러 온 수련자는 이미 성령님의 인도하심으로 영성지도를 받고 있는 상태로 영성지도자를 만나게 된다.[22] 이 과정에서 영성지도자와 수련자는 성령님과의 관계에 토대를 두고 상호간의 관계를 형성한다. 이러한 삼자 관계에서 영성지도자는, 심리치료 공간에서 내담자에게 중심 대상이 되는 치료자와는 달리, 성령님께서 활동하시는데 협력하는 보이지 않는 통로로써[23] 수련자가 하나님과의 관계를 발전시킬 수 있도록 수련자와 함께 동행하게 된다. 실제 영성지도 과정에서 수련자는 영성지도자와 함께 자신의 삶의 다양한 부분- 가족관계, 사회적 관계, 심적 갈등, 고통-을 나누게 되지만, 이 과정에서 영성지도자와 수련자가 초점을 맞추는 것은 '이 모든 것 안에서 하나님을 발견하는 것'이며, 지속적으로 수련자와 하나님 간의 관계를 바라보는 것이라고 할 수 있다. 또 다른 측면으로는, 삼자 관계로 이루어진 영성지도에서는 심리치료에서와 같이 인간과 인간 간의 관계에서 형성되는 역동뿐만 아니라, 더 확장되어 성령님과 인간 간에 이루어지는 관계의 역동들이 나타날 수 있다는 것을 의미한다. 치료자와 내담자 간의 관계에 모든 역동이 집중되어 있는 심리치료와는 달리, 영성지도 안에서 이루어지는 다중적인 두 영역의 관계의 역동은 서로 교차됨으로써 전치될 수도 있다. 예를 들어, 성령님과 수련자간의 관계가 영성지도자와 수련자간의 관계로 전치될 수 있는 가능성이 있을 수 있다. 수련자들이 영성지도를 받으러오는 경우 대부분은 기도 과정에서 문제를 느끼면서 하나님과의 관계에 대한 갈등과 혼란을 갖고 온다. 즉, 무지의 구름속의 하나님을 찾는 과정에서 방향을 잃었다고 느끼거나 하나님의 부재를 느끼는 경우, 또는 수련자가 하나님과의 관계에서 부정적인 전이를 일으키면서 하나님과의 친밀함에 대해 어려움을 경험하고 있는 경우에, 수련자는 시각적으로 보이지 않고 느껴지지 않는 하나님보다는 하나님을 상징하는 듯한 영성지도자에게 의존, 집중하게 되면서 영성지도의 목적을 잊어버리게 될 수도 있다.

또 다른 한편으로는 영성지도자와 수련자와의 관계가 성령님과 수련자간의 관계로 전치되어 나타날 수 있다. Ruffing은 영성지도에서 수련자들의 대화에 대한 영성지도자의 반응은 수련자들로 하여금 하나님께서 어떻게 반응하시는지를 상상하도록 만든다고 설명하고 있다. 이러한 과정에서 자주 강렬한 거울전이(mirroring transference)가 발생할 수 있는데, 이 과정에서 수련자에 대한 영성지도자의 반응은 수련자와 하나님 간의 관계를 촉진시키거나 방해할 수 있다.[24] 즉 영성지도자가 수련자에게 공감적으로 현존해있거나 수련자에 대한 따뜻한 태도 등을 보일 때 수련자들은 하나님의 반응처럼 느끼게 되면서 하나님을 더 가까이 느끼게 될 수 있다. 그러나 이와 같은 태도로 현존하지 못하거나 수련자의 분노, 불안 등에 대해 함께 공감하지 못하는 과정은 수련자가 하나님을 부정적으로 인식할 수 있게 만들 수 있다.

2) 양자 관계 (dyadic relationship; 하나님과 수련자 또는 영성지도자와 수련자)에 근거한 치유관계의 특성

첫째, 영성지도에서의 관계는 하나님 안에서 이루어지는 공동체의 맥락 속에서 이해될 수 있다. 성령님과 함께 두 명의 인간이 만나는 관계 안에는 기독교의 공동체 개념의 본질[25]이 담겨져 있다고 할 수 있다. 이때, 영성지도자와 수련자는 하나님의 공동체에 초대된 동일한 죄인[26]으로서 함께 존재하며 함께 기도하는 가운데 영적인 친구로서 동등한 관계를 맺게 된다. 영성지도의 역사를 고찰해보면, 영성지도자와 수련자들은 '우정'(companionship)의 개념을 중심으로 서로의 삶을 나누면서 친밀한 관계를 형성, 유지해왔다는 것을 알 수 있다. 영성지도는 본질적으로 친밀함과 신뢰의 관계라고 할 수 있다.[27] 그러나 치유관계의 모습에서는 변화가 있어 왔는데, 고전 영성지도에서는 사막 교부 시대의 압바(abba), 압마(amma)와 같은 영적인 아버지, 어머니, 동방정교회의 영적인 아버지, 스타레쯔(Staretz)등의 존재로 자비로운 부모나 스승으로서의 영성지도자[28]와 수련자 간의 관계였다면, 현대의 영성지도 관계의 특성은 수련자와 함께 영적인 여정을 동반해주는 영혼의 친구로서의 영성지도자를 강조한다. 이와 같이 관계하는 모습은 달랐지만, 영성지도자는 영성지도 안에서 장점과 단점, 갈등, 연약함을 가진 실존적이며 실제적인 인간으로서 수련자와 함께 현실에 기초한 관계를 형성한다. 이러한 현실적 관계 속에서 영성지도자와 수련자들에게 이중 관계(dual relationship)는 당연하게 인식되었고 그에 따라 그들은 영성지도의 공간이외에서도 서로의 삶을 공유해왔다.

  그러나 최근에는 영성지도가 현대 심리학의 패러다임[29]의 영향을 많이 받게 되면서 영성지도자와 수련자간의 '경계'(boundary)의 중요성이 논쟁의 초점이 되고 있다. 특히 이중적인 관계에서는 성령님께서 운행하실 공간이 충분하지 않다는 주장이 제시되면서[30] 이중관계에 대한 부정적인 시각이 형성되어졌다. 이와 같은 패러다임으로 인해 그동안 영성지도에서 이루어지는 관계가 전환되기 시작했는데, '수련자가 영성지도자와 현실적으로 연관되지 않는 안전한 환경에서 자신의 영혼의 이야기를 자유롭게 할 수 있도록 해주기 위해서나, 간통과 같은 경우가 일어나지 않도록 경계(boundary)를 보호하는 차원'[31] 등의 이유로 과거에 삶을 나누는 관계에서 보다 제한된 범주에서 영성지도자와 수련자의 만남이 이루어지게 되었다. 이와 같은 영성지도 관계의 변화 속에서 대두되는 문제는 바로 '전이'의 문제라고 할 수 있다. 현실적으로 보다 큰 범주 안에서 삶을 공유해왔었던 이전의 영성지도 관계에서 영성지도자는 삶에서의 자연스러운 자기노출—현실적인 연약함, 단점, 종교관, 가치관 등—로 인해 탈신화화(demystification)됨으로써 전이현상이 큰 문제로 발생하지 않을 수 있었다. 그러나 이중관계를 떠나서 일정한 간격으로 영성지도자가 흰 스크린처럼 수련자와 관계하는 경우에는 전이의 문제가 대두될 수 있으며, 실제 영성지도 상황에서 대두되고 있다.[32] 특히 영성지도자가 목사나 사제와 같은 직분에 있을 때는 존재 그 자체만으로도 하나님을 상징하거나, 부모나 권위적 인물과 같은 대상으로 수련자에게 비춰질 수 있다.[33] 이때 수련자들은 영성지도의 목적에서 벗어나 하나님보다는 영성지도자를 사랑하고 미워하는데 시간과 에너지를 쏟으면서 그들이 초기에 상호적으로 동의했던 하나님과의 관계에서 초점을 잃을 수 있다.

둘째, 영성지도 치유관계의 특징으로 심리치료와는 달리 영성지도에서는 관계의 중심적인 매개체가 '기도'와 '분별'(discernment)이라는 점을 들 수 있다. Buckley는 영성지도는 기도의 행위라고 정의하고 있으며,[34] Silver 역시 영성지도 만남은 기도의 시간이라고 언급하고 있다.[35] 기도는 영성지도 관계가 이루어지는 근간이자 영성지도 과정의 중심축이라고 할 수 있다. 즉, 영성지도 관계가 이루어지기 위해서는 수련자가 기도하는 사람이어야 하며 영성지도자 역시 기도하는 사람이어야 한다. 수련자는 기도 체험의 내용을 가지고 영성지도자를 찾게 된다. 그리고 영성지도 과정에서 영성지도자와 수련자는 하나님께 의도적으로 시간을 내어 함께 기도함으로써, 이 시간 기도를 통해 들려오는 성령님의 말씀에 귀를 기울이면서 하나님의 말씀을 공동으로 분별해 나간다. 하나님과의 만남은 기도 안에서 체험적으로 이루어지며, 기도 안에서 수련자는 점점 자신의 죄성을 경험하게 되며 그 모습 뒤에 계시는 하나님의 은총을 경험하게 된다. 이 과정에서 주목해야 될 부분은, 하나님과의 친밀한 관계에 대한 수련자의 '저항'과 그로 인한 영성지도자의 '역전이'와 관련된 측면이라고 할 수 있다. Ruffing은 하나님과의 친밀한 관계에 대해 우리가 저항하는 모습을 "우리 대부분은 영적인 체험의 결과로부터 회피할 뿐만 아니라 더 당황스럽게는 우리가 갈망한다고 말하는 하나님 체험까지도 회피하기 위해서 끊임없이 도피를 하고 있다."[36] 라고 설명하고 있다. 기도 안에서 하나님과의 관계에서 수련자가 나타내는 저항은 심리치료에서의 저항의 개념을 넘어선다. 즉, 영성지도에서의 저항은 심리치료라는 환경에서 치료자와 내담자 사이에서 이루어지는 관계처럼 영성지도자와 수련자 사이에서 도출되는 저항의 개념뿐만 아니라 그 이상의 성격을 내포하고 있다고 할 수 있다. 즉, 영성지도에서 나타나는 저항은 인간존재의 깊은 곳에 자리 잡고 있는 원죄로 인해 하나님으로부터 돌아서고 싶은 원초적인 저항이라고 정의할 수 있다. Barry는 인간이 하나님과 친밀한 관계를 형성해나갈 때 이 과정을 막는 장애요인 즉, 저항을 다섯 가지로 분류하여 설명하고 있다.[37] 첫째는, 하나님 앞에 직면하게 되면서 통제할 수도 없고 자립할 수도 없으며 영원히 살 수 없는 인간의 실체에 대한 인식으로부터 도출되는 두려움 둘째, 하나님 앞에서 자신이 죄인임을 자각하게 되면서 느끼게 되는 수치감과 그로 인해 숨고 싶은 마음 셋째는, 우리의 고통을 외면하시는 것처럼 느껴지는 하나님을 향한 표현되지 않은 분노와 불신 넷째, 우리 자신이 느끼는 성적 충동이나 감정, 욕구들을 하나님께 말씀드리는 것을 무례하다고 생각해서 하나님께 말씀드리는 것을 회피하고자 하는 마음 다섯째, 하나님과 연합되어 가는 여정에서 느끼게 되는 고통과 어두움인데, 이 모든 장애물들은 하나님과의 친밀한 관계를 발전시키는 것을 회피하도록 만든다. 이러한 수련자의 저항은 영성지도자에게 부정적인 정서를 불러일으킴으로써 영성지도자가 역전이를 경험하게 될 수 있다. 예를 들면, 수련자가 기도하지 못하게 될 때 영성지도자는 좌절할 수도 있으며 수련자들이 하나님과의 만남에서 깊은 정서적 체험들을 회피할 때 영성지도자는 지루함을 느끼게 될 수도 있다. 이러한 상황들은 영성지도자가 수련자와 함께 성령님을 의식하면서 현존하게 되는 과정을 어

208

렵게 만듦으로써 공동 분별하는 과정에 결정적인 영향을 미칠 수 있다.

마지막으로 영성지도에서의 치유관계는 영성지도자와 수련자가 함께 동의한다면 종결 기간에 대한 제한이 없다는 것이 특징이라고 할 수 있다. 영성지도자와 수련자 간의 관계는 심리치료에서의 치료자-내담자 관계처럼 인간과 인간 간의 관계로 이루어지며, 내담자가 치료자를 찾아오듯이 수련자가 영성지도자를 찾아오는 것에서부터 시작된다. SDI (Spiritual Directors International: 국제영성지도자 협회)의 윤리강령 지침에 따르면, 영성지도자와 수련자는 초기 만남에서 영성지도 만남의 시간이나 빈도에 대해서, 그리고 영성지도 만남에 대한 평가과정이나 관계의 종결 과정에 대해 상호 협약(Covenant)을 맺어야 함을 제시하고 있다. 심리치료에서는 내담자의 심리적 문제가 개선되어 치료 초기에 설정한 치료 목표를 달성한 이후에는 반드시 종결 과정을 거치게 되지만, 영성지도에서는 영성지도자와 수련자가 영성지도 만남에 대한 정기적인 평가를 통해 잘 진행되고 있다고 상호적으로 동의한다면 기간 제한 없이 영성지도 만남을 지속적으로 가질 수 있다. 영성지도의 기간이 지속될 수 있는 사실은 영성지도 치유관계에서 일어나는 다양한 역동들 안에서 그에 대해 영성지도자가 현존하는 태도의 중요성에 대해 생각해보게 한다. 심리치료 관계에 대해서 Saul은 내담자를 향한 치료자의 태도는 치료자의 전체적인 인격을 이루고 있는 역동이 표출된 것이라고 설명하면서, 전이와 역전이의 상호작용을 볼 때 치료자의 인격이 치료과정에서 매우 중요한 부분을 차지하고 있음을 강조하고 있다.[38] 물론 영성지도 과정에서 진정한 영성지도자는 성령님이시라고 할 수 있다. 그러나 "영성지도는 영성지도자의 일이 아니다. 하지만, 다른 한편으로 영성지도자가 현존하는 모습은 매우 중요하다."[39] 는 Houdeck의 언급처럼 영성지도자가 현존하는 모습과 그에 따른 수련자의 반응은 영성지도의 관계에서 핵심적인 역동을 이루게 된다.[40] 수련자는 영성지도자를 처음 만날 때부터 영성지도자를 향한 수 많은 다양한 감정들을 경험하게 되며 영성지도자 역시 수련자와 관계하면서 모든 감정들을 경험하게 된다.[41] 특히 Barry와 Connolly는 영성지도자도 인간이기 때문에 수련자가 전이를 일으키듯이 영성지도자 자신도 초기 유아 시절 좌절되고 미해결된 감정들을 현재의 대상들에 대해 무의식적으로 투사함으로써 전이를 발전시킬 수 있다고 언급하고 있다. 그리고 이러한 역전이 반응은 영성지도 안에서 하나님과 수련자 간의 관계를 방해하는 장애물이 될 수 있음을 지적하면서, 영성지도자들이 하나님의 시각에 초점을 두고 자신의 의식 및 감정을 주의 깊게 성찰해야 한다고 언급하고 있다.[42] 영성지도자는 영성지도의 삼자 관계에 근거해서 일어나는 다양한 역동들 안에서도 수련자가 하나님의 시선을 놓치지 않도록 수련자와 함께 현존해야 한다.

2. 영성지도에서의 신뢰관계

심리치료의 초기과정에서 전체 치료과정의 토대로서 신뢰관계의 형성과정이 중요한 이슈가 되는 것처럼, 영성지도 과정에서도 영성지도 안에서 일어날 수 있는 관계적 특성들로 인해 저항이 도출될 때 그러한 저항을 버텨내면서 영성지도의 목적과 본질에 초점을 두고 나갈 수 있는 신뢰관계의 형성이 반드시 필요하다. 영성지도에서의 신뢰관계를 논의할 때 전제되는 상황은, 심리치료에서의 관계와는 달리 영성지도에서의 관계가 이중적인 특성으로 이루어져 있다는 것이다. 즉, 영성지도에서는 영성지도자와 수련자간의 관계 이외에 수련자와 하나님 간의 관계가 중심에 있기 때문에. 수련자와 영성지도자와의 신뢰관계 뿐만 아니라 수련자와 하나님 간에 이루어지는 신뢰관계 역시 매우 중요하며 핵심적이라고 할 수 있다. 신뢰를 중심으로 생각해 볼 때, 수련자와 영성지도자 간의 관계와는 달리 영성지도를 찾는 수련자는 이미 하나님과 신뢰관계가 형성되어 있는 상태로 영성지도 과정에 임하게 된다고 할 수 있다. 즉 수련자를 향한 하나님의 갈망에서 파생된 하나님을 향한 수련자의 열망과 함께 인간을 구원하시고 사랑하시는 하나님에 대한 믿음이, 수련자와 하나님 간의 신뢰관계의 초석을 이룬다고 할 수 있다. John of the Cross는 하나님께 대한 신뢰가 형성되어 있지 않은 한 하나님을 향한 영적인 여정은 가능하지 않다고 하면서, '하나님의 자기-소통의 형태'로써의 믿음에 대해 언급하고 있다.[43] 하나님 안에서 성령님의 주관하심에 대한 응답으로서의 인간의 믿음은 영성지도 과정에서의 신뢰관계를 형성하는 기본 토대가 된다.

그러나 수련자가 하나님과의 친밀한 관계를 갈망하면서 하나님과의 관계의 발전을 이루어 나갈 때 이 과정을 방해할 수 있는 다양한 역동성들이 수련자의 내면 안에서 일어날 수 있다. Alan Jones는 그리스도인의 여정은 자신의 내면에 존재하는 파괴적인 충동들과 대항해나가는 전투라고 표현하면서,44) 하나님과의 관계에서 자신이 더욱 하나님을 갈망하면 할수록 오히려 자신이 하나님 안으로 삼켜질 것 같은 두려움을 더 많이 느끼게 된다고 고백하고 있다.45) May 역시 인간의 마음은 성적인 위협이나 공격적 위협에 자기상을 보호하기위해 저항하는 것처럼 영적인 위협에도 동일한 반응을 나타낼 수 있다고 지적하고 있다.46) 하나님과의 친밀함과 신뢰관계로의 초대는 자기를 확장시키려는 인간의 본성에 반하는 여정으로 이어질 수 있으며, 그로 인해 수련자는 자기상의 보존에 대한 결정적인 위협을 느끼게 될 수 있다. 또한 수련자는 하나님께 가까이 감으로써 그리스도인으로서 요구되어질 것들에 대한 예측과 관련된 두려움을 느낄 수도 있으며, 부모로부터 유래된 하나님에 대한 부정적 전이 등 다양한 감정들을 체험하게 될 수 있다. 이러한 과정은 수련자에게 너무나 위험하고 위협적으로 느껴질 수 있으며, 이로 인해 수련자는 하나님의 시각으로부터 초점을 잃게 될 수 있다. 이와 같은 경우 수련자는 하나님의 말씀을 경청하지 못하게 되며 끊임없이 하나님과의 관계로부터 회피하는 방향으로 몸을 돌리게 될 것이다. 이 과정에서 영성지도자는 수련자가 하나님께 다시 초점을 맞출 수 있도록 수련자와 함께 동행하게 된다. 그러나 그 동행의 여부 또한 수련자가 영성지도자에게 느끼는 친밀함과 신뢰관계에 의해 좌우될 수 있다. 수련자들은 영성지도자에게 자신의 영혼의 심오한 비밀들을 풀어놓을 때, 모든 방어를 내려놓은 채 벌거벗은 모습으로 영성지도자 앞에 서있게 된다. 어느 누가 친밀감과 신뢰, 안전함을 느끼지 못하는 대상과 관계를 지속하면서 자신의 약점이나 잘못된 행동들, 심지어는 죄와 관련되어 하나님과 자신만이 아는 비밀들을 이야기하겠는가? Barry와 Connolly는 영성지도자가 가져야 할 자질로 '넘치는 따뜻함'(surplus of warmth)에 기인한 '동반자적 관계'에 대해 설명하고 있다. 그들은 영성지도자가 따뜻한 마음을 갖고 있어야 되는 이유로써 영성지도 과정을 시작할 때 수련자들이 갖게 되는 두려움과 의문에 대해 언급하고 있다. 즉, 수련자들은 자신들이 다른 사람이 시간을 빼앗아도 되는 가치가 있는 사람인지, 자신이 이야기가 너무 평범하거나 진부한 건 아닌지, 영성지도자가 자신을 미쳤거나 우습다고 생각하지는 않는지에 대한 두려움을 느끼게 된다고 설명한다.[47] Silver 역시, 영성지도를 받으러 오는 수련자들의 경우 그들은 영성지도자를 자신들보다 훨씬 영적으로 거룩한 권위자로 생각하는 경우가 많으며 자신들이 영적으로 무지한 바보처럼 인식될까봐 걱정할 수 있다고 설명하고 있다.[48] 특히 영성지도 안에서 영성지도자가 자의적으로나 타의적으로 갖게 되는 '권위'적 요소는 영성지도자가 수련자와 함께 현존하면서 신뢰관계를 형성하는 데 많은 영향을 미칠 수 있으며, 결국에는 성령님간의 삼자 관계에도 영향을 미칠 수 있다. Doehring, Cochrane, Ruffing은 공통적으로, 권위적 위치에서의 영성지도자가 수련자가 함께 영성지도에 참여할 경우, 힘의 남용이나 경계선의 침범, 전이적 요소로 인한 관계의 왜곡, 심지어는 영적인 학대가 일어날 수 있음을 제시하고 있다. 또한 권위적인 태도의 영성지도자의 경우, 수련자가 성령님의 움직임에 주체적으로 참여하는 느낌을 갖게 하기보다는 복종과 순응하는 태도를 발달시킬 수 있다. 이런 순응적인 태도로 인해 수련자는 영성지도자의 입장과 유사하게 반응하거나, 미묘한 불안과 긴장감으로 영성지도에 참여하게 됨으로써, 영성지도 과정에 대한 안전함과 신뢰를 느끼지 못하게 될 수 있다.

상기한 바와 같은 하나님이나 영성지도자와의 관계에서의 수련자의 두려움과 불안을 생각해 볼 때, 이러한 두려움은 수련자와 하나님간의 관계에서 회피와 저항으로 대두될 수 있기 때문에 영성지도자는 수련자가 느끼는 불안과 저항을 극복해낼 수 있는 기초과정으로 수련자와 신뢰관계를 형성해야 할 필요가 있다. 이 과정에서 영성지도자는 수련자와 영적인 동반자로서 동행하면서 지속적이고 일관된 모습으로 원래의 수련자의 본질적인 갈망 즉, 하나님께로 향한 수련자의 갈망과 "협력관계"(working alliance)를 형성해야 한다. Barry와 Connolly는 영성지도자와 수련자 간의 관계를 형성하는 데 있어 가장 중요한 과정은 협력관계라고 주장하면서, 이러한 협력관계를 맺기 위해 영성지도자와 수련자는 그들의 목적이 수련자가 하나님과 더 깊은 관계를 형성하는 데 있다는 사실과 함께, 하나님께 더 가까이 다가가고 싶은 수련자의 갈망의 근원은 성령님으로부터 나오며 이와 동시에 수련자의 내부에는 성령님에 대해 저항하는 힘이 존재함을 상호적으로 인식하고 있어야 한다고 언급하고 있다.[49] 이러한 협력관계와 관련되어 SDI (Spiritual Directors International: 국제 영성지도자 협회)에서는 영성지도자와 수련자가 처음 만났을 때, 영성지도의 본질과 목적, 영성지도자와 수련자의 역할과 책임, 회기의 빈도와 시간, 비용 또는 다른 보상, 그리고 평가와 종결 과정과 관련된 윤리적 강령을 이행해야 한다고 제시하고 있다. 이러한 SDI의 제안은, 영성지도자와 수련자가 영성지도 과정에서 만났을 때 이러한 과정에 대해 서로 논의하고 동의하는 절차를 거침으로써 서로 간의 신뢰에 바탕을 둔 협동관계의 형성과정을 밟아나갈 필요가 있음을 제시하고 있다고 할 수 있다. 이 모든 과정 안에서 영성지도자는 하나님께 나아가려는 수련자의 갈망과 함께 수련자, 영성지도자 모두를 사랑으로 인도하시는 성령님과 신뢰관계를 형성하면서 수련자와 함께 나아가게 된다.

3. 영성지도에서의 저항, 전이, 역전이

1) 영성지도에서의 저항

(1) 영성지도에서의 저항의 특성

영성지도에서 바라보는 저항은, 앞 서 제시한 것처럼 심리치료에서의 저항의 개념을 넘어선다. 즉, 원초적으로 인간은 존재 안에 깊이 근원을 두고 있는 죄성으로 인해 하나님으로부터 도망간다. 누가복음 5장 8절에서 베드로는 자신이 죄인임을 자각하게 되면서 오히려 예수님께 자신을 떠나라고 말한다. 베드로는 순간적으로 죄인인 자신과 예수님과의 공존을 견디지 못한 채, 완전하신 선함 앞에서 죄인인 자신의 모습을 감당하기가 너무나 힘들어했던 것이다. McMinn은 신학자 Edwin Zackrison의 언급 즉, "신학적으로 볼 때 죄는 개인적, 사회적 의미와 복잡한 관계를 포함한 모든 면에서 단순히 우리의 나쁜 행동을 의미하는 것만은 아니다. 성경적, 신학적 관점에서 보면 죄는 우리의 존재 근원과 하나님과의 관계와 연결된 조건이다."50) 라는 말을 인용하면서, 죄는 개인적인 문제뿐만 아니라 원죄의 개념을 포함하고 있다는 사실을 제시하고 있다. 이러한 원죄로 인해 인간은 하나님과의 관계를 단절하고픈 마음에 항상 저항하고 도망친다. 인간은 죄라는 유혹 속에서 고통받고 있는 순례자이다. 이와 같은 죄로 인해 하나님께 저항하고 회피하는 우리의 영혼이 하나님께로 돌아서기 위해서는 오직 하나님께서 우리를 부르실 때만 가능하다. 하나님의 은혜로 하나님께 다시 다가선다.

(2) 영성지도에서의 저항의 분류

영성지도에서 나타나는 저항은 '하나님에 대한 저항'과 '영성지도자와 영성지도에 대한 저항'으로 분류할 수 있다.

하나님께 대한 저항

하나님께 가까이 나아감으로써 일어나는 자기상의 위협으로 인한 저항

인간은 성적 위협이나 공격적 위협에 자기상을 보존하기 위해 방어기제를 사용하듯이 영적인 위협에서도 자기상을 지키기 위해 저항할 수 있다. May는 자기상은 '정체성'의 결정적 부분으로 대상관계나 하나님과의 관계에 중요한 영향을 미친다고 하면서, 자기상의 강도, 자기상의 질, 자기상의 중요도들은 영적인 관점에서 본다면 하나님과의 관계에서 영적인 항복을 추구하면서도 저항하려는 힘으로 작용하며, 이는 영적인 성장과정에서 가장 극복하기 어려운 심리적 장애물로 작용할 수 있다고 말하고 있다.[51]

사람들이 가지고 있는 특수한 자아-하나님의 모습으로 인한 저항

Barry는 하나님과의 친밀한 관계를 방해하는 다섯 가지의 장애요인들에 대해 설명하면서 사람들이 생각하는 자아나 하나님의 모습이 하나님과의 친밀한 관계 형성에 장애물이 될 수 있음을 언급하고 있다.[52] 즉, 많은 사람들은 자신의 고통을 외면하는 것처럼 느껴지는 하나님을 향해 자신이 느끼는 분노와 불신을 이야기하지 말아야 한다고 생각하거나, 우리 자신이 느끼는 성적 충동, 느낌, 욕구들을 하나님께 이야기하는 것이 불손하다는 생각, 하나님에 대한 부정적인 이미지를 가지고 있는 경우, 기도 중에 이런 감정들이 일어날 때 회피해 버리게 되는데 이러한 과정이 저항으로 나타날 수 있다.

침묵과 관련된 저항

기도할 때 '침묵'은 때때로 존재하지 않는 것과 같이 느껴지는 위협적인 상황으로 인식될 수 있기 때문에 침묵하는 자체에 대한 방어로 분심이 일어날 수 있다. 어떤 경우에는, 기도에서 일어나는 위협적인 생각이나 충동, 감정들에 직면하는 것을 회피하기 위한 심리적 방어로 분심이 이용될 수도 있다. 다른 한편으로 기도를 훼방하는 외부의 힘들이나 영의 움직임으로 인한 분심으로 침묵이 어려워짐으로써 기도에 대한 저항을 경험할 수 있다.[53]

예수님을 따르는 것이 더 구체화 되는 것에 대한 두려움으로 인한 저항

수련자가 하나님께 더 가까이 다가갈수록 하나님께서는 수련자를 영적인 성숙 과정으로 인도하시는데, 이러한 과정에서 수련자들은 지속적으로 자신을 헌신하게 되는 것에 대한 무의식적인 두려움으로 하나님으로부터 도피할 수 있다.

익숙한 방법의 기도를 지향하면서 기도의 체험을 통제하려는 저항

하나님의 주도하심으로 인해 그동안 수련자가 지속해왔던 기도방식이 변화되어질 때, 기도의 변화에 대한 저항으로 수련자는 자신에게 익숙한 방법의 기도만을 고집하는 태도를 취하게 될 수도 있다. Ruffing의 경우 습관적인 기도방법으로 인한 저항 중 침묵기도와 관련된 저항을 설명하고 있다.[54] 수련자가 기도하는 과정에서 하나님 현존에 머무는 기도에 집중한 채 그 안에서 이루어지는 하나님 체험을 느끼려 하지 않는 경우가 있는데, 이런 경우 수련자는 기도 안에서 아무 것도 일어나지 않은 것처럼 건조하거나 지루했던 것으로 기도체험을 나눈다. 또한 성화된 언어에만 집중한 채 하나님과의 체험에 대해서는 무시하거나 외면할 수도 있다.

기도하는 과정 중 하나님의 부재를 느끼는 것으로부터 연유되는 저항

수련자는 기도 과정 중에서 하나님의 부재를 느끼게 될 수 있는데, 이러한 과정은 첫째, 어두운 밤(Dark Night)과 같이 하나님의 주도하심으로 이루어진 하나님의 활동으로 이해될 수 있으며 둘째, 상실이나 죽음, 가족의 질환이나 고통, 우울 등의 삶의 변화 때문에 이루어질 수 있으며 셋째, 개인적인 문제-하나님과의 관계에서 하나님께 덜 집중하게 되거나 하나님에 대한 표현되지 않는 분노나 실망, 부적절한 행동에 연루되어지는 것- 로 인해서이다.[55] 이 과정에서 수련자는 하나님으로부터 버림 받은 것 같은 느낌이나 하나님이 사라지셨다는 느낌으로 인한 분노와 실망 등을 솔직히 나눌 수 없게 됨으로써 기도에서 저항을 나타낼 수 있다.

기도를 통해 문제가 해결되는 것에 대한 두려움으로 인한 저항

우리는 기도를 통해 문제가 해결되는 것이 두려워서 기도하는 것을 잊어버릴 수도 있다. May는 자신을 괴롭히는 문제가 있음에도 불구하고 그 문제를 해결하지 않는 이유는 신경증 때문이라고 설명하면서, 하나님과 그 문제에 대해 이야기를 나눌 경우 신경증 없이 살아가야 하는 가능성에 직면하게 될 수 있기 때문에 그 과정에서 일어나는 두려움이 저항을 일으킬 수 있다고 설명한다.[56]

영성지도자와 영성지도에 대한 저항

영성지도자의 태도나 현존하는 모습에 대한 반응으로 인한 수련자의 저항

Ruffing은 수련자들로부터 저항을 불러일으키는 영성지도자의 태도에 대해 구체적으로 제시하고 있다.[57] 수련자들은 영성지도자들이 자신들에 대해 판단하는 모습을 보이거나 잘못된 해석을 하거나 지나치게 통제한다고 느낄 경우, 그리고 영성지도자 자신의 삶으로 인해 너무 지치거나 고통스러워 수련자와 함께 현존하지 못하게 되는 경우 영성지도자에게 저항을 느낄 수 있다.의 부재를 느낄 수 있다.

영성지도자에 대한 전이로 인한 저항

Barry와 Connolly는 하나님과의 관계에서 저항하는 가장 일반적인 방식은 영성지도자를 왜곡하는 것이라고 설명하면서, 이 과정은 무의식적으로 일어나지만 수련자의 기도생활에 강력한 영향을 미칠 수 있다고 언급한다.[58]

2) 영성지도에서의 전이 (Transference)

(1) 영성지도에서의 전이의 특성

영성지도에서 바라보는 전이의 토대는, 이상적인 부모를 향한 전이의 끝에 하나님께서 계시며 끊임없이 일어나는 내적인 갈증과 이로 인한 갈망은 오직 하나님밖에 충족시켜줄 수가 없다는 것이다. 영성지도 안에서 수련자는 진정한 영성지도자이신 성령님 및 영적 친구인 영성지도자와 함께 궁극적인 전이의 대상인 하나님과 만나게 된다. 이와 같은 관점을 토대로 볼 때 영성지도에서의 '전이의 극복'은 심리치료와는 또 다른 의미를 갖는다고 할 수 있다. 일반적으로 영성지도 과정에서도 심리치료와 마찬가지로 수련자들이 내면의 부모상이나 하나님 이미지를 영성지도자에게 전이적으로 대체시킴으로써 영성지도자에게서 전이를 충족하려 한다. 이와 같은 전이로 인해 영성지도자는 지나치게 이상화되고 과대평가되며, 수련자의 하나님에 대한 인식과 비슷한 방법으로 전지전능한 인물로 인식되어질 수 있다. 이러한 왜곡으로 인해 영성지도자는 하나님의 자리를 가리게 되면서 수련자의 전이를 충족시켜줄 수 있는 대단한 존재의 위치에 서게 될 수 있다. 특히 권위적인 영성지도자의 경우 전이적 반응을 증폭시킬 수밖에 없으며, 수련자는 환영으로 가득 찬 거짓된 현실을 향하여 나아가게 된다. 그러나 영성지도자와 수련자 모두, 전이는 인간으로서는 절대적으로 충족될 수 없다는 사실을 인정해야 하며 이로 인해 각 자가 경험할 수밖에 없는 고독과 공허함을 받아들이면서 죄인으로서 겸손히 하나님 앞에 무릎을 꿇고 하나님의 도우심을 기다려야 한다. 영성지도자는 하나님께 초점을 맞춤으로써 수련자가 영성지도자를 향해 오던 길을 돌려 하나님께 다시 초점을 맞춰 찾아갈 수 있도록 함께 기도한다. 영성지도에서 바라보는 전이의 극복은, 하나님의 은총으로 수련자가 인간이 아닌 하나님께로 마음을 돌려 완전히 의존하게 되어 하나님과 사랑하는 관계를 위해 나아가는 것이라고 할 수 있다.

전이의 대상으로서의 하나님

전이의 대상으로서 하나님 이미지와 관련된 주제들은 Maria Rizzuto

를 중심으로 한 많은 연구자들에 의해 다양하게 연구되어왔다. Rizzuto 를 비롯한 Winnicott, Meissner, Jones, Spero와 같은 연구자들의 대상 관계적 관점에 따르면, 우리는 각각의 발달과정에서 경험하게 되는 대상 표상을 하나님께로 전이한다. 그리고 이러한 전이과정은 하나님과의 관계의 질과 강도에까지 영향을 미치게 된다.[59] 즉 어떤 개인이 다른 사람들과의 관계를 형성할 때 그 대상들에 대한 내적 표상들과 이미지들을 사용하는 것과 같이 하나님과의 관계에서도 동일한 과정으로 관계를 형성하게 된다.

이와 같은 전이과정이 영성지도에서 문제가 될 수 있는 것은, 전이의 토대가 관계에 있기 때문이다. 환언하면, 수련자가 초기 대상들과의 관계에서 어떻게 대상들에 대한 내적 표상들을 형성하였는가는 수련자의 하나님 이미지에 영향을 미치게 되며, 결국 이 과정은 하나님과 성숙한 대상관계를 형성, 발달시키는데 문제를 도출시킬 수 있다는 것이다. 예를 들어 수련자가 초기 대상들과 부정적인 관계를 경험했던 경우, 하나님과의 관계에서도 자신을 보호하기 위해 방어기제를 사용하게 되거나 부정적인 하나님 이미지를 형성할 수 있다. 이러한 전이로 인해 수련자는 영성지도에서의 근간이 되는 성령님과 신뢰관계를 형성하는 과정이나 영성지도 전반에 걸쳐 하나님과 관계하는데 어려움을 겪을 수 있다.

전이의 대상으로서의 영성지도자

영성지도자에 대한 긍정적, 부정적 전이

영성지도자는 종종 영적인 모델이나 하나님을 대체하는 인물, 또는 영적인 친구, 특별한 종교적 기관이나 제도 등을 상징하는 대상으로 인식될 수 있다. 수련자들은 영성지도자를 대할 때 사랑, 존경, 이상화와 같은 긍정적 전이를 형성시키거나, 권위에 대한 두려움, 분노, 공격성, 경쟁 등과 같은 부정적 전이를 형성할 수 있다.

영성지도자에 대한 하나님 전이

수련자들은 하나님을 바라보듯 영성지도자를 바라볼 수 있으며, 이 과정에서 수련자에 대한 영성지도자의 반응방식은 하나님의 반응을 상상하도록 만듦으로써 수련자와 하나님과의 관계에 긍정적이거나 부정적인 영향을 미칠 수 있다.

영성지도자에 대한 성애적 전이

May는 영성지도에서 영적 진리를 무의식적으로 회피하고 있음을 나타내는 명백한 상황은, 영성지도자와 수련자가 성애적 전이에 빠져드는 것이라고 언급하고 있다. 영성지도에서 성애적 전이가 일어나는 이유는 [60] 첫째, 영성지도에서는 심리치료적 관계보다 더 친밀한 관계를 맺게 되는데, 이 과정에서 성적 본능이 친근감이나 애정과 같은 유사한 감정들과 결합되어 표출될 수 있기 때문이며 둘째, 오이디푸스 콤플렉스나

의존성과 같은 무의식적 충동들을 성적으로 표면화시킬 수 있기 때문이며 셋째, 권력과 관련된 문제로서 권력이 성욕과 쉽게 결합되기 때문이며 넷째, 영적 각성과 영적 성숙이 성욕이 고조되는 시기와 관련되어 있다는 것과 다섯째, 하나님 안에서 자신을 내려놓으려는 갈망으로 인해 무의식적으로 갈등이 일어날 때, 하나님 안에서 자기를 상실하기보다는 다른 사람에게 의존함으로써 자기상을 보호하려는 과정을 택하는 상황에서 성애적 전이가 나타난다.

3) 영성지도에서의 역전이 (Countertransference)

(1) 영성지도에서의 역전이의 특성

영성지도에서 바라보는 역전이는, 인간인 영성지도자로부터 연유되는 연약함으로 인해 하나님께서 비로소 드러나시게 되는 과정으로 재해석된다. 이로 인해 영성지도자는 진정한 영성지도자가 성령님임을 자각하게 된다. 하나님 앞에서 영성지도자는 수련자보다 낮거나 수련자와 다른 경계를 이룬 구분되는 존재가 아니라, 죄인으로서 수련자와 동일하게 예수님 앞에 서 있는 존재이다. 영성지도자 역시 하나님과의 관계에서 자신의 내면의 문제를 하나님과의 관계 속으로 가져감으로써 진정으로 자신이 죄인임을 고백한다. 그리고 수련자와 함께 하는 여정의 순간 순간마다 하나님의 빛 속에서 자신을 비추어 보면서 수련자와 하나님의 사랑을 가리지 말아야 한다. 어떻게 보면, 영성지도자는 자기 성찰을 했다 하더라도 수련자와 함께 하는 여정에서 지속적으로 자신의 역동으로 인한 역전이로 인해 힘겨워 할 수도 있다. 그러나 그럴수록 수련자처럼 자신도 역시 하나님 앞에서 연약한 인간임을, 그렇기 때문에 하나님을 의지할 수밖에 없는 인간의 본질을 다시 깨닫게 된다. 영성지도자의 역전이는 하나님의 은총 안에서 하나님께 다시 돌아서서 하나님을 바라보는 과정으로 재해석될 수 있다.

(2) 영성지도에서의 역전이의 분류

수련자의 저항이 영성지도자에게 부정적인 정서를 불러일으킴으로써 나타나는 역전이

수련자가 다양한 방식으로 저항의 모습을 나타낼 때 영성지도자가 그 과정에 대해 부정적인 정서를 느끼게 되는 경우를 뜻한다. 예를 들면, 수련자가 기도하지 못하게 될 때 영성지도자 역시 좌절하게 되거나, 수련자들이 하나님과의 만남에서 느꼈던 깊은 정서적 체험들을 회피하는 과정에서 영성지도자가 지루함을 느끼는 등의 상황들은 성령님 안에서 영성지도자가 수련자와 함께 현존하게 되는 과정을 어렵게 만들 수 있다.

영성지도자의 개인적 이슈로 인한 역전이

영성지도자들도 인간이기 때문에 자신의 무의식 안에 해결되지 않은 개인적 이슈나 치유되지 않은 영역들을 안고 영성지도 과정에 임하게 될 수 있다. 영성지도자는 수련자의 어떤 행동으로 인해 자신의 상처나 취약한 부분이 건드려질 때나 수련자와 유사한 개인적 이슈나 상황을 경험할 때 역전이를 경험할 수 있다.

도덕성, 신학체계, 영성, 문화에서의 차이로 인한 역전이

수련자와 다른 영성지도자의 도덕적 신념, 신학적인 신념체계와 영성에 대한 태도, 문화적 차이(인종적 배경, 직업과 관련된 경험, 생활환경)는 영성지도 관계의 장애물이 될 수 있다.

수련자의 영성지도자에 대한 긍정적/부정적 전이로 인한 역전이

수련자들은 영성지도자에 대해 긍정적, 부정적 전이를 발전시킬 수 있는데, 수련자가 긍정적인 전이를 발전시킬 때 이 과정은 신뢰관계로서 작용할 수 있으나, 너무 지나치게 강렬할 경우 영성지도자들은 이에 대한 역전이로서 불안감, 불편함을 느끼게 되거나, 자신의 자아가 팽창되어 수련자가 자신과 하나님의 관계를 바라보기보다는 영성지도자 자신에게 집중되도록 함으로써 영성지도의 과정을 방해할 수 있다. 또한, 수련자의 부정적인 전이에 대해 영성지도자들은 불쾌감을 느끼거나 불안해 져서 자신감을 잃게 되거나 수련자들을 부정적으로 바라보게 될 수 있다.

맺는 말

이상에서 '인간의 온전한 성숙'을 지향하는 과정에서 심리치료와 영성지도 각각의 영역에서 이루어지는 치유관계에 대해 고찰해보았다. 영성지도와 심리치료에서의 치유관계는 온전한 성숙을 지향하는 과정에서 함께 양립하면서도 상호보완적으로 이루어진다고 할 수 있다. 영성지도에서의 치유관계는, 심리치료의 치유의 한계 부분 즉, 인간이 자신의 핵심 역동에 대한 통찰을 얻어 더 성숙해진다 하더라도 삶을 살아가면서 끊임없는 문제들에 대해 고통스러워할 수밖에 없는 연약한 존재이며, 갈망의 대상이 되는 전이의 끝에는 아무도 없다는 바로 그 부분에서 하나님께 시선을 돌려 진정한 영적 성숙을 이루어 나갈 수 있도록 함께 하는 관계라고 할 수 있다. 심리치료에서의 치유관계는 영성지도에서 수련자가 자기몰두에서 하나님으로 시선을 돌릴 수 있도록 병리적이고 부정적인 부분들을 바라보고 해결할 수 있게 하거나, 자신의 역동을 자각해도 벗어날 수 없다는 인식을 갖게 하는 하나님과의 여정에서의 준비 과정으로 인식된다. 또한, 영성지도에서 하나님과 수련자와의 관계를 가로막을 수 있는 장애물들, 즉 하나님과 수련자 간에 일어날 수 있는 관계의 역동들과 영성지도자와 수련자 간에 발생할 수 있는 관계의 역동들을 바라보게 해주는 틀을 제공함으로써, 수련자가 하나님으로부터 초점을 잃지 않도록 영성지도자의 인식을 넓혀준다. 이와 같이 심리치료와 영성지도에서의 치유관계는 각각의 독특한 치유관계의 정체성을 가지면서도 함께 엮어져 인간의 성숙을 지향하는 과정에서 서로를 보완하면서 존재하는 관계라고 할 수 있다.

각주

1) William A. Barry & William J. Connolly/김창재,김선숙 옮김 『영적지도의 실제』(경북왜관: 분도출판사, 1995), 101-107.

2) 김영선, 『관계신학-관계의 관점에서 본 하나님·인간·세계 이해』(서울: 대한기독교서회, 2012), 260-261.

3) Ibid., 31-32.

4) 이만홍, 황지연, 『역동심리치료와 영적탐구』(서울: 학지사, 2007), 252.

5) Hall과 Brokaw는 하나님께 대한 성숙한 의존과정으로 영적성숙을 설명했던 Guntrip의 언급을 인용하면서, 영적성숙의 본질은 근본적으로 관계성을 의미한다고 주장한다. (Shovicnik Ejaz, "The Relationship between spiritual maturity and anger among Filipino Expatriates in korea," (M.Div. diss., Torch Trinity Graduate School of Theology, 2007), 7-8.)

6) 김외식, "영성지도에 관한 연구,"「신학과 세계」20(1990), 169.

7) Kenneth Leech/신선명, 신현복 옮김, 『영혼의 친구』 (서울: 아침영성지도연구원, 2006), 72.

8) Freud의 경우는 주 5-6회로 분석이 진행되기도 했다.

9) 심리치료에서의 치료자와 내담자 관계의 중요성을 다룬 문헌들은 다음과 같다; Carl Rogers/한승호, 한성열 옮김, 『칼 로저스의 카운슬링의 이론과 실제』 (서울: 학지사, 2005); Gregory P. Bauer/정남운 옮김, 『지금여기에서의 전이분석』 (서울: 학지사, 2006); Hans H. Strupp, "The Interpersonal Relationship as a Vehicle for Therapeutic Learning," Journal of Counseling and Clinical Psychology 43(1973), 13-15.; Ralph R. Greenson/이만홍, 현용호 옮김, 『정통 정신분석의 기법과 실제(1)』 (서울: 하나의학사, 2001).

10) Adam O. Horvath, "The therapeutic relationship: Research and theory: An introduction to the Special Issue". Psychotherapy Research 15(2005), 4.

11) Ibid., 4.

12) Freud는 저항과 함께 전이반응의 이해와 해석을 치료의 중심으로 두었다.

13) Mcwilliams는 대부분의 수퍼바이저들이 수련생에게, "환자의 질문에 응답해서는 안된다" "항상 분석하라; 절대로 내담자의 욕구를 충족시키지 마라", "환자에게 치료자에 대한 것은 어떤 것이든 이야기해서는 안 된다" 등과 같은 규칙을 제시한다고 설명하면서, 이와 같은 임상현장의 사례들이 치료자의 중립성에 기초하고 있음을 제시하고 있다. (Nancy McWilliams/권석만 외 옮김, 『정신분석적 심리치료』 (서울: 학지사, 2007), 31.)

14) Jill D. Kagle & Pam N. Giebelhausen, "Dual relationships and professional boundaries," Social Work 39 (1994), 213.

15) McWilliams, 『정신분석적 심리치료』, 109.

16) Greenson, 『정통 정신분석의 기법과 실제(1)』, 197.

17) Greenson, 『정통 정신분석의 기법과 실제(1)』, 371-372.

18) 조성호, 이장호, "내담자 저항과 내담자 반발성, 상담자 개입 특성 및 작업동맹과의 관계,"「한국심리학회지: 임상과 심리치료」9(1997), 101-127.

19) Patrick J. Casement/ 김석도 옮김, 『환자에게서 배우기』(서울: 한국심리치료연구소, 2003), 562-564.

20) Sigmund Freud, The interpretation of dreams. Standard edition 5 (1900), 517.

21) Glen O. Gabbard/이정태 외 옮김, 『역동정신의학』(서울: 하나의학사, 2002), 42.

22) Francis Kelly Nemeck & Marie Theresa Coombs, The Way of Spiritual Direction (Minnesota: Liturgical Press, 1985), 86.

23) Anne W. Silver, Trustworthy Connections: Interpersonal Issues in Spiritual Direction (Cambridge, Massachusetts: Cowley Publications, 2004), 96.

24) Janet K. Ruffing. Spiritual Direction: Beyond the Beginning (New York/Mahwah: Paulist Press, 2000), 172.

25)Bonhoeffer는 기독교의 공동체 개념의 본질을 이해하기 위해서는 인격과 하나님 개념으로부터 출발해야 하지만, 기독교 공동체는 본질적으로 하나님의 공동체이기 때문에 하나님과의 관계성을 제외한 인격 개념 자체만으로는 공동체의 개념을 이해할 수 없다고 주장했다.(김영선, 관계신학-관계의 관점에서 본 하나님· 인간· 세계 이해, 51-52.)

26) Benedict J. Groeschel은 영성지도는 두 죄인이 함께 (하나님 앞에) 앉는 것이라고 언급하고 있다. (Silver, Trustworthy Connections: Interpersonal Issues in Spiritual Direction , 19에서 재인용).

27) Ibid., 39.

28) 이때 영성지도자들은 권위를 가지긴 했지만, 영적인 부모와 영적인 스승으로서 위치할 때도 율법주의나 도덕주의로 영혼에게 횡포를 가하는 존재가 아니라, 기도하는 사람으로 끊임없이 하나님과 관계하면서 공동체적인 삶을 살아가는 존재로서, 수련자들을 자신들의 자녀처럼 친밀감을 가지고 대했던 자비로운 스승과 부모였음을 인식할 수 있다. 그리고 수련자 역시 맹목적인 권위에 대한 복종이 아닌, 겸손으로 인한 순종으로 그들과 함께 했었음을 알 수 있다.

29) 이러한 현상에 대해 Mariam Greenson은 '거리 모델'(distance model)이라고 칭하고 있다. (Silver, Trustworthy Connections: Interpersonal Issues in Spiritual Direction , 42.).

30) Ibid., 42.

31) Ibid., 42.

32) Ruffing은 자신이 15년 동안 영성지도자들을 수퍼비전 하면서 느꼈던 문제 즉, 영성지도자들이 수련자들의 전이적 반응에 잘 대처하지 못함으로써 수련자들에게 악영향을 끼치게 되었던 과정들에 대해 언급하면서 영성지도 과정에서 발생하는 전이의 문제에 대해 지적하고 있다. (Ruffing, Spiritual Direction: Beyond the Beginning, 162.)

33) Harry Stack Sullivan의 "준향 왜곡(parataxic distortion)"과 Richard S. Schwarz의 "형성된 전이(preformed transference)"의 개념은 목회자의 전이를 잘 설명해주고 있다. Schwarz는 이러한 전이는 어떤 사람이 하는 역할에 의해 규정된다고 하면서, 목회적 관계들에서는 주로 세 가지의 요인들이 혼재되어 나타난다고 설명하고 있다. 첫째, 이전의 과거 가족관계의 측면 둘째, 이전 목회자와의 관계에 기초한 전이 셋째, 하나님과의 관계에서 체험했던 전이들이라고 설명하고 있다. (Richard S. Schwartz, "A Psychiatrist's View of Transference and Countertransference in the Pastoral Relationship," The Journal of Pastoral Care XLIII (1989), 42-44.)

34) Suzanne M. Buckley/권희순 옮김, 『영적 지도와 영적 여정』 (서울: 은성출판사, 2008), 41.

35) Silver, Trustworthy Connections: Interpersonal Issues in Spiritual Direction , 20.

36) Ruffing, Spiritual Direction: Beyond the Beginning, 53.

37) William A. Barry, With an Everlasting Love: Developing an Intimate Relationship with God (New York: Paulist Press,1999), 39-112. KangHack Lee, "Christian Spiritual direction in the Confucian Culture: A Korean Perspective," Reflective Practice: Formation and Supervision in Ministry (2012): 195-196에서 재인용.

38) Leon J. Saul/ 이근후 외 옮김, 『정신역동적 정신치료』 (서울: 하나의학사), 1992.

39) Frank J. Houdeck. Guided by the spirit : A Jesuit Perspective on Spiritual Direction (Chicago: Loyola Press, 1996), 147.

40)Barry와 Connolly는 『영적지도의 실제』에서 하나님과 수련자와의 관계, 영성지도자와 수련자와의 관계로 구분하여 각각의 관계에서 일어날 수 있는 저항, 전이, 역전이와 같은 역동들이 관계의 발전을 방해할 수 있다는 것을 자신의 저서 2, 3부에 걸쳐서 언급하고 있다. 이와 같은 맥락에서 May 역시 『영성지도와 상담』 6장에서 영성지도 과정에서 일어날 수 있는 관계의 역동들에 대해 언급하고 있다. Michael이나 Ruffing, 이만홍 역시 동일한 입장을 취하고 있다.

41) Nemeck. & Coombs, The Way of Spiritual Direction, 164.

42) Barry & Connolly, 『영적지도의 실제』 202, 204.

43) 윤덕규, "영성지도에서 하나님과의 관계의 발전" 「신학연구」 56 (2010), 214.

44)   Alan W. Jones. *Exploring spiritual Direction* (Boston: Cowley Publication, 1999), 13.

45) Ibid., 72.

46) Gerald May/노정문 옮김, 『영성지도와 상담』(서울: IVF, 2006) , 114.

47) Barry & Connolly, 『영적 지도의 실제』, 151.

48) Silver, *Trustworthy Connections: Interpersonal Issues in Spiritual Direction*, 12-13.

49) William A. Barry & William J. Connolly, *The Practice of Spiritual Direction* (NY: HarperOne, 2009), 149.

50)   Mark R. McMinn/ 채규만 옮김, 『심리학, 신학, 영성이 하나 된 기독교 상담』(서울: 두란노, 2006), 155.

51)   May, 『영성지도와 상담』, 92-100.

52)   KangHack Lee,"Christian Spiritual direction in the Confucian Culture: A Korean Perspective", 196.

53) May, 『영성지도와 상담』, 121-122.

54) Ruffing, *Spiritual Direction: Beyond the Beginning*, 39-40.

55) Sue Pickering, *Spiritual Direction: A Practical introduction* (Norwich: Canterbury Press, 2008), 182.

56) May, 『영성지도와 상담』, 119-120.

57)   Ruffing, *Spiritual Direction: Beyond the Beginning*, 44.

58) Barry & Connolly, 『영적 지도의 실제』, 186.

59) Moshe H. Spero, "Transference as a Religious Phenomenon in Psychotherapy," *Journal of Religion and Health* 24(1985), 8-9.

60)   May, 『영성지도와 상담』,170-175.

07

심리치료자의 영성

- 현대 정신분석과 기독교 영성의 통합적 시도 -

2015년 10월 24일, 연세대학교 연합신학대학원에서, 한국기독교상담심리학회 및
한국목회상담협회 연합영성세미나 발표

영성적 성찰과 현대 정신분석적 성찰은
서로를 풍요롭게 합니다.

본문중에서

들어가는 말

　오늘 우리 시대의 화두가 치유와 영성이라는 점에는 이의가 없지만, 이 양자가 어떻게 치유의 현장에서 조화 있게 어우러질 수 있는지는 잘 드러나지 않습니다. 얼핏 생각하기에는 특히 우리 기독교계 내에서 더욱 잘 구현이 될 것으로 기대될 수도 있지만, 사실은 그렇지 못 하다는 데에 문제가 있다고 봅니다. 지난 세기에 왕성한 발전을 보였던 치유에 관련된 학문들, 특히 정신분석을 위시한 심리치료는 이제 그 자체만으로는 치유의 현장에서 인간의 온전한 치유와 성숙에 한계를 절실히 느끼고, 이를 어떻게 극복할 것인가를 고민하고 있는 중입니다. 그 돌파구의 한 커다란 가닥으로서 최근 들어 현대 정신분석은 애착이론과 상호주관주의, 그리고 이를 치유현장에 적용하려는 방법의 하나로서 정신화(mentalization)를 제시하고 있습니다. 그런데 우리는 이 정신화가 성찰(reflection)이라는 공통분모를 통하여 종교적 영성에 한발 다가가고 있음을 간과하고 있는 사이에, 안타깝게도 그들이 추구하는 영성은 기독교적인 것이 아니라, 동양종교에 기반을 둔 명상법으로 가고 있다는 것입니다. 여기서 두 가지 토론점이 제기될 수 있을 것입니다. 첫째는, 이러한 현상을 어디까지 수용할 것인가?의 문제이고, 두 번째는 과연 기독교적인 대안은 없는가?일 것입니다. 동양종교에 기반을 둔 명상법이 심리치료의 새로운 흐름으로 자리를 잡는 문제에 대하여는 이 자리에서

239

는 구체적인 언급을 피하려고 합니다. 왜냐하면 명상법은 그 나름대로의 치유효과를 가지고 있으며, 그것이 기독교 영성과 어떻게 조화 내지는 충돌을 하느냐는 좀 더 세심한 관찰이 필요하기 때문에 별도의 논의 기회가 있어야 한다고 봅니다. 그러나 두 번째 질문에 대하여는 저는 명백히 대답할 수 있다고 보는데, 그 대답은 기독교 전래의 수도적(관상적) 영성이라고 봅니다.

저는 이번 세미나를 준비하면서 시대가 목마르게 찾고 있는 새로운 인간치유학의 모델은 치유와 영성의 통합에 있다는 믿음에서, 두 가지 중요한 논의점을 제안하고자 합니다. 그것은 첫째, 치유현장에서는 오랫동안 개혁주의 신학에서 상대적으로 소홀히 다루어 왔던 기독교 전통의 묵상적 영성(또는 수도적 영성 monastic spirituality, 관상적 영성 con-templative spirituality)이야말로 치유작업와 통합될 적합한 영성임을 강조하고, 둘째로 치유와 영성의 통합은 심리치료자 자신의 이러한 묵상적 영성의 실제적 수련을 필요로 하며 이것이 치료자 교육단계에서부터 이루어져야 함을 강조하려고 합니다.

현대 정신분석의 발전

심리치료의 장 안에서 특히 정신분석에 기초한 심리시료들의 한계를 느끼고 이를 극복하고자 했던 시도는 잘 알려진 대로 인본주의 심리학,

실존심리학을 거쳐 자기초월심리치료에 이르기 까지 이미 오래 전부터 있어 왔습니다. 일반 사회에서의 시도로서는 이미 언급한 대로, 최근 내담자의 영적 관심사를 다루는데 수용적이고 효과가 있는 심리치료 모델들로서 명상이나 기타 여러 영적 수행을 심리치료와 병행하는 것이 보편화되어 가고 있습니다. (Sperry and Shafranske, 2005) 기독교계 내에서도 미국을 중심으로 보편적은 아니지만 영성지도적인 방법을 적절히 활용하는 영성지향 심리치료라는 형태로 발전하고 있기도 합니다.

이 시점에서 지난 세기 후반부터 변화하고 있는 신학과 정신분석의 패러다임을 주목할 필요가 있다고 봅니다. 놀랍게도 이 양자의 변화가 궤를 같이하여 변화하고 있음을 알 수 있습니다. 이것은 두 가지 특성으로 요약할 수 있습니다. 즉 관계성(relationship)의 강조와 경험된 정서(experienced affect)의 강조입니다(Bland and Strawn, 2014). 특히 최근 10년 사이에 뚜렷한 변화의 중심에 있는 현대 정신분석의 개념들은, 대상관계이론과 자기심리학의 개념을 넘어서서 애착이론, 상호주관주의(intersubjectivity) 및 정신화(mentalization)에 관한 개념들로 발전하고 있으며, 그 중심에 있는 두 가지 뚜렷한 특성인 경험적 정서주의와 관계성은 현대 정신분석이 더욱 기독교적 영성(관상적 영성)에 가까이 연결될 수 있는 가능성을 보여 줍니다. 동시에 이 이론들은 우리가 기독교 영성에서 추구하는 가치와 현상들을 보다 미시적으로 더욱 잘 이해할 수 있도록 도와줍니다. 아울러 지난 세기 후반 들어서면서 신학의 영역에서도 이러한 관계성과 정서적 경험을 중시하는 흐름들이 더욱 뚜렷이 나타나고 있음을 우리는 목격합니다. 그 대표적인 것들이 Paul Til-lich, Moltman, Karl Barth와 같은 신학자들의 성찰들입니다.

심리치료의 장 안에서, 특히 현대정신분석의 흐름에서 관계성과 경험적 정서에 대한 중요한 변화는 애착이론이 새롭게 주목받는다는 것입니다. 애착이론은 영국 정신과 의사 John Bolby의 독창적이고도 세밀한 유아-엄마의 관계연구를 바탕으로 유아의 발달과 치료관계에서 어떻게 건강한 애착과 성숙이 일어나는지를 구체적으로 증명해 보였으며, 그의 제자 Ainsworth와 Mary Main 등으로 이어지는 연구들을 통하여 어린 아이의 애착유형이 성인의 대인관계 유형과 적응패턴의 토대가 된다는 것을 증명하였습니다. 그리고 Peter Fonagy와 그의 동료들은 Mary Main의 초인지(metacognition)에 대한 연구를 확장시켜서, 정신화(mentalization)또는 성찰(reflection)이 심리치료에서 무엇보다도 중요한 개념임을 강조하였습니다. 정신화를 좀 더 구체적으로 설명하자면, 자신의 경험을 심리적으로 의식하고 이해하며 나아가 그것을 해석하는 자신의 패턴까지 이해하는 능력을 말하는데, 자기의 느낌과 타인의 느낌을 고려하여 그 의미를 이해하는 과정을 말합니다. 이러한 능력은 환자 자신의 어떤 스트레스 경험에 매몰되지 않고 자신의 정신세계에서 한 발 물러나 성찰적인 태도로 이해하는 것입니다. 특히 언어 이전 단계의 비언어적, 신체적, 감성적인 경험(애착경험)을 상호주관적으로 이해하고 성찰하는 능력을 의미합니다. 이러한 정신화는 개인이 타인과의 관계에서 심리적 자기를 발달시키는 과정에 기여하며, 안전한 애착을 만들어 내고, 안전적이고 상호주관적인 인간관계를 만들어 내는 기능을 함으로써 심리치료관계에서 단순한 통찰을 얻는 것을 뛰어넘어 가장 의미 있는 치유와 성숙의 효과를 가져온다고 하는 것입니다.

이와 같은 애착이론의 관계적 패러다임은 인간이 하나님의 삼위일체적 관계의 형상으로 지음 받았으며, 하나님의 이미지, 속성에는 타자와의 관계성의 중요성이 강조되며, 이는 그의 이미지대로 지음 받은 인간의 타고난 속성임을 강조하는 기독교의 교리와 애착이론이 일치하는 부분입니다. 인간은 일차적으로 하나님과의 관계, 타인과의 관계 그리고, 이 지구상의 다른 피조물들과의 건강한 관계를 속성으로 하여 창조된 것이며, 따라서 애착관계성의 특성들은 우리의 아이덴티티, 자기의 감각, 발달과 웰빙에 중요한 의미를 지니게 됩니다. 온전한 인간이 된다는 것은 관계 속에서의 존재로서 구현되는 것이며, 관계성은 모든 존재들의 원초적인 존재방식입니다. 바로 이점에서 애착이론은 기독교 심리치료 및 영성지도, 목회적 돌봄에서 중요한 의미를 부여받습니다. 그러므로 하나님과의 단절은 온전한 인간성의 상실을 초래하며, 온전한 인간이 되기 위해서는 무엇보다도 (하나님에 대한 구시대적, 조직신학적 지식보다도) 하나님과의 경험적 관계, 정서적 관계가 절대적임을 시사하며, 신학적 성찰은 이러한 관계성 위에 기초해야 건강하다는 것을 주장하고 있습니다. 한 마디로 하나님을 머리로 이해하는 것보다 더 중요한 것은 하나님과의 관계 안에서 감성적으로 경험하는 것이라는 것입니다.

애착이론에서 주장하는 인간관계의 애착유형, 즉 안전형, 불안형, 회피형, 양가형 등의 개념이 우리가 영적으로 거듭난 후에 내주하시는 성령님과의 관계에서도 그대로 적용할 수 있느냐하는 문제는 인간의 종교행동에 대한 또 다른 흥미 있는 분석을 가능하게 합니다. 애착이론은 우리 인격이 어린시절의 애착대상과의 상호교류의 다양한 경험을 거치면서 성숙하는 것처럼, 우리의 영적 여정이 단순한 고정적인 차원이 아니라, 성령 하나님과의 함축적인 관계경험을 통하여 지속적으로 역동적 변화를 거치는 과정에 있다는 것을 시사 하기도 합니다. 즉 우리가 회심의 과정을 거쳐 하나님 성령과 어떻게 지속적인 상호작용과 공감적 관계성을 통하여 영적으로 성숙해 나가야 할 것인지에 대한 보다 구체적인 그림을 그려줍니다.

또한 애착이론은 새로운 시대에 걸맞는 영성지도의 과정과 관계를 조명해 줍니다. 이제까지의 권위적이고 일방적인 지도자-수련자 관계를 벗어나 내담자가 하나님 경험을 충분히 느낄 수 있도록 지도자와의 관계(성령과의 삼각관계) 속에서 관계적 여백, 즉 침묵기도에서의 기도충만한 공간을 제공하는 것, 이것이 지도자의 역할이 될 것입니다. 그리고 그 안에서 자신의 하나님 경험이 이해되어지고 정신화되어 질 수 있도록 긍정적인 체험의 기억과 정서를 활성화 시키는 것이 지도자의 역할이 됩니다. 좋은 엄마, 좋은 치료자란 애기 또는 내담자가 자신의 파편화된 정서경험을 활성화하여 통합된 정서경험을 하도록 안전기지를 제공하고, 이를 토대로 자신의 삶과 외부세계와 타인과의 관계를 재구성하는 정신화하는 성찰능력을 함양하도록 돕는 것처럼, 좋은 영성지도자는 기도와 성찰을 통하여 하나님과의 관계를 정신화할 수 있도록 돕는 역할을 한다고 말할 수 있습니다. 그러기 위해서는 치료자나 지도자는 평소 스스로 자기의 반응과 내담자-수련자의 반응을 깊이 있게 성찰하는 능력을 훈련해 나가야 할 필요가 있게 됩니다. 정신화는 이러한 성찰을 보다 구체화하고 실제 임상에 적용되도록 진화해 나가고 있으며, 결국 여기에는 필연적으로 영성적 수련(명상)을 겸하는 것이 보다 효과적이라는 주장까지 나오게 되었습니다.(Wallin, 2010)

현대정신분석의 또 하나의 특징적인 흐름인 상호주관주의는 인간은 일차적 상호주관성(primary intersubjectivity, Trevarthen, 1979)을 타고 남으로써, 유아는 단순한 관계성의 수혜자가 아니라 엄마와 함께 적극적으로 관계성을 만들어 가는 파트너쉽 존재라는 관찰에서부터 출발합니다. 여기서 중요한 것은 엄마가 처음부터 완벽하게 반응하는 것이 아니라 필연적인 공감실패를 이해하고 수용하고 성찰하면서, 아이의 유치한 주관적 세계를 끝까지 존중함으로써 유아가 상대방과의 관계성과 자신의 주관세계 양자를 모두 포기하지 않으면서 점차로 자기의 주관성을 확립하고 상대방을 수용, 이해하는 성숙한 인격이 될 수 있다는 주장을 담고 있습니다. 이러한 상호주관주의 입장은 심리치료에서의 개념에 상당한 변화를 일으키고 있습니다. 치료자와 내담자는 더 이상 건강한 사람과 병든 사람이라는 시각에 갇히지 않고 진정한 한 차원에서 깊은 공감을 주고 받음으로써 서로의 인간적 취약함과 고통, 연약함을 나누어지면서 치유와 성숙을 향해 나아가게 된다는 것입니다. 더 이상 과거의 일방적인 전이나 저항의 개념은 치유적으로 적용하기 어렵게 되었으며, 해석과 통찰보다는 내담자와 상담자 모두 어느 정도의 삶과 의식의 공유(공개)를 통하여 성찰을 증진시켜 나가는 것에 중점을 두게 됩니다.

이와 같은 상호주관주의적인 개념은 상당한 기독교적 성찰을 불러일으키게 됩니다. 최고의 상호주관적 모범은 예수님의 성육신이라는 통찰과 함께, 왜 그 분이 우리와 같이 되시고 우리의 고통과 질고를 공감적으로 감당하셨는지를 보다 깊이 있게 이해할 수 있게 해 주며, 우리를 종이 아닌 하나님의 성숙한 친구, 사랑의 파트너쉽으로 부르시고 새로운 세상에서 온전한 사랑의 파트너로 삼으신다는 복음의 관계성을 보다 감격적으로 설명할 수 있게 됩니다.

상호주관주의는 또한 새로운 기독교 영성지도자 상, 새로운 치유자와 목회자 상을 그려줍니다. 이제까지의 치유자, 목회적 돌봄이 사역자는 가르치고, 선포하고, 알려주고, 모델링하거나 코칭을 하는 역할이었다면, 보다 성숙한 미래의 영적 지도자는 대등하게 상호주관적인 관계 속에서 함께 연약함을 드러내며, 함께 성찰하는 상처받는 치유자, 십자가상에서 피를 흘리시는 주님을 함께 바라보는 자로서 존재한다는 것입니다. 여기서 우리는 묵상기도 가운데서 함께 연약함을 나누는 기독교적인 치유의 영성을 발견하게 됩니다. 그리고 우리는 묵상기도와 렉시오디비나와 같은 영성수련을 통하여서도 상호주관주의적인 통찰을 나눌수 있다는 이론적인 이해를 제공받습니다. 그렇기 위하여는 논리적인 신학은 뒷전으로 물러나야 하며, 그 대신 고민하는 열린 신학으로, 즉어떤 논리는 질문을 사랑하고, 삶의 한 복판에서 어떻게 적용하고 가슴으로 묵상하는, 논리를 뛰어넘는, '정신화'를 실천하는, 비언어적인 영성신학이 더 중심이 되어야 한다는 것입니다.

이상과 같이 애착이론, 그리고 특히 정신화와 상호주관주의는 씨줄과 날줄처럼 엮여 있습니다. 아이의 정서상태를 잘 파악하고 이에 대한 이해를 상호주관적으로 아이에게 돌려주는 엄마와 같이, 치유자나 영성지도자도 내담자와 수련자의 정서적 경험, 종교적 경험을 파악하고 이해하는 성찰능력을 통하여 상대방을 함께 성숙의 장으로 나아가게 한다는 것입니다. 여기서 가장 중요한 것은 아이의 정서경험 뿐 아니라 이에 대하여 자기 속에서 반응하는 정서상태, 즉 마음을 이해하는 자기성찰 또한 함께 중요하다고 하겠습니다. 이렇게 오랜 시간에 걸친 정신화는 우리 자신과 타인 안에서 일어나는 경험 해석의 깊이와 표상적 속성에 대한 자각을 길러 줌으로써 내적 세계와 외적 현실에 매몰되는 것으로부터 우리를 보호해 줍니다. 이러한 주장은 영적으로도 같은 의미를 갖습니다. 우리의 고난을 이해하시면서도, 우리의 주관성을 존중하시며 침묵하시는 성령님의 존재를 의식하고, 이에 대한 우리의 정신화를 도우시는 성령님께 귀를 기울이는 영성지도를 생각할 수 있습니다. 그것은 기도 가운데서 자신의 내면을 바라보되, 비판적이나 논리적이 아니라 하나님의 사랑하시는 눈으로 하나님과 함께 하나님의 마음으로 바라보는 관상적 영성의 세계가 이루어지는 것이라고 할 수 있습니다. 그렇기 위하여는 현대의 심리치료자는 스스로 영성을 훈련하는 것이 필요하며, 나아가서는 영성가가 되는 것이 바람직하다는 생각이 들기도 합니다.

왜 수도적(관상적)영성인가?

여기서 좀 더 분명히 하고 넘어갈 문제가 있다고 봅니다. 그것은 우리가 치유와 영성에서 의미하는 영성이 어떤 성격의 영성이냐 하는 점입니다. 기독교적 심리치료는 일반 심리치료의 목표를 넘어서서 인간 내면의 깊은 곳에서 하나님을 알고 그 속에서 진정한 자아를 깨닫고 삶의 의미와 고통의 의미를 이해함으로써 성숙하게 되는 것까지 그 영역을 넓히는 사역이라고 이해합니다. 저는 지난 10년 간 국내의 낳은 기독교 상담 또는 목회상담 전문가들 역시 영성의 문제에 관심을 갖고 많은 논의를 하고 있다는 것을 알고 있습니다. 예를 들면, 제가 이 강연을 준비하면서 한국의 대표적인 두 기독교상담 전문 단체의 논문집 일부를 살펴보았는데, 거기에는 영성이라는 단어와 이에 대한 연구들이 적지 않게 있었지만, 그 "영성"은 분명히 다른 것입니다. 그것은 매우 다양하고 풍부한 사회인문학적, 철학적, 그리고 (조직)신학적 성찰을 탐구하고 있음에도 불구하고, 수도(관상)영성적 성찰과는 매우 거리가 있는 것들 입니다. 물론 모든 신학적 통찰을 영성적이라고 할 수도 있겠으나, 일찍이 Adrian van Kaam(1975)은 인간치유의 현장에서는 그러한 논리적 성찰은 자칫 비현실적이고 추상적으로 여겨져 그 적용에 어려움을 느끼고 이론으로 그칠 가능성이 높다고 주장하였습니다. 저는 여기서 치유와 성숙은 하나님과의 관계, 인간의 삶과 현실 가운데 내재하시는 하나님과 자신의 관계적 경험과 정서에 대한 영성적 성찰이 중심에 있지 않고는 어렵다는 점을 강조하고 싶습니다.

경험적 정서와 상호주관적 관계성이라는 공통점을 바탕으로 하여, 영성적 성찰과 현대 정신분석적 성찰은 서로를 풍요롭게 합니다. 성령님은 우리 안에서 자기대상(selfobject)으로서 우리의 안전기지가 되어 주시며, 기도충만(prayerful)한 영성지도는 우리와 성령님이 함께 놀이를 하는 중간영역으로서 새로운 세계를 창조해 가는 촉진적 환경이 되며, 우리를 상호주관적으로 부르신 하나님은 우리를 종이 아닌 친구로 부르시고 새 세계의 창조의 파트너로 삼으셨다는 이해가 가능하며, 우리는 렉시오 디비나와 의식성찰과 같은 관상적 영성수련 속에서 이루어지는 깊은 성찰을 통하여 성숙과 치유를 향하여 나아가게 됩니다. 이런 상황은 과거에 개혁주의가 외면했던 관상적(수도적) 영성을 되찾는 길을 오랜 세월에 걸쳐 애둘러 돌아온 격이 됩니다.

기독교 심리치료나 목회상담의 새로운 모습 또한 이 두 가지 특성을 회복하는데서 찾아야할 것 같습니다. 그것은 다른 데 있는 것이 아니라 바로 관상적 영성의 회복이라고 봅니다. 기독교 전통의 수도적 영성(관상적 영성)은 본래 하나님과의 관계성, 인간과 인간과의 관계성, 그리고 머리로 하는 논리나 신학적 교리가 아니라 가슴으로 하는 경험된 정서를 강조하는 것이기 때문입니다. 영성은 상실된 인격적인 신과의 관계를 회복하는 데서 출발하며, 그것은 (관상적)기도로 시작해서 기도로 이루어집니다. 헨리 나우엔도 어딘가에서 목회교육에서 "기도"를 가르쳐야 한다는 뼈아픈 소리를 한 적이 있지만, 그것은 바로 목회자들이 기도를 성취도구나 일로 여기고, 자신의 영혼과 하나님과의 교제를 위한 사귐의 방법으로 여기지 않는 경향을 꼬집는 것이라고 봅니다. 하나님과의 친밀한 소통과 관계를 통한 치유를 더욱 소중히 여기는 대신, 강단에서 일방적이고 교리적인 진리의 선포만을 중요하게 여긴다면, 거기에는 영혼의 치유는 존재할 수가 없습니다. 또한 교인들을 권위적으로 교육하거나 제시하는 대신, 상대를 경청하고 상호주관적으로 이해하고, 하나님의 침묵 속에서 정신화할 수 있도록 함께 성찰해 가는 방법을 현대 정신분석에서 배울 수 있다면, 목회적 돌봄은 새로운 치유의 효력을 발생할 수 있을 것입니다. Jean Stairs는 이를 영혼의 목회적 돌봄(soulful pastoral care)이라고 불렀습니다. 요약하자면, 역설적으로 기독교 심리치료나 상담이 새로운 길을 모색할 필요는 없으며, 다만 오랜 전통 속에 있어온 기독교의 전통적 (수도적) 영성을 회복하는 것이라고 봅니다.

심리치료자의 영성수련

우리는 상담을 처음 배울 때부터 치유자가 정성을 다 해 진지하게 내담자의 호소를 듣고, 진정으로 공감을 해주며, 사랑하는 마음으로 상황을 해석하고 권면하는 것, 이것이 치유의 중요한 요소라는 것을 익히 들어왔습니다. 그러나 치유자 자신이 가장 중요한 치유인자라는 점을 쉽게 놓치곤 합니다. 특히 목회적 돌봄과 기독교 심리치료에서는 현실에서의 삶을 어느 정도 상호주관적으로 나누기 때문에 치유자의 마음상태 자체가 바로 가장 강력한 치유인자이며, 가장 중요한 성숙촉진제가 됩니다. 따라서 만약 우리 자신의 마음 상태에서부터 평안을 누리고 이를 유지하지 못한다면, 목회적 돌봄자나 현대 심리치료자는 매우 쉽게 탈진의 위험에 직면하게 됩니다.

전술한 바와 같이 최근의 현대정신분석의 주요 흐름은 상호주관적이 관계 속에서 안전애착을 형성하고, 그 가운데서 내담자들의 정신화

(mentalization), 즉 성찰을 깊이 있게 하는 데에 치유가 있다고 주장합니다(Wallin, 2010; Bland & Strawn, 2014). 그렇기 위하여는 치유자 자신이 깊은 자기성찰을 훈련하면서, 치유의 현장에서 내담자들에게도 적용할 필요가 있다는 뜻입니다. 이렇게 볼 때 자기성찰은 결국 종교적인 명상으로 향하게 되어 있습니다. 따라서 요즈음 미국에서는 치료자가 스스로 명상을 할 뿐 아니라 내담자들에게도 적극적으로 명상을 권하는 실정은 어찌 보면 자연스런 귀결입니다. 그렇게 돌고 돌아 정신분석도 영성을 가까이 하게 되는데, 그러나, 아이러니컬하게도 기독교 세계에서는 반대로 치유자들이 기독교 전통 속에 본디부터 있었던 훌륭한 관상 전통을 소홀히 여기고 돌보지 않는 실정입니다. 따라서 현대 사회에서 목회상담과 심리치료가 보다 더 치유적이 되는 길은, 치유자 자신이 관상적인 삶을 사는 데 있다고 봅니다.

오늘날 우리는 전문가가 되기 위하여 여러 가지 학술적, 도덕적, 신앙적 훈련을 받습니다. 그러나 자신의 영적 성숙을 위하여 훈련을 받거나, 심지어는 영적 성숙에 대한 체계적인 관심을 가지지 못하는 것이 현실입니다. 여기서 영성수련은 심리치료자들과 목회적 돌봄의 치유자들 자신을 성숙의 길로 훈련시킬 수 있는 기회를 갖게 할 뿐만 아니라, 이것은 매우 중요한 내담자 치유의 안전기지가 됩니다. 영적으로 성숙하다는 것은 여러 가지로 정의할 수 있시만, 관상적으로는 하나님의 임재를 많이 의식하면서 순간을 살아가는 것, 하나님의 손길과 그 분의 입김 안에서 살아가는 순간들이 늘어나는 것을 의미한다고 말할 수 있습니다. 이것은 어떤 짧은 시간 내에 이루어지는 것이 아니라 우리의 삶 자체가 상당한 시일에 걸쳐 서서히 변화되어야 함을 전제로 합니다. 기도시간 만이 아니라 일상에서 관상적(묵상적) 삶의 태도로 살아져야 하며, 치유 자들이나 목회적 돌봄을 사역하는 자신들이 먼저 경험해야 할 일입니다. 묵상적 삶의 태도는 비단 하나님 앞에서만이 아니라 다른 사람을 대할 때도 주님의 인도하심을 관찰하고 공감과 열린 마음을 가지고 상대의 말에 귀를 기울이는 자세와 함께 자신의 마음을 깊이 성찰하는 것을 말합니다.

나는 여기서 기독교 역사에서 사용되어져 내려왔던 관상적 영성수련의 전통 중에서 세 가지 묵상훈련의 방법에 관하여 소개하려고 합니다. 그 하나는 아침에 주로 하는 렉시오 디비나(lectio divina)와 저녁에 주로 하는 의식성찰(consciousness examen), 그리고 소그룹으로 하는 그룹영성지도입니다. 아침에 하는 렉시오 디비나는 말씀을 듣고 기도로 가져가는 전통적인 방법의 하나입니다. 오늘날의 큐티(quiet time)는 렉시오 디비나에서 비롯되었을지라도 다소 지적이고 논리적으로 편중되어, 침묵 속에서 하나님과 깊이 있는 교제를 하는 데는 오히려 감성적이고 직관적인 전통적인 방법이 더 나을 수도 있습니다.

주로 저녁에 하는 의식성찰의 중요성은 아무리 사역에 바빠서 다른 기도는 못하더라도 기도성찰 만은 반드시 해야 한다는 이냐시오의 충고에서도 잘 나와 있습니다. 묵상기도가 균형을 맞추고 갈수록 깊어지는 것은 의식성찰이 중요한 역할을 하기 때문입니다. 이 의식성찰 훈련은 바로 제가 오늘 가장 강조하려고 하는 정신화의 기본 토대가 되는 훈련이기도 합니다. 현실에서의 경험된 감정과 오염된 관계에 매몰되지 않고 하나님의 시각으로 나를 바라보는 성찰적 습관은 영성훈련의 가장 중요한 요소라고 할 수 있습니다. 의식성찰은 개인적으로 잠자리에 들기 전에 하는 것이 좋으나, 공동체적으로도, 모든 기도모임에서 모임이나 기도를 마치기 전에 되도록 이에 관한 성찰을 하는 것이 좋습니다. 상담전문가들은 상담의 내용보다 과정이 더욱 중요하다는 것을 누구보다 잘 이해하는 사람들이기 때문에 ,기도 성찰 역시 내용과 함께 기도의 과정에 주의를 둔다는 점에서 쉽게 이해가 갈 것입니다. 기도 성찰은 기도를 마친 후 자신의 기도가 어떻게 흘러갔나, 자신의 의식상태가 어떠했나, 성령님의 임재와 움직임은 어떠하였나 등의 질문을 일별해 보는 것으로 이루어집니다.

그룹영성지도는 자신의 기도생활, 삶 속에서의 하나님 경험에 대한 성찰을 소그룹 모임에서 함께 나누는 것입니다. 이것은 자신의 성찰과 타인의 성찰을 서로 나눔으로써 균형을 맞추고 성령 안에서 하나 됨을 확인하는 영성수련의 한 형태입니다.

심리치료적인 현장에서 영성수련이 갖는 치유적 메커니즘

저는 우리의 모든 치유작업과 치유현상은 처음부터 끝까지 성령님의 이끄심과 그 분의 홀로 베푸시는 은총의 결과 외에 다른 아무 것도 없다는 개혁신앙을 전적으로 믿고 있습니다. 그렇다고 하여 성령님의 치유은총과 과정을 심리치료적인 개념에 의지하여 논리적으로 설명을 할 수 없다고는 보지 않습니다. 물론 우리는 성령의 신비를 충분히 조망할 수는 결코 없다고 하더라도, 많은 부분은 가능하며, 그런 작업을 하는 것은 성령님과 우리의 상호주관적인 관계의 발전과 그 분의 치유하심을 공감적으로 이해하기 위하여 매우 필요하고 도움이 되는 작업이라고 생각합니다. 저는 여기서 현대 정신분석의 논리들, 특히 '애착과 심리치료(Wallin D, 2010)'의 주장을 원용하여 이를 설명하려고 합니다. 왜냐하면 이미 서두에서 언급한 바와 같이 현대 정신분석의 강조점인 관계성과 경험된 정서에 관한 이론은 관상적 영성이 포함하고 있는 동일한 특성들을 잘 설명해 주고 있기 때문입니다. 물론 Wallin의 주장들은 마음챙김이라는 불교적 명상을 사용한다는 것이 다르지만, 상당 부분 기독교적 관상 수련에도 무리 없이 적용할 수 있을 뿐만 아니라, 오히려 애착이론(정신화)과 상호주관주의가 주장하는 치유요소들이 기독교적인 관상영성에서 훨씬 더 풍부하고 깊이 있게 포함되어 있다고 생각합니다. 이들 기독교 전통의 관상적 영성수련은 몇 가지 보편적인 치유적인

255

요소를 지니고 있습니다. 침묵, 경청, 임재, 분별, 성찰과 같은 것들입니다. 침묵은 자신의 마음 내면의 고요함을 이루는 가운데 스스로를 성찰할 수 있는 공간을 마련하는 것이며, 타인(내담자)과 성령님의 음성 뿐만 아니라, 이에 대한 자신의 내면에서 울리는 자기반향을 듣고 이를 성령님 앞에 내어 놓는 작업이 경청입니다. 이런 요소들은 순전히 성령님의 임재와 인도하심에 기꺼이 순종하는 작업이며, 이런 작업들을 장기간 지속함으로써 성찰의 습관과 능력을 증진시키는 의미가 있습니다. 치유현장에서 영성수련이 갖는 치유적인 매카니즘은 다음과 같이 몇 가지 측면에서 설명할 수 있습니다.

첫째, (일차적으로 치료자, 그리고 이차적으로는 내담자도 함께 하는) 관상적 영성훈련들은 심리치료자들이 치유사역의 현장에서, 내담자의 고백과 반응을 수용적이고 공감적으로 경청할 수 있는 고요한 마음의 공간과 하나님과 함께 하는 시각을 만들어 줌으로서 내담자를 지금 바로 이 순간 순수한 주의집중으로 바라보게 해 줍니다. 둘째, 이는 상호주관적인 경청을 통하여 내담자가 자신의 과거 잘못된 애착으로부터 기인한 파편화된 경험정서에 매몰되어 있지 않고 이를 성찰할 수 있는 잠정적 안전기지를 제공하게 됩니다. 이 안전기지는 내담자 자신의 내면에 주의를 기울이고 스스로를 관찰할 수 있는 주체로서의 자기감을 증진시킵니다. 동시에 이는 스스로를 하나님 앞에 내어놓고 성령님께 나아가는 주체로서 자기감을 증진시키기기도 합니다. 셋째로, 두 사람 모두 하나님과 함께 자신의 내면을 관찰하고 분리되어 있었던 내담자의 정서 경험과 애착유형을 수용할 수 있는 성찰능력, 즉 정신화를 촉진하게 되며, 성령님의 인도하심을 안전기지로 삼아 그 분의 치유하심에 자신을 내어 드릴 수 있게 됩니다. 넷째, 내담자의 이러한 반응은 다시 상호주관적인 연결을 통하여 심리치료자가 둘 사이에서 일어나는 전이, 역전이, 저항 현상 속에 매몰되지 않고 한 걸음 물러서서 공감적이고 관상적인 성찰을 할 수 있도록 마음의 평정과 스스로의 경험정서로부터의 탈매몰을 유지하게 합니다. 다섯째, 치료자와 내담자는 성령 안에서(기도 충만한 가운데서) 이제까지는 접근할 수 없었던 보다 깊이 내재하는 신체적, 감각적, 비언어적 정서경험의 핵심에 접근과 성찰(정신화)이 가능하게 됩니다. 여섯째, 이러한 치유적 상호작용의 순간들이 이를 이끄시는 하나님의 임재와 성령님과의 관계, 연결에 보다 민감해 질 수 있는 예민성을 길러주며, 결과적으로 자신과 타인의 성찰을 증진시켜 삶과 세계에 대한 정서적 개념을 통합할 수 있도록 돕게 됩니다. 일곱째, 그 결과 두 사람 사이에, 아니 성령님과 함께 하는 세 인격사이에 이루어지는 상호주관적 공간의 세계는 그 자체로서 자비와 긍휼의 실천을 이루어가는 공간이 되며 이로서 치유와 영성이 치유사역의 현장에서 조화 있게 이루어져 가게 됩니다.

사례제시

저는 다음의 두 가지 사례를 제시함으로서 그 치유과정에 대한 이해를 돕고, 앞으로의 심리치료가 어떻게 영성지도와 가까워 지게 되는지, 그렇기 위하여는 심리치료자가 왜 영성지도자의 역할을 동시에 하는 것이 자연스러운지를, 실제 사례를 통하여 보여드리려고 합니다. 첫 번째 사례는 Wallin의 애착과 심리치료에 나오는 정신분석적 심리치료 사례로서 심리치료자와 내담자 사이의 역동적 상호작용을 잘 보여주며, 두 번째 사례는 영성지도에서의 사례로서 앞의 애착이론과 상호주관주의 이론이 기존의 영성지도에는 이미 어느 정도 녹아 있음을 보여 드리려고 합니다. 나아가서 이 두 사례를 비교함으로써 우리의 영적 여정이 단순한 고정적인 차원이 아님을 이해하고 이 이론들을 의식적으로 적용할 경우 현대정신분석과 기독교 영성의 보다 분명한 상호 조화를 보여줄 수 있다고 생각합니다.

사례 1. 엘렌

(애착과 심리치료, Wallin D, 학지사 2010, pp460 ~ pp469)

사례 2. 멜리사

(Candlelight: Illuminating the Art of Spiritual Direction, Phillips S. pp230~pp239)

맺는 말

충분히 좋은 엄마란 어떤 엄마인가? 어떤 심리치료자나 목회상담자가 괜찮은 사역자인가? 어떤 영성지도자가 좋은 영성지도자인가? 나아가서 어떤 목회적 돌봄이 좋은 것 인가? 이 질문들은 일련의 공통점을 지니고 있으며, 이미 오래 전부터 정신분석을 비롯한 치유사역의 중심에 위치해 온 질문이기도 합니다. 현대 정신분석의 답은 이렇습니다. 상호주관적으로 관계를 맺고 도움을 받는 자에게 안전기지가 되어 줌으로써 내담자가 자신의 경험적 정서를 통합하고 삶의 현실을 직시하고 미래적 의미를 탐색함으로써 성숙을 촉진할 수 있는 사람이라는 것 입니다. 그렇기 위하여 가장 중요한 것은 우선 치유자 자신이 성찰할 수 있는 역량을 증진하는 것이며, 이를 통하여 내담자의 자기성찰, 즉 정신화(mentalization) 역량을 증진할 수 있도록 돕는 사람이라는 것 입니다. 기독교 관상적 영성 전통은 이미 오래 전부터 이러한 성찰능력을 훈련하여 오고 있었으며, 이러한 영성이 향후 기독교 심리치료와 목회상담을 더욱 풍요롭고 효과적인 치유사역으로 발전할 수 있도록 도울 수 있다고 생각합니다.

참고문헌

Sperry, L. and Shafranski, E. (2008). 영성지향 심리치료 (최영민 등 역) 서울: 하나의학사. (원저 2005년 출판)

Barry, W. A. (1977). Prayer in pastoral care.: A contribution from the tradition of spiritual direction. The Journal of Pastoral Care, June(2): 91-96.

Bland, E. D. and Strawn, B. D. (2014). Christianity and psychoanalysis: A new conversation.IVP Academic.

Conn, W.(1998). The desiring self: Rooting pastoral conseling and spiritual direction in self-transcendence. New York: Paulist Press.

Michael, C. P. (1989). An introduction to spiritual direction: A psychological approach for directors and directees. New York: Paulist Press.

Phillips, S. (2008). Candlelight: Illuminating the art of spiritual direction. New York: Morehouse Publishing.

Stairs, J. (2000). Listening for the soul: Pastoral care and spiritual direction. Minneapolis: Fortress Press.

van Kaam, A. (1975). In search of spiritual identity. Denville, NJ: Dimention Books.

Wallin, D. (2010): 애착과 심리치료 (김진숙 등 역). 서울: 학지사. (원저 2007년 출판)

08

치유와 묵상적 영성

- 상호주관주의, 정신화 그리고 묵상적 영성 -

2016년 4월 29일 대한성공회 서울주교성당에서, 한국영성상담학회 2016년 봄 학술대회 발표

하나님은 사랑이시라

요한일서 4장 8절

들어가는 말

1980년부터 약 40년간 정신분석적 정신치료, 역동정신치료를 해 왔지만, 결국 정신분석과 그 응용 임상방법인 정신분석을 비롯한 심리치료는 인간의 온전한 치유에 관한 한 제한된 효과 밖에는 기대할 수 없다는 결론이 이르렀다. 그러나 최근들어 정신분석은 오늘의 포스트모던 시대에 걸맞게 애착이론, 상호주관주의, 정신화 등의 개념들을 흡수하면서, 아직도 인간을 가장 세밀하게 관찰하고 이해할 수 있는 과학적이고도 풍부한 지혜를 포함하고 있다. 만약 정신분석이 그 심리치료적 한계를 뛰어넘는 방안으로 기독교의 묵상적(관상적) 영성의 전통으로부터 유래된 영성지도와 통합될 수 있다면 인간 치유의 범위를 확장하고 성숙을 이루는 방법으로 자리잡을 수 있다고 생각한다. 나는 이제 나 개인의 우울증에 대한 영성적 극복의 체험을 통하여 그 통합의 시도에 대한 한 과정을 제시하고, 이를 현대 정신분석의 주 개념 중 상호주관적인 시각과 성찰(정신화와 명상)의 개념을 이용하여 재해석하고자 한다. 상호주관주의와 정신화(mentalization), 이 두 개념은 정신분석의 비교적 최근의 흐름에서부터 응용된 것이지만, 동시에 기독교 전통의 영성지도의 핵심을 이루는 묵상(contemplation)의 개념 속에서도 이미 면면히 이어져 내려온 것들로서 정신분석과 영성지도를 자연스레 하나로 이어주는 공통점을 포함하고 있다.

정신분석의 기여와 한계

 과거 한 세기도 더 넘게 정신분석이 인간의 내면에 대하여 밝혀낸 학문적 가치는 실로 엄청나다. 인간의 존재가 어떻게 자기감을 형성하고 성숙되어 가는가, 혹은 어떻게 병적인 상태로 전락하고 이를 어떻게 치유할 수 있느냐에 대한 발달심리학과 심리치료법으로서의 성과는 우리의 정신세계를 풍부하게 하는데 가장 심오한 연구결과를 보여준다. 그리고 현재까지도 정신분석은 다른 그 어떤 심리치료적 방법보다도 인간을 가장 깊이 있게 이해하고 가장 깊이 있게 정신적인 병리에 대한 치료에 접근하지만, 지난 100년을 조금 넘는 기간의 성과를 보면 분명히 한계가 있음을 보여주고 있다. 예를 들면 정신분열병, 우울증, 알코올중독 등 인간의 삶을 왜곡하고 고통을 주는 주요 정신병리가 해결되어 가고 있다는 근거가 턱없이 부족하다. 물론 정신분석을 위시한 심리치료적인 방법이 일부 정신병리에서 오는 고통과 장애를 회복시키고 관계의 갈등을 감소시키는데 상당한 기여를 해오고 있다는 것은 사실이며, 이 또한 나름대로 중요한 가치가 있긴 하지만, 인간 존재의 온전한 회복과 성숙으로 나아가기 위하여는 영성의 회복과 성숙이 필요하다.

 따라서 어찌 보면 현대 정신분석은 그 자체가 정신병리를 온전히 치료하는 효과적인 방법으로 사용되기 보다는 병리현상 뿐만 아니라 보편적인 인간의 심층심리를 밀착 관찰하고 잘 이해할 수 있는 방법으로서 그 어떤 다른 방법보다도 더욱 탁월한 방법으로 자리 잡고 있다고 볼 수도 있다. 특히 현대정신분석은 개인의 이성적 사고의 좁은 영역을 벗어나 훨씬 넓은 정신세계, 감정과 무의식, 초월경험과 신앙의 영역, 그리고 무엇보다도 사람과 사람 사이의 관계영역에 이르기까지 그 관찰 범위를 넓혔다. 그 중에서도 애착이론에 대한 재조명은 이제까지 환자의 진술을 통한 추론으로서만 간접적으로 이해할 수 있었던 인간성숙의 과정들을 실제 유아와 엄마의 상호교류의 직접적인 관찰을 통하여 그 성격을 확인 가능하게 하였으며, 인간성숙을 위하여는 상호주관적인 공감과 소통이 절대 필수적인 요소임을 밝혀내고 있다(Wallin, 2010). 이러한 유아와 엄마 간의 인간 성숙의 현장은 그 핵심 이해가 그대로 치료자와 환자 사이에서 일어나는 치료와 성숙의 매카니즘들에 그대로 적용될 수 있으며, 나아가서는 이러한 애착이론의 발달심리학적인 지혜들, 상호주관적인 공감과 소통의 개념은 일부 인간의 타락과 그 결과에 대한 논의에 의하여 수정되어져야 할 점이 있지만, 성경이 말하는 인간창조의 섭리, 하나님과 우리 인간 사이의 관계, 이를 통한 인간의 온전한 치유와 성숙의 문제에도 많은 것을 밝혀줄 수 있음이 분명해 진다(Bland and Strawn, 2014).

만약 하나님의 존재를 인정한다면 이러한 심리적인 현상들이 훼손이 되는 것인가? 아니다. 하나님의 존재와 이들 심리학적 진실들은 공존할 수 있다. 아니 오히려 더더욱 양자를 풍성하게 할 수 있다고 본다. 예를 들면 Freud 자신도 어디에선가 인간은 잃어버린 아버지를 찾아 평생 헤매는 존재라는 표현을 한 적이 있는데, 이 얼마나 신학적인 성찰인가? 하나님이 존재한다는 믿음을 갖더라도 정신분석적의 발달심리학적 주장들은 이해가 가능하다. 이렇게 설명될 수 있다. 인간을 창조하신 하나님이 인간타락으로 인하여 상실된 하나님의 실존을 제대로 찾아오게끔 육신의 아버지를 주시고 그 이미지에서부터 누구나 하나님의 흔적을 상상하고 찾아올 수 있도록 길을 예비하신 것이라고 한다면, 정신분석의 이러한 논리들은 그대로 받아들여질 수 있을 뿐 아니라, 오히려 하나님과의 관계 안에서 우리의 영성을 더욱 깊이 있게 이해할 수 있는 논거를 마련하게 된다. 여기에 상담이나 심리치료가 그 다음 단계로서의 영성지도나 목회상담과 같은 목회적 돌봄(또는 영적 돌봄)과 함께 통합이 잘 이루어져야 하는 이유가 있다고 본다(이만홍, 2010).

정신분석과 영적 돌봄 각각은 인간의 치유와 성숙을 위해 반드시 필요한 지혜를 풍부하게 발전시켜 왔으며, 서로의 한계와 부족함을 잘 보완해 줄 수 있는 입장임에도 불구하고 오랜 기간 동안 서로 상대를 무시해왔으며, 아직도 서로의 만남을 어색해 하고 있다. 인간 존재는 각 부분으로 나뉘어 다루어 질 수 없는 정신영성 연속체(psycho-spiritual continuum)이기 때문에 이들을 나누어서 정신이나 영성의 어느 한 면만을 다루는 치유작업은 당연히 온전할 수 없음에도 불구하고, 치유의 현장에서는 아직도 효과적으로 양대 치유체계를 통합할 방법을 찾지 못하고 있는 듯 보인다(Benner, 2000).

 아무리 오랜 동안 정신분석을 연구하고 세밀하게 인간을 이해하고 치유를 돕는다 해도 그 한계는 점점 더 분명해 지고 분석가 자신의 인생이 공허하고 황량해 지는 것을 피할 길은 없어 보인다. 그가 꿈꾸는 성숙이나 온전한 인간은 이루어지지 않은 채 죽음을 맞기 때문이다. 반면, 기독교 영성가는 하나님과의 연합에서 오는 내면적인 충만감을 보다 설득력 있는 논리로 타인을 이해시키고 좀 더 많은 사람이 성숙과 온전한 모습으로 변환되도록 하지 못한다면, 그가 얻은 깨달음은 박제화 되어 버리고 현실에서 구현되지 못하는 안타까움으로 하나님의 실망을 사게 될 것이다.

 나는 여기서 심리치료의 한계를 넘어서는 다음 단계의 치유로서의 (기독교적인) 영적 성숙이란, 우리 존재의 정체성의 회복과 인간 결함의 영적 의미를 찾는데 있다고 정의하고 싶다. 그리고 그러한 치유는 침묵과 경청으로부터 시작하여 성령과 함께 하나님의 아름다움을 바라보는 기독교의 묵상적(관상적) 영성의 전통을 회복하는 것이라고 주장하고 싶다. 그리고 그러한 영성의 회복과 성숙은 다시 역으로 정신분석적인 지혜과 표현으로 설명되어질 수 있다고 본다.(이 발표에서는 특히 상호주관주의와 성찰, 즉 정신화mentalization로 설명하려고 한다.)

나의 우울증 극복 체험

여기서 잠시 나(연자) 자신의 체험을 언급해야 할 것 같다. 나는 오랫동안 우울증을 앓아 왔으며, 이것이 계기가 되어 우울증의 이해와 치료에 관심을 쏟아 왔다. 우울증은 기질적, 심리사회적, 그리고 영적인 원인 요소들이 어우러져 있는 복합적인 성격 때문에 여러 다양한 정신병리 가운데 특히 통합적인 치유를 고민할 수 있는 아주 적합한 정신병리이다. 오랜 동안 나는 나 자신의 내면에 대한 성찰과 수많은 우울증 환자들을 치료 해 온 경험을 통하여 치료자로서의 한계와 부족을 절실히 느껴 왔다. 이것은 비단 나 자신 만의 경험이 아니라, Freud 시대로부터 지금까지 통찰과 해석이라는 정신분석적인 방법이 그 한계를 잘 드러내 주는 정신병리로 잘 알려져 왔는데, 그럼에도 불구하고 정신분석은 우울증과 자살의 심층심리를 이해하고 설명하는 데는 변함없이 탁월하다.

물론 정신분석적인 성찰과 치료자로서의 간접 통찰은 나의 우울증에 상당한 도움과 호전을 가져 왔지만, 반복되는 재발과 고통으로부터 나를 충분히 구해주지는 못 하였다. 2002년도 나는 두 번째 깊은 우울의 수렁에 빠져 있었고, 절망의 절벽 쪽으로 서서히 다가가고 있었다. 그때 나의 눈에 우연히 -좀 시간이 흐른 후에 알고 보니 주님의 부르심이었지만- 들어온 책이 예수회 사제인 Thomas Green신부님(2012)의 "샘이 마를 때"란 묵상(관상)기도에 대한 책이었다. 그 책은 나를 묵상

268

(관상; contemplation)의 세계로 인도해 주는 계기가 되었으며, 그로부터 거의 3년 걸친 집중적인 묵상생활은 나의 우울증을 '해결해' 주었다. 지금까지도 여전히 나는 우울증의 증상들을 가볍게 앓고 있지만 나는 우울증을 '극복' 또는 '초월'하였고, 우울증은 더 이상 나를 어쩌지 못함을 '확신'하게 되었다. 한 마디로 나는 우울증으로부터 '치유되었다.'

묵상기도를 통한 아이덴티티의 회복

이에 관하여 상당 기간의 성찰과 현대 정신분석적, 그리고 관상적인 이해를 통하여 얻어진 통찰을 다음과 같이 설명하고자 한다. 침묵과 (하나님을) 경청하는 새로운 세계는 이제까지의 나 중심의 신앙을 180도 돌려놓는 계기가 되었으며, 지속적인 렉시오 디비나와 의식성찰로 나는 자신의 우울정서에 매몰되지 않고 담담히 바라볼 수 있는 마음의 공간을 얻게 얻게 되었으며, 성령의 부르심과 임재에 예민하게 되는 경험을 하였다. 하나님은 내게 어떤 존재인가? 나는 누구인가? 나는 왜 이런 우울증의 수렁을 겪으면서 사는가? 이런 나를 하나님은 어떻게 바라보고 계시고, 어떤 계획을 가지고 계시는가? 나의 마음 속에서 끊임없는 질문들이 쏟아졌고, 이것들은 성찰 속에서 성령이 답하시는 소리를 들어가고 있었다. 묵상생활과 기도를 통하여 나는 나 자신의 아이덴티티에 관하여 상당히 깊은 깨달음을 얻었음을 알게되었다. 우울증으로 감정의 기복과 고통을 겪고 있는 누더기 같은 나의 실존은 진정한 내가 아니다. 그 모습을 연민의 눈으로 바라보는 또 다른 존재, 나의 영이 진정한 나다. 그 영적인 나는 태초에 창조주께서 당신의 호흡으로 창조한 존재이며, 나의 역사적 삶이 죽음으로 끝날 때 완성될 영원의 세계에서 하나님의 사랑의 파트너로 부르신 존재이며, 나 없인 그 분의 완성된 세계도 가능하지 않다고 선언하신 존재, 우울증으로 잠시 허덕이는 육체를 벗어나는 그 순간 당신의 호흡에 다시 합하여질 쉐키나라는 것이다. 이런 나의 영적인 아이덴티티에 대한 자각은 우울증의 의미를 바꾸어 놓았다. 우울증이란 그 날이 오기까지 아주 잠시 동안 나의 영에 걸쳐 있는 누더기 옷 같은 존재로서 곧 벗어버릴 그런 것에 지나지 않는다는 자각이다. 가끔씩 현실에서 그것이 나를 불편하게 만들지라도 우울증은 이제 더 이상 나의 삶을 무너뜨리지 못하는, 내게는 더 이상 중요한 의미가 없는 잠시만 존재하는 일시적인 현상일 뿐인 것이다. 우울증은 더 이상 내 존재의 근본적인 일부가 아니기에, 나는 거기에 매몰되지도, 힘들어 하지도 않을 수 있으며, 그저 가볍게 바라볼 수 있게 되었다. 나는 내 영이 우울증의 영향을 이겨내었다는 것을 자각할 뿐 아니라, 자신의 영적인 각성을 이끌어내는 계기가 된 축복의 문으로, 오히려 감사하는 마음으로 바라볼 수 있게 되었다.

이와 같은 통찰을 얻게 된 데에는 두 가지 요소가 매우 중요한 역할을 했음을 알았다. 그것은 안전한 자기대상으로서의 주님의 상호주관적인 부르심과, 묵상 가운데 얻어지는 성령의 인도하심에 대한 성찰에서 얻어진 우울증에 대한 의미추구라고 요약할 수 있다. 이상의 두 가지 요소는 장애를 안고 사는 인간의 운명에서 그 장애에 대한 하나님 안에서의 의미추구이며, '나' 란 존재의 자기초월임을 믿게 되었다.

상호주관주의에서의 하나님과 나의 표상, 그리고 관계의 변화

현대 정신분석의 주요 흐름 가운데 하나인 상호주관주의는 존재 간의 관계성의 현상을 실증적인 관찰을 통하여 보다 구체적으로 밝혀내고 있다. 상호주관주의를 가장 잘 관찰할 수 있는 영역은 유아와 엄마의 관계에서이다. 유아는 엄마와의 상호주관적인 관계의 공간을 끈으로 하여 자신의 정서를 조절하고 인격을 발달시켜 나가며 대상과 그를 둘러싼 세계를 이해해 나가게 된다. 엄마는 유아의 주관적 세계를 존중하기에 유아의 수준으로 퇴행하여 유아를 공감하고 반응하고 그와 관계를 함으로써 유아의 아직은 성숙하지 않은 부분을 자극하거나 격려하거나 보완하면서 유아의 주관적 세계가 성숙하도록 이끈다. 유아는 우리가 상상하는 것보다 훨씬 더 능동적으로 자신의 정서를 표현하고 요구하고 엄마를 이끌어 감으로써 엄마의 반응을 이끌어 내고 엄마와의 교류를 잘 조율해 나감으로써 성숙의 길을 나아갈 뿐만 아니라, 엄마의 엄마 됨을 성숙시키고, 유아와 엄마 사이의 사랑을 완성해 가는데 한 파트너가 된다. 이렇게 엄마와 유아가 함께 만들어 내는 상호주관적인 공간은 믿음과 사랑의 원천이 되며, 이와같이 함께 이루어가는 공간이 없이는 유아의 정상적인 인격발달은 가능하지 않다는 것이 상호주관주의의 주요 이론이다(Traverthern, 1979). 이러한 상호주관적 관점은 유아와 엄마와의 사이 뿐만 아니라, 인간과 인간의 성숙을 위한 모든 관계 안에서 동일하게 필요한 것이며, 특히 환자와 분석가 사이와 같은 심리치료의 과정 안에서 인격의 성숙이 이루어지기 위하여는 필수적인 현상이며, 이런 상호주관적 맥락을 떠나서는 치유는커녕 인간 간의 정신현상을 깊이 있게 이해할 수도 없다는 것이다.

이제 엄마와 유아와의 관계로부터 얻어진 상호주관적인 통찰을 하나님의 정체성과 인간의 정체성, 그리고 그 분과의 관계에서 이루어 가는 우리의 영적 성숙, 즉 인간과 하나님과의 관계에 적용할 수 있을까? 성경은 종종 우리와 하나님과의 관계를 육신의 부모와 자식 간의 관계에 비유할 뿐 아니라, 그 분이 우리를 당신의 자녀로 부르셨다는 선언을 하고 있다. 따라서 인간에게 부모라는 존재를 허락하시고 그들과의 관계를 통하여 인격의 성숙을 가능하게 하실 뿐 아니라, 하나님과의 영원한 부모 자식 간의 영적인 관계를 이해하기를 바라시는 그 분의 섭리를 유추할 수 있다. 하나님은 우리 각자를 당신과의 관계의 장-이것은 바로 천국에 대한 상호주관적인 정의다!- 안에서 온전한 존재로 만들기 위하여 우리를 창조하시고, 타락을 허락하시고, 고난 속에 내버려 두시고,

우리와 같이 되셔서 함께 비천해 지시고, 드디어는 우리를 당신께로 끌어 올림으로써 당신의 사랑을 완성하신다. 우리는 그런 새로운 (우리와 성령 간의 상호주관적인) 세계에서 당신의 자녀로서, 상속자로서, 그리고는 심지어는 황송하게도 파트너가 된다.

인간의 자기 정체성에 대한 깨달음은 기독교 신앙에서는 하나님과의 관계에서이며, 이는 바로 하나님이 어떤 존재이냐 하는 이해와 동시적으로 일어난다. 근래들어 현대 정신분석의 주요 주류로 등장한 상호주관주의는 하나님 표상의 이해에 있어서 새로운 지평을 제공한다. 그리고 이는 현대 여러 신학적 성찰들이 하나님의 관계적 속성을 특히 강조하는 흐름과 궤를 같이한다(Bland and Strawn, 2014). 마틴 부버, 폴 틸리히, 몰트만 등 현대의 많은 탁월한 신학자들이 주목하는 것은 전통적으로 이해하여 온 초월적인 존재, 군림하는 존재로서의 하나님과는 다른 면, 곧 하나님의 관계성에 대한 한결같은 강조가 특징을 이룬다. 여성신학자 캐더린 라쿠나는 "하나님이 되신다는 것은 관계적이시라는 것이다"라고 하였으며, 해방신학자 레오나르도 보프도 "우리는 고독하신 하나님보다는 교통하시는 하나님을 믿는다."고 하였다.

우리는 성경에서 "하나님은 사랑이시라(요일 4:8)"는 관계적이며 상호주관적인 하나님 표상을 쉽게 발견할 수 있다. 하나님은 사랑이시라는 말씀은 그 분의 관계적 본질이면서, 그 분과 인간의 관계의 성격에 대한 상호주관주의적 선언으로 이해할 수 있다. 이는 하나님이 먼저 선험적으로 존재하시고, 인간을 사랑하사 인간을 창조하시고 세계를 창조하신 것이라는 토마스 아퀴나스식의 전통적 신학적 성찰의 견고한 아성을 뒤흔들어 버린다. 아주 오랜 세월 동안, 기독교 영성은, 개혁신앙의 전통을 포함하여, 하나님을 홀로 초월하여 존재하며, 창조주이자 지배자이자 은총을 일방적으로 베푸시는 절대자이고, 새로운 하나님의 나라를 완성하여 놓으시고 엄격히 통제하는 분으로서의 하나님 표상에 강조점을 두어왔다. 동시에 인간은 하나님 앞에서 죄인이요, 그 분의 영광 앞에서 먼지와 티끌이며, 주인 앞의 노예이며, 은총의 일방적인 수혜자라는 부분만을 지나치게 강조해 온 감이 있다. 그러나 상호주관주의는 새로운 신학적 성찰을 불러 일으키며, 그리고 드디어는 하나님의 정체성과 그에 따른 우리의 정체성에도 새로운 시각을 던져준다. 하나님은 "스스로 존재하는 자"이지만, 동시에 우리로 하여금 제자들의 공동체에 참여함으로 하나님과의 관계 속에서 그 분 나라의 백성으로 우리를 부르신다. 그는 우리가 그와의 교제를 누리기를 원하시는 성부, 성부와 자신의 교제에 참여하도록 우리를 부르시는 성자. 신적 교제의 끈으로서 그 관계 속에 우리를 참여시키는 성령의 본래적인 교제 가운데 계신 삼위일체가 하나님 됨의 본질이기도 하다. "성부는 그 분의 역동성 속에서 성자를 낳고, 이와 동시에 성부와 성자는 서로에 대한 상호적인 자기 헌신(즉, 사랑)을 통해서 결합되며, 동시에 하나님의 역동성은 삼위일체의 하나님의 신적인 관계성의 영인 성령을 표출하시며, 이 삼위일체 하나님의 생명력은 피조 세계로 흘러넘쳐, 세계와 인간과 사랑으로 관계하신다"(Grentz, 2003).

이러한 역동성을 상호주관적으로 표현하자면, '하나님이 세상을 이처럼 사랑하사 독생자를 주셨으니...' 즉 하나님이 세상을 창조하신 목적은 사랑이기 때문에 창조나 존재보다도 사랑이 먼저이자 나중이 된다. 즉 사랑이라는 상호주관적 영역이 먼저 존재하고 그 영역을 통하여 나와 하나님이 창조되고 상호 주관적인 세계가 이루어진다.(하나님이 창조된다는 것은, 객관적인 실체로서의 하나님이 아닌 하나님의 표상이 인간 마음 속에서 창조된다, 복원된다는 의미이다.) 사랑 가운데서 하나님은 인간으로 인하여 더욱 하나님답게 되시고, 인간은 하나님으로 인하여 더욱 인간답게 된다.(여기서도 하나님은 객관적인 실체로서의 하나님이라기 보다 인간의 마음 속에서 형성되고 성숙되어가는 하나님 표상을 의미한다고 보면 좋겠다.) 이렇게 하나님의 이미지가 우리 속에서 성숙해 감에 따라 우리 자신의 아이덴티티도 하나님과의 관계 안에서 더욱 분명하게 된다. 이렇게 볼 때 상호주관적인 관점은 우리의 전통적인 개혁신학을 부정하는 것이라기 보다는 아주 중요한 보완적인 시각을 제공한다고 볼 수 있다. 인간은 일방적인 은총의 수혜자로 전락했었지만, 하나님은 인간을 종이 아닌 당당한 친구, 애인, 신부라는 파트너로 부르시고, 새 하늘과 새 땅의 창조에 함께 상호주관적으로 참여하라고 초대하신다. 여기서 상호주관주의는 새 하늘과 새 땅이 지리적, 공간적 특성의 개념이라기 보다는 관계적인 심리적, 영적 특성을 지니게 된다는 측면을 훌륭히 설명하고 있다. 유대인 신학자 아브라함 요수아 헤셸은 이와 매우 유사하게도 다음과 같은 표현들을 사용하였다. "하느님이 인간을 찾고 계신다", "인간의 운명은 하느님의 파트너가 되는 것이다.", "...죄는 하느님이 혼자 계시도록 소외시키는 인간의 행위다. (Heschel, 2007a)". 또 다른 곳("사람은 혼자가 아니다")(Heschel, 2007b)에서는 "그 분이 사람을 필요로 하는 것은 스스로 떠맡으신 일이다.", "하느님에게 지금 사람이 필요한 것은 그분이 스스로 인간을 당신의 사업에 동참하는 동역자로...창조의 일을 함께 하는 동역자로 만드셨기 때문이다", "인간이 하느님과 맺는 관계는 그분의 무소부재, 전지전능하심에 수동적으로 의존하는 관계가 아니라 능동적으로 조력하는 관계다."

그리고 이렇게 하나님 표상을 관계적으로 이해하는데 주목한다면, 성령님과 나의 교류, 내지는 연합이라는 것의 성격을 상호주관적으로 새롭게 구체화될 수 있다. 주님과 내가, 나의 영과 성령이 서로의 주관성이 손상되지 않으면서도 (물론 주님의 인도하심 가운데서, 마치 유아와 엄마의 관계에서처럼) 서로 연합(이 연합이란 단어는 상호주관주의적으로는 조율attunement에 해당되지 않을까?) 되어 가는 상태로 이해될 수 있다.

결국 성령님과 나의 교제에 대하여 우리는 이제까지 진리의 한 측면에만 주목하여 왔다는 인상을 갖게 된다. 성령의 인도를 받으며 영적 삶을 산다는 것을 우리는 주님께 나아가 나를 전적으로 내어놓고 주님의 인도하심, 성령의 인도하심에 나를 일방적으로, 수동적으로 내어맡긴다는 생각이 주를 이루어 왔다. 이것은 전적으로 옳은 말이다. 그러나 주님과 우리 사이에는 관계의 다른 측면이 동시에 존재한다는 사실을 너무나 소홀히 다루어 왔다. 주님은 우리를 결코 조련사가 자신의 의도에 맞추어 일방적으로 동물을 조련하듯 다룸으로써 우리를 성숙하게 할 수는 없을 것이다. 왜냐하면 사랑이란, 상대방의 인격이 없어지는 것을 추구하는 것이 아니므로. 즉 사랑은 그 자체가 상호주관적이기 때문에, 사랑은 불균형에서부터 균형과 자율로 나아가는 신비를 지녔기 때문이다. 사실 이 점은 옛 영성가들이 하나님과 동행하는 삶을 "성령님과 함께 춤을 춘다"는 이미지로 표현해 온 것에서도 잘 드러난다.

상호주관주의, 치유, 영성지도

정신분석적 이해와 치료, 그리고 성령의 성화사역은 이렇게 해서 서로 논리적인 짝을 이루며 경험적으로, 상호주관적으로, 관계적으로 진행된다고 이해할 수 있다. 치료는 성화를 밑에서부터 부분적으로 도우면서 성령의 이끄심을 고대하며, 성령의 성화사역은 정신분석적 이해와 접근을 도구로 더 깊이 이해할 수 있게 된다. 정신분석적 치료는 바람직하기는 초월적이고 관계적인 성령 하나님의 내재적 임재를 촉진할 수 있으며, 성령 하나님은 정신분석적 노력에 내재해 있는 소통적이고 상호주관적인 과정을 통하여 그 분의 목적을 이루신다. 성령 하나님의 내재하심은 정신분석과 마찬가지로, 목회적 돌봄과 영성지도의 장 안에서 그 분과의 관계를 통하여 치유를 촉진하신다. 정신분석의 특징인 진실되고 진리를 탐구하는 치료적 자세는 하나님의 임재하심을 함축한다.

유아와 양육자의 정서경험의 상호교류와 연결로부터 치료자와 환자 간의 치료에 필요한 관계연결을 이해할 수 있으며, 이런 모습의 유추를 통하여 우리를 성숙케 하시는 하나님의 모습을 이해할 수 있다. 성경은 구약의 하나님 묘사에서, 특히 시편을 통하여 우리의 기쁨과 고통에 조율하시는 하나님의 심정과 그의 표현을 쉽게 볼 수 있다. 인간이 울면 하나님은 귀를 기울이시고, 우리가 슬퍼하면 위로하시고, 우리가 춤추고 노래하면 하나님도 기뻐하신다. 이는 치유와 성숙이 시혜자의 일방적인 행위로 이루어지는 것이 아니라, 두 인격체가 (불균형이긴 하지만) 만나는 상호주관적인 공간에서 이루어지는 창조적 사건이라는 이해를 가능케 한다. 이는 신약의 예수님을 통하여 그 이상적인 모델을 볼 수 있다. 예를 들면 마태복음에서 중풍병자를 치료하시는 예수의 모습인데, 그분의 동정, 사랑과 우리의 고통이 만나는 곳에서 치유와 기적이 이루어진다. 하나님의 심정, 즉 병자를 치료해주고, 죄인을 죄의 속박에서부터 해방시키시고 싶으신 하나님의 자비로운 사랑과, 간절한 고통과 속박으로부터의 해방을 원하는 인간의 갈구하는 심정이 만나는 곳-상호주관적 만남의 장, 그곳에 예수 그리스도의 육화와 기적이 있다. 즉 예수는 그 자신이 하나님과 인간 사이에 서 계신 상호주관적인 장이요, 상호주관적인 공간이며, 상호주관적인 몸이다. 그리고 하나님의 주관(긍휼히 여김)과 인간의 주관(애통함과 갈망함)이 만나는 곳, 그곳이 치유(기적)의 장이 된다.

정신분석 등의 심리치료와 영성지도는 이런 의미에서 그 치유적 가치를 공유한다. 특히 이러한 상호주관성은 탈권위주의를 지향하는 오늘날의 영성지도 현장에 절실히 필요한 접근 자세가 된다. 영성지도자는 수련자의 감정의 흐름에 대한 예민성에 더하여 성령님의 움직임에 대한 예민성을 가지는 것 외에는 그 어떤 선입견이나 분별에 관한 이론적 규칙이나 전통에 얽매여서는 안 될 것이다. 사실 영성지도야 말로 본질적으로 그 어떤 짜여진 수순이나 기술에 얽매이지 않고 자유롭게 움직이시는 성령님과 수련자가 만나는 장에서 이 양자의 움직임, 경험을 끊임없이 지속적인 탐구를 해나가는 장인 것이다. 이것은 바로 상호주관주의의 주장 그대로 이기도 하다. 상호주관주의의 이론의 뼈대는 치료작업에 있어서 치료자는 그 이떤 이론이나 고정적인 선입견을 버리고, 환자의 경험 속으로 끊임없이 지속적인 탐구의 질문을 던져야 한다는 것이기 때문이다.

영성지도는 기도로 시작해서 기도로 끝나는 기도 충만한 시간이다. 묵상적 기도란 수련자의 하나님 경험을 주님 임재 앞에 내어놓고, 그 분의 움직임에 모든 예민성과 질문을 던지면서 머무는 시간들이다. 상호주관의 공간은 바로 묵상기도 가운데서 만들어지는 분별을 위한 기도충만한 공간을 잘 설명하고 있지 않은가?

  이렇게 하나님의 그 분되심과 그 안에서의 나의 정체성의 귀함과 소망을 깨닫게 됨으로써 내 안의 우울증이 하나님의 상호주관적인 긍휼하심을 갈망하고 이끌어 내는 유아적인 표현으로 내게 존재하는 의미를 이해하게 되었으며, 더 이상 우울증이 만들어 내는 순간적인 덫에 매몰되지 않고 우울증을 견디어 나가는 나 스스로를 하나님과 함께 긍휼의 눈으로 바라볼 수 있게 되었다. 우울증은 더 이상 내가 극복해야 할 적이나 암이 아니라, 나를 주님의 긍휼하심 속으로 인도해 들이는 문이자, 죽을 때까지 나와 함께 붙어 있을 친구가 된다.

성찰과 정신화 그리고 묵상적 영성

  어떤 부모가 아이를 가장 건강하게 키우는지에 대한 애착연구자들의 관찰 결과는 부모가 성찰을 잘하는 경우, 그 성찰 능력이 아이에게 전달되면서 아이가 가장 건강하게 큰다는 사실을 말하고 있다. 즉 아이의 마음상태, 정서상태를 잘 파악하고, 상호주관적으로 이해하고, 공감적 반응을 하면서, 이를 아이에게 되돌려주어, 아이가 자신의 마음에 느껴지는 반응에 대하여 스스로의 감정상태에 대한 이해를 잘하는 자기성찰 능력이 가장 중요하다는 것이다. 이를 다른 말로 메타인지 능력이라고 하는데, 피터 포나기는 이를 정신화(mentalization)라고 불렀다 (Fonagy. 2001). 이 개념은 치유의 관계에서도 효과적으로 작용하는데, 즉 환자들이 그들의 내적인 경험에 의해 압도되거나, 트라우마틱한 경험을 수용하지 못하고, 증상으로써 격리시킨 채로 있을 때, 치료자가 이를 상호주관적으로 성공적으로 담아내고, 함께 다루어 가는 과정에 참여함으로써, 환자 자신의 이러한 감정이나 체험들에 대한 성찰능력을 키워주는 것이 곧 치료라는 주장이다. 결국 정신화란 인간이 자신과 대상의 심리적인 삶을 공감적으로 이해하고, 이를 현실적으로 분별하며, 성숙을 향해 나아갈 수 있는 인간의 역량을 의미한다. 이는 초기 인간발달, 치유관계에서만이 아니라, 인간이 겪는 하나님 경험과 성령과의 교통을 포함한 다양한 종교체험에 대하여 건강하고 성숙한 분별을 가능케 한다.

우울증이 만들어 내는 나 자신의 내면의 부정적인 사고, 나의 삶과 세계에 대한 불신 등은 매 순간 나를 매몰시키려 들지만 오랜 기간에 걸친 성찰−의식성찰−을 통하여 그런 부정적인 정서와 인식들로부터 한발 물러서서 성령님과 함께 무비판적으로, 객관적으로, 사랑스런 눈길로 바라봄으로써 이를 극복해 나가게 되었다. 기독교 전통의 의식성찰은 현대 정신분석적인 이론, 정신화에 의하여 보다 더 잘 이해가 이루어진다. 정신화란 앞서 언급한 상호주관주의의 구체적인 실현으로서, 그 자체가 치유와 성숙의 방법론적인 과정이자 목표가 될 수 있다. 즉 치유와 성숙은 당면한 고통을 감소해 주거나 갈등을 일회성으로 극복하게 해 주는 것이 아니라, 함께 고통 속으로, 함께 고민 속으로 찾아가서 고통 상황의 움직임을 이해하고 분별하는 성찰능력을 함양하는 것이 된다. 따라서 정신화의 개념은 치료자뿐 아니라, 목회자, 영성지도자의 이해의 폭을 넓혀 준다. 영성지도는 더 이상 과거의 권위주의적으로 가르치고, 알려주고, 모델링하고, 코칭하는 것이 아니라, 영성지도자와 수련자와 성령님이 상호 관계를 맺고, 함께 존재하며, 연약함을 드러내고, 서로 성찰해 가도록 돕는 것, 즉 정신화의 과정으로 설명할 수 있게 된다. 이제 오늘날의 목회적 돌봄의 현장에서는 머리나 이성으로 하는 신학은 뒷전으로 물러나야 하며, 서로의 정서와 가슴으로 만나는 상호주관적인 신학으로, 관계하는 신학으로, 어떤 논리는 회의하고, 질문을 사랑하고, 삶의 복판에서 어떻게 적용되는지 고민하고 성찰하는 영성, 즉 "묵상적 영성"으로 치유와 성숙을 이루어 나가야 한다. 그런 의미에서 상호주관주의와 성찰의 가장 이상적인 모델은 예수님의 성육신, 십자가 사건이 자리잡게 되며, 이것이 가장 중심적인 묵상의 과정이 되어야 한다. 기독교의 묵상적 영성은 이미 전통적으로 침묵, 경청, 인내, 분별, 하나님의 임재, 성령님과의 연합과 같은 가치관과 방법을 내포해 왔기 때문에 현대정신분석의 상호주관주의와 정신화 개념은 쉽게 기독교 묵상적 영성과 통합되어질 수 있다.

특히 영성지도의 현장에서 애착이론을 상당한 부분 그대로 적용할 수 있다. 즉 하나님 경험을 수련자가 충분히 느낄 수 있도록 지도자와의 관계(성령과의 삼각관계) 속에서 잠정적인 안전기지를 제공하는 것, 그리고 점차 진정한 안전기지로서의 성령님이 수련자의 마음 속에서 성찰할 수 있는 상호주관적 공간으로 자리잡을 수 있도록 돕는 것이 지도자의 역할이 될 것이다. 그 안에서 자신의 하나님 경험이 이해되어지고 정신화되어질 수 있도록 긍정적인 체험의 기억과 정서를 활성화 시키는 것이 반복되는 영성지도의 과정이 될 것이다. 이것은 이냐시오 전통의 영성지도에서 수련자가 데솔desolation의 상태에 있을 때, 과거 콘솔consolation의 경험을 상기시키는 질문을 하는 과정이 정신분석적으로 잘 설명될 수 있음을 예로 들 수 있다.

상호주관주의의 통찰을 우리의 영적인 삶에 적용해 볼 수 있는 또 하나의 주제는 우리가 겪는 고난, 또는 고난과 관련된 하나님의 침묵이라는 주제이다. 하나님이 인간의 고난과 고통에 즉각적인 개입을 하지 않으시는 것은 우리의 개성과 주관을 무시하지 않으시고 상호주관적으로 이해하고 그 고통에 함께 참여하심으로 말미암아, 우리의 주관적인 세계에 성숙을 기대하시고, 우리 자신의 성찰을 통하여 하나님의 지혜에 도달하도록 침묵으로 함께 하신다는 정신분석적 해석이 가능해 진다.

기독교의 묵상 전통은 고요히 있으면서 모든 광대하심과 자비하심으로 우리를 품으시고 내면의 사랑하는 타자(the beloved Other)로서 다가오시는 하나님의 임재에 조용히 마음을 기울이는 것에 초점을 맞추어 왔다. 침묵, 경청, 묵상, 그리고 "하나님의 임재 연습"을 통해서 우리는 하나님의 사랑스러운 안아주심을 경험한다. 기도를 통해서 우리는 하나님의 자비의 "안아주는 환경(holding environment)으로 들어간다. 현대 정신분석은 이러한 묵상적 영성이 특히 성찰의 가치에 더욱 주목하게끔 한다. 이냐시오 전통의 묵상 가운데는 의식성찰이 있어 왔는데(Aschenbrenner, 2007), 과거 양심성찰이라는 명칭으로 더욱 강조된 바와 같이 죄성에 대한 성찰로부터, 이를 포함하나 더욱 확장된 개념으로서, 의식의 흐름을 주목하면서 나와 하나님의 관계성, 하나님의 사랑하시는 움직임에 대한 예민성과 분별에 더욱 초점을 맞춘 묵상의 방법으로 주목하게 된다. 우리 연구소에서는 렉시오 디비나와 더불어 의식성찰을 가장 중요한 묵상적 영성훈련의 한 방법으로 적극 권장하고 있는데, 과거의 전통적인 양심성찰에 정신화의 개념을 결합하여, 심층심리적 자기분석과 하나님의 임재 가운데서 그 분의 돌봄에 나를 내어 맡기는 영적 성숙의 요소를 통합하도록 시도하고 있다.

기독교 전통의 묵상적(contemplative) 삶과 기도는 매우 깊은 성찰, 즉 현대 정신분석적 용어를 빌리자면 정신화를 제시하고 있다. 그것은 바로 자기와 세계를 하나님의 섭리 안에서, 하나님의 눈으로, 하나님과 함께, 하나님의 마음으로 성찰함을 제시한다. 침묵 가운데서 성령과 함께 상호주관적인 교제 가운데서 서로를, 서로의 존재를 바라봄을 제공하는 것, 그것이 바로 기독교 영성지도이다. 기도는 상호주관적이고도 경험 정서적인 성찰을 제공하는 공간이 된다. 이러한 영성적 자세는 오늘날 당면한 정신분석의 한계를 뛰어넘어 병리적인 인간만이 아니라 우리의 보편적인 존재의 온전한 치유와 성숙을 이끌 수 있는 가능성을 제시한 다. 이미 현재 정신분석을 위시한 많은 심리치료자들이 그 심리학적 방 법의 한계에 직면하여, 그리고 동시에 치료자로서의 탈진과 영성적 필 요를 절실히 느끼면서 종교적인 치유의 방법에서 그 답을 찾으려고 노 력하고 있다. 기독교 전통의 영성지도는 심리치료자들이 좀 더 적극적 으로 관심을 가져주기를 기다리고 있으며, 동시에 영성지도를 포함한 목회적 돌봄의 현장에 헌신하는 사람들에게는 현대 정신분석의 해설과 방법이 효과적인 기여를 할 것으로 기대된다.

여기서 한 가지 우리의 주의를 끄는 문제가 있다. 최근 들어, 서구 사 회에서 정신분석을 위시한 심리치료의 장에서 성찰과 정신화의 중요성 이 대두되는 것과 더불어 마음챙김 명상을 위시한 동양종교적인 성찰방 법이 주목을 받고 있다는 사실이다. 마음챙김 등의 명상이 광범위한 신 체나 심리적인 문제와 관련하여 매우 유익한 도움을 줄 수 있다는 연구 결과가 급증하고 있다(Wallin, 2010). 마음챙김은 과거의 자동적이며 무의식적이었던 병적인 심리반응을 성찰과 유사하게 내면의 의식을 살펴보게 도움으로서 환자와 치료자 모두에게 변화와 성숙을 위한 방법으로서 그 나름대로 유익할 수 있다. 마음챙김 명상은 바로 지금 여기에 집중함으로써, 특정 감정상태에 매몰되지 않고 개방적이며 무비판적으로 심리상태를 바라보게 훈련함으로써 자기성찰 능력을 증진할 수 있게 하여 생각들이 만들어 낼 수 있는 왜곡된 현실로부터 환자를 자유롭게 하며, 상처를 주는 경험들을 바라보고 수용할 수 있는 역량을 계발하게 돕는다. 여기서 우리는 이 문제를 어디까지 수용할 것인가 하는 질문을 던질 수 있다. 작금 서구 심리학자들이 동양적 명상에 폭발적 관심을 보이고 이를 치료의 현장에서 적극적으로 이용하려고 하는 현상은, 역설적으로 현대 정신분석, 특히 애착이론과 상호주관주의의 중요성을 이해하는 치료자들은 과학적 분석가이기를 넘어서 그들에게 종교적, 영적 자질이 요구된다는 점을 시사하고 있다. 물론 대상에 매몰되지 않고 수용적 자기를 계발하고 치료적인 효과를 극대화하기 위하여 의식심리학적 지혜를 활용한다는 점에서는 긍정적일 수 있으나, 그 이면에 있는 종교적 관점을 간과해서는 안 될 것이다. 즉 불교적 관점에서 증상이나 갈등은 존재하지도 않는 마음이라는 것으로부터 일어나는 일시적인 현상일 뿐이라는 관점이 있으며, 이에서 더욱 나아가 자아 자체가 하나의 실체가 없는 자기 개념, 표상적 요소라고 보는 것이다. 즉 자아는 초월해야 하는 하나의 실체가 아니라 본래부터 없는 것이란 뜻으로서, 따라서 자아의 특성인 각 개인의 감정이나 표상들 중에 어떤 것을 잘못된 것으로 보고 고치려고 애쓰는 것이 아니라 실체가 아니라는 관찰을 강조하려는 것이다. 이런 관점은 결국 자아만이 아니라, 기독교의 자아의 논거가 되는 하나님의 존재, 천국, 예수님 등등의 존재를 부정하는 것이 된다. 결국 동양전통의 명상적 성찰은 자기(자기의 없음)를 바라보는 것이요, 기독교 전통의 묵상적 성찰은 하나님을 바라보는 것이라고 요약할수 있다. 동양전통의 명상이 마음을 비우는 것이라면, 기독교의 묵상은 마음을 하나님으로 채우는 것이다.

맺는 말

인간은 본디부터 통합적인 실존이므로 인간의 치유와 성숙을 다루는 정신분석과 영성적 돌봄은 하나로 통합되어야 한다. 나는 자신의 우울증의 극복 경험을 성찰하면서, 하나님 안에서의 아이덴티티의 깨달음과 증상에 대한 의미추구를 통하여 극복이 가능하다는 것을 확인하였고, 이를 두 가지 현대정신분석의 개념들, 즉 하나님과 나의 관계에 대한 상호주관주의적인 이해와 성찰(정신화)의 개념들을 사용하여 설명하고자 하였다. 나는 개인적으로 우울증 극복의 이런 과정은 물론 뜻을 두고 이루어 가시는 하나님의 이끄심 안에서만 가능하며, 예수 그리스도를 통한 구원의 섭리 안에서만 가능하다고 믿지만, 이를 이해하고 더욱 심화시킬 수 있는 해석의 틀을 현대 정신분석의 이론들, 특히 상호주관주의와 정신화의 개념들에서 도움을 받을 수 있다고 본다. 상호주관주의와 정신화의 개념들은 기독교 묵상(contemplation)의 전통 안에서 재발견될 수 있는 것들이며, 따라서 정신분석과 기독교 영성은 치유와 성숙의 장에서 잘 통합이 될 수 있다. 그리고 이러한 묵상전통의 실천은 오늘날 치유와 성숙의 장에서 활동하는 전문가들에게 그 필요성이 더욱 높아져 가고 있다.

참고문헌

이만홍 (2010). 영성과 치유. 서울: SoH영성심리연구소.

정연득 (2011). 서론: 현대 목회상담학의 흐름. 현대 목회상담학자 연구 (한국목회상담학회 편) 서울: 도서출판 돌봄.

Aschenbrenner SJ, G. (2007). Consciousness Examen. Chicago, Ill.: Loyola Press.

Benner, D. (2000). 정신치료와 영적 탐구 (이만홍. 강현숙 역) 서울: 하나의학사. (원저 1982년 출판)

Bland, E. and Strawn, B. (2014). Christianity and psychoanalysis: A new conversation. IVP Academic.

Fonagy, P. (2001). Attachment and psychoanalysis. Other Press.

Green, T. (2012). 샘이 마를 때 (이만홍. 최상미 역). 서울: SoHP. (원저 1979년 출판)

Grentz, S. (2003). 조직신학: 하나님의 공동체를 위한 신학 (신옥수 역). 서울: 크리스챤다이제스트. (원저 1994년 출판)

Heschel, A. (2007). 사람을 찾는 하느님: 기도와 상징주의에 관한 연구 (이현주 역). 서울: 한국기독교연구소. (원저 1954년 출판)

Heschel, A. (2007). 사람은 혼자가 아니다 (이현주 역). 서울: 한국기독교연구소. (원저 1951년 출판)

Travertnern, C. (1979). Communication and cooperation in early infancy: A description of primary intersubjectivity. In M. Bullowa (Ed.) Before speech: The beginning of human communication. Cambridge University Press.

Wallin, D. (2010). 애착과 심리치료 (김진숙 등 역). 서울: 학지사. (원저 2007년 출판)

09

새로운 목회적 돌봄으로서의

평신도 영성지도 운동

2012년 1월 한국영성치유연구소에서 '평신도 영성치유자의 역할'이란 제목으로 강연한 바 있으며, 2017년 10월 28일 감리교 신학대학교 100주년 기념관에서 한국영성상담학회 2017년 영성과 치유 포럼에서 강연

* 이 글은 Thomas Green의 "세상에서 기도하는 그리스도인"과 Alister McGrath의 "종교개혁시대의 영성" 에서 대부분을 인용하였음을 밝혀 둔다.

새 포도주를 낡은 가죽 부대에 넣는 자가 없나니
만일 그렇게 하면 새 포도주가 부대를 터뜨려
포도주와 부대를 버리게 되리라
오직 새 포도주는 새 부대에 넣느니라

마가복음 2장 22절

들어가는 말

저는 오늘 발표에서 우리 시대는 과거의 종교개혁이 그러했듯이 권위와 제도의 틀에 갇혀 그 기능을 제대로 못 하고 있는 목회적 돌봄을 대신할 새로운 형태의 목회적 돌봄을 절실히 필요로 하고 있으며, 그것은 평신도들을 주역으로 하는 묵상적 영성지도 운동에서 그 가능성을 찾아볼 수 있다는 것을 말하려고 합니다. 그리고 이는 500년 전 활동하였던 루터를 비롯한 종교개혁자들의 주장에서 영향을 받은 것임을 밝히고자 합니다.

오늘의 상황과 영성지도, 새로운 목회적 돌봄

목회적 돌봄이란 하나님의 부르심을 받은 그리스도인들이 교회라는 현실의 공간 안에서 전인적인 치유와 성숙을 함께 이루어 가기 위하여 성령의 이끄심 가운데서 서로를 돌보는 일이라고 정의하여 본다면, 오늘의 상황은 매우 심각한 위기라고 진단하지 않을 수 없습니다. 정도의 차이는 있을지 모르나 오늘날 종교지도자들의 도덕적 해이는 과거 종교개혁시대를 연상하게 하며, 치유와 성숙을 일으킬 하나님의 생명의 말씀은 개개인의 그리스도인들에게 와 닿지 못하고 있습니다. 많은 사람들이 교회의 역기능적 상태를 걱정하고 있으며, 그 원인으로 목회적 돌봄의 현장인 교회의 다중화나 비인간적인 정보화 같은 데서 찾으려고 합니다. 쉽게 말하자면 수많은 다중을 상대로 하나님의 말씀을 강단 위에서 지적으로 일방적으로 선포하는 것으로는 더 이상의 전인적인 변화나 영적인 변형(transformation)은 일어나지 않으며, 성숙과 치유는 없으며, 따라서 효과적인 목회적 돌봄은 찾아보기 어렵다는 것입니다. 즉 목회적 돌봄의 핵심인 하나님과 인간 사이, 인간과 인간 사이에서의 생생한 관계성의 상실이 주요 문제란 말 입니다. 저는 기왕의 다른 기회에서(이만홍, 2016), 현대인의 치유와 성숙을 위하여 반드시 필요한 것은 상호주관적인 관계성(intersubjective relation)과 경험된 정서(experienced affect)라는 현대 정신분석의 주요 이론을 상세히 설명한 바 있습니다. 결국 목회적 돌봄의 위기 상황과 현대 정신분석은 같은 말을 하고 있는 셈입니다.

여기서 저는 치유와 성숙을 위한 성령의 사역을 방해하는 원인, 즉 하나님과 인간의 관계성을 방해하는 가장 심각한 원인으로 교회의 세속화를 말하고자 하는데, 목회자와 평신도 모두가 제도와 권위에 안주하려는 성향을 가장 미묘하면서도 심각한 교회의 세속화라고 감히 말하고 싶습니다. 500년 전의 종교개혁은 신학적으로 여러 중요한 의미를 띠고 있지만, 그 중에 가장 중요한 정신은 제도와 권위에 맞서 하나님과 인간의 관계를 다시 생생하게 살려 놓으려는 성령님의 이끄심이 자리잡고 있었음을 강조하고자 합니다.

　오늘날의 교회의 세속화된 제도와 권위에 새로운 바람을 불어넣을 수 있는 중요한 움직임 중의 하나로서 1970년 대 북미를 중심으로 구체화하기 시작한 묵상적 영성지도 운동을 들 수 있습니다. 저는 또한 다른 곳에서(이만홍, 2015; 이만홍 2016) 이 현대적 영성지도 운동의 특성이 상호주관적, 비권위적인 관계성과, 체험적 정서(특히 묵상기도와 분별에서)라는 점과, 현대 정신분석에서 최근 들어 강조하고 있는 치유의 주요점들과 궤를 같아 한다는 점을 언급한 바 있습니다. 이 현대적 영성지도 운동은-이는 위에 언급한 특성들로 인하여 과거 수도원적인 영성지도와는 차별화하는 의미에서- 전혀 새로운 것이 아니고 과거 초기 기독교 전통(구체적으로는 사막의 교부들과 초기 수도원 운동)에서부터 재조명을 한 것이지만, 오늘날의 고착된 교회의 제도적인 목회적 돌봄에서 보면 매우 새로운 양상으로 보입니다. 따라서 현대적인 영성지도 운동은 묵상기도의 관계성과 정서적 체험을 분별하는 것을 주된 방법으로 하기 때문에 오늘날의 교회의 침체된 목회적 돌봄에 새로운 활력을 불어넣어 줄 수 있습니다. 즉 영성지도에서 지도자는 수련자와 일대일의 심도 있는 돌봄을 통하여 수련자와 성령님과의 상호주관적이고도 직접적인 정서경험적 관계를 깊이 있게 함으로써 그리스도인들을 치유와 성숙을 향한 깊이 있는 영적인 세계로 안내하는 역할을 하기 때문에 매우 바람직한 목회적 돌봄의 현실적 대안이 됩니다. 좀 더 부풀려 말한다면 지난 시대의 성령운동이나 제자훈련과 같은 것들을 대신할 새로운 영성운동으로까지 그 역할을 확장할 수 있다고 봅니다.

왜 평신도가 주역이어야 하는가?

Janet Ruffing은 그의 저서 Uncovering Stories of Faith(1989)에서 현대 영성지도의 특징으로 다섯 가지를 들고 있는데, 이는 바로 현대 영성과 목회적 돌봄의 흐름의 특징을 의미한다고도 볼 수 있습니다. "즉, 첫째, 현대 영성지도는 은사적이며, 비제도적이라는 특징이다. 둘째, 영성지도자와 수련자는 그리스도 안에서 같은 형제요 자매라는 관점에서 영적 동반자 관계(spiritual conpanionship)로 이해한다. 셋째, 영성지도자의 권위와 수련자의 순종은 달라지고 있다. 넷째는, 지도자의 역할은 주가 아니고 도움을 주는 보조적인 것이다. 다섯째, 현대 영성지도는 그 원리와 법칙의 적용보다는 수련자의 종교적 경험에 바탕을 두는 것이다."(이강학의 논문에서 재인용) 이는 과거의 전통적인 구조의 틀을 벗어나 여러 다양한 공동체 속에서 다양한 헌신자, 즉 기성 종교지도자의 틀을 벗어나 오히려 다양한 평신도적 헌신자, 은사를 중심으로 한, 영적 지도자라는 새로운 아이덴티티를 제시하는 지도자에 의하여 이루어지는 새로운 형태의 영성운동으로 이해됩니다. 이는 기독교 세계에서 과거의 계층적이고 권위적, 고정적인 인간관계를 뛰어넘는 새로운, 그러나 전혀 새롭지 않고 오히려 그리스도의 원 말씀으로 돌아가는, 그래서 어쩌면 하나님 앞에서 모두가 어깨를 나란히 하고 성찬에 참예하는 마틴 루터의 평신도 신학을 구현하는 의미를 지닙니다. 역사적으로 볼 때 예수 그리스도는 모든 영성지도와 목회적 돌봄의 원형이지만, 창조 전부터 새로운 세계에서의 변함없는 하나님의 표상을 강조하는 전통 때문에 그 분이 지상에서 하신 사역, 기존의 세속화된 권위와 체제에 맞서 평신도로서 개혁의 불을 당겼다는 사실은 과소평가된 느낌을 갖게 합니다. 세례 요한과 사막의 교부들 또한 기성 종교지도자의 권위와 체제에 맞서 살아계신 하나님과의 관계를 복원하기 위하여 투쟁하였던 평신도임을 우리는 상기할 수 있습니다. 종교개혁의 깃발을 든 마틴 루터 또한 자신의 기득권을 포기하고 평신도로서 봉사하기를 기뻐했던 영성지도자 였습니다.

종교개혁의 영성은 모든 기독교 신자들이 성직을 가졌으며, 모든 사람은 하나님으로부터 각기 부르심을 받은 동등한 형제라는 점을 분명하게 인정합니다. 그리고 하나님의 백성이라는 개념의 중심에는 모든 평신도가 있다는 관점을 회복하는 것입니다. 오늘날에는 이러한 관점이 루터를 비롯한 개혁주의 영성에서 만인제사장설로 잘 알려져 있으며, 별로 놀랄만한 것이 아니라고 생각할는지 모르나, 종교개혁 당시로서는 이것은 대단한 혁명적인 사고의 전환이었으며, 오늘날에도 도전을 받고 있는 관점이기도 합니다.

 과거 대부분의 수도원 영성은 평범한 그리스도인이 일상의 세계에서 자신의 삶을 영위하면서는 , 어떤 거룩한 소명을 추구하거나 또는 자신이 일류 그리스도인의 한 사람임을 주장할 권리를 갖지 못한다고 이해했습니다. 그래서 중세가톨릭은 '거룩한 것' 과 '세속에 속한 것' 사이의 구분을 철저히 소중하게 여겼으며, 카톨릭에서는 영적인 지위와 세속적인 지위 사이에는 근본적인 구분이 존재한다고 인정해 왔습니다. 예를 들어 중세 카톨릭 교회 시대의 모든 저작은 특정 소수 성직자들에게 읽히기 위한 것이었으며, 특히 성경에 대한 전유물 의식은 대단했으며, 중세가톨릭의 가장 무거운 범죄행위가 있었다면 그것은 성경을 평신도들에게서 멀리하게 만든 것이라고 볼 수 있습니다. 이에 비하여 근세 초기 종교개혁 영성이 호소하였던 대상은 남녀노소를 불문하고 교육받은 평신도 독자들이었습니다. 종교개혁의 청중은 평신도이었으며 성직자들이 아니었습니다. 그래서 루터와 종교개혁자들이 가장 심혈을 기울이고 목숨까지 걸었던 일은 성경을 각국 나라 언어로 번역하는 일이었습니다. 예를 들어 16세기에 쓰여진 저작 중 가장 중요한 것 중에 하나로 성경전체가 담고 있는 신학과 영성의 풍성함으로 인도하는 길잡이가 된 칼빈의 기독교 강요는 하나님에 대하여 순수한 갈망을 품고 있던 모든 평신도들을 대상으로 하였으며, 판을 거듭하면서 수많은 각국어로 번역되었습니다. 따라서 오늘날에도 이러한 지식은 일부 성직자들의 전유물이 아니며, 평신도들에게 읽혀져야 할 필요성이 제기되고 있습니다.

종교개혁자들은 거룩한 일과 세속적인 일의 구분을 단호히 거부하였습니다. 루터는 이것은 이미 폐기되어 무효이며, 하나님이 명령한 것이 아니라 인간이 고안해 낸 것에 불과하다고. 그는 '독일귀족들에게 호소함'(1520)이란 책에서 다음과 같이 쓰고 있습니다.

모든 그리스도인들은 진정 신령한 지위를 가진 사람들이며, 따라서 직무가 다를 뿐 그들 사이에는 어떠한 차이도 존재하지 않는다. 바울은 고린도전서 12장 12절, 13절에서, 우리가 모두 각 지체가 갖고 있는 그 나름의 직무를 통해 다른 지체들을 섬기고 있는 한 몸임을 말하고 있다. 이는 우리가 하나의 세례, 복음 그리고 믿음만이 우리를 신령한 그리스도의 사람으로 만들기 때문이다. 그러기에 평범한 사람들과 성직자들, 제왕들과 주교들, 수도원에 사는 사람들과 속세에 몸을 담고 있는 사람들 사이에는 근원적으로 결코 어떠한 차이도 존재하지 않는다는 결론이 도출된다. 유일하게 존재하는 차이는 그 지위가 아니라 그들이 수행하는 직무 및 사역과 관련된 것이다.

이것이 바로 모든 신자가 성직자라는 루터의 유명한 만인제사장의 원리인데, 즉 한 사람 한 사람의 신자는 세례를 받음으로써 제사장으로 세움을 받는다는 것입니다. 하나님이 부어주신 은사와 능력에 따라 각기 다른 직무를 수행하며, 목사는 단지 신자들 모두를 대신하여 가르치도록 청빙을 받은 것이지 하나님 앞에서 지위가 다르다는 것을 의미하지는 않는다는 것입니다. 모든 그리스도인들이 제사장으로 부름 받았고, 나아가 그 부르심은 일상 세계까지 확장됩니다. 그리스도인들은 이 세상으로 파송된 제사장들로서 , 세상의 내부로부터 일상의 삶을 순결하고 거룩한 것으로 만들어야 할 소명을 부여 받았습니다. 루터는 이 점을 간명하게 말하고 있습니다. '세속의 일처럼 보이는 것들이 사실은 하나님을 찬양하는 것이며, 그분을 너무나 기쁘시게 하는 순정이다.'

이 새로운 태도에 바탕이 되었던 것이 '소명'이라는 개념이었습니다. 하나님께서는 당신의 백성들을 단지 신앙만이 아니라, 명확한 삶의 영역 속에서 그 신앙을 표현하도록 부르십니다. 사람들을 먼저는 한 사람의 그리스도인이 되도록 부르심을 받고, 나아가 두 번째로 세상 속에 있는 너무나 명확한 영역 속에서 그 신앙을 드러내는 삶을 살도록 부르심을 받습니다. 수도원 영성이 소명을 세상으로부터 부르심을 받은 뒤 수도원에 들어가 은둔과 고적의 삶을 사는 것으로 간주한 반면 , 루터와 칼빈은 소명을 일상 세계 속으로 부르심을 받은 것으로 간주하였습니다. 부르심 곧 소명이 의미 하는 것은 그 무엇보다 우선, 하나님으로부터 부르심을 받아 그분이 지으신 이 세상 속에서 그분을 섬긴다는 것입니다. 그리스도인이 되는 것은 세상으로부터 도피하는 것이 아니라 , 도리어 새로운 모습과 새로운 자질의 헌신으로 무장한 채 , 그가 비록 세상 속에서 노동을 하던 무엇을 하던 그는 하나님을 삶으로 찬양하고 예배하는 것입니다.

영에 속한 것을 가르치는 사람은 단지 하나님의 사람들과 같은 대열에 나란히 서서, 그들의 환경과 지위를 공유하는 사람일 뿐입니다. 그럼에도 불구하고 신앙 공동체와 그 안에 있는 개인들은 하나님께서 몇몇 사람들에게 특별한 은사들, 이를 테면 영분별과 지혜와 같은 은사들을 주셨다고 인정하면서, 이 은사들이 공동체에서 행사되도록 합니다. 그리함으로써 신령한 것을 가르치는 사람은 어떤 우월한 인물이라기보다 영혼의 형제 내지 동지로 간주되는 것입니다.

많은 점에서 , 루터의 접근법은 수도원 영성이 잃어버렸던 이상들을 다시 찾아낸 것으로 볼 수 있습니다. 수도원 운동은 교회 안의 영적인 권위에서 평신도를 엄격하게 배척했던 데서 벗어나려는 노력에 그 기원을 두고 있었습니다. 4, 5세기의 수도원 운동은 영성과 영적 권위의 문제에서 평신도를 소외시킨 것에 반발하여 일어난 하나의 저항 운동이었습니다. 하나님께서 평범한 그리스도인을 불러 세우신다는 사도들의 사상을 회복하기 위하여, 점점 더 중앙으로 집중되던 제도권 교회의 성직 위계 제도를 따르지 않기로 결심한 사람들이 수사들이었습니다. 수사는 자신의 존재를 통하여 초기 교회 성직자들 사이에 점점 자라나고 있던 권귀주의에 맞서 조용히 저항하던 이들이었습니다. 이집트의 안또니오스는 어쩌면 그런 수사들 가운데 가장 유명한 사람일지 모른지만, 한사람의 평신도로 남아있었습니다.

초기 수도원 운동에서는 하나님께서 평범한 신자들을 불러 세우신다는 통찰이 그 밑바닥에서 살아 움직이고 있었던 것입니다. 이런 통찰은 중세 시대가 흘러가는 동안에 점점 사라져 버린 것입니다. '하나님께서 평신도를 불러 세우신다' 는 사상은, 신학의 차원에서는 모든 신자들이 성직자들이라는 교리로 표명되면서, 초기 수도원 영성이 품었던 이상을 되찾기 위해 종교개혁이 회복하려던 것이었습니다. 루터 자신이 성직자로서의 기득권을 포기하고 평신도로서 출발하였던 사실을 상기할 필요가 있습니다. 예수님의 복음은 이것을 허무는 세례요한의 작업으로부터 시작. 광야에서 물로 세례를 준다는 사실 등으로 볼 때 이는 기존 종교 체제에 대한 실로 엄청남 혁명이며, 도전이며, 뒤집어 업는 것이었음을 알 수 있습니다.

이러한 사실들이 오늘날에 시사하고 있는 바는 매우 크다고 할 수 있습니다. 우리는 누구인가? 새로운 영성의 도전 시대에 우리는 어떤 부르심을 받은 사람들인가? 하는 물음들은 깊이 묵상해야할 주제가 아닐 수 없습니다.

왜 이런 다 잘 알고 있는 사실을 오늘 새삼 강조해야 하는 것일까요? 오늘날의 교회 상황은 기독교의 심각한 세속화로 인해 더 이상 하나님의 말씀을 생명력 있게 담아낼 수 있는 그릇으로서의 역할에 심각한 회의가 들기 때문입니다. 오늘날의 종교체제, 권위주의는 종교개혁 당시처럼 굳어지는 똑같은 상황으로 인식됩니다. 종교지도자들은 교인들을 그저 따라오는 순한 양으로 인식, 신학과 고급한 교리를 잘 모르는 무지한 자로 만들고 있으며, 평신도들은 과거의 이스라엘 백성들처럼 하나님과 직접 대화하기를 두려워하고 체제 속에 안주하려는 경향이 고착되어 가고 있는 듯 보입니다. 그러나 우리는 무엇을 위하여 부르심을 받았는지 "소명"에 대한 깊은 묵상을 하게 되면, 평신도들 또한 예수님처럼, 루터처럼, 우리 모두는 그렇게 부르심을 받았음을 알 수 있습니다. 우리는 영성지도자와 치유자의 길로 부르심을 받았습니다. 이것은 크나큰 특권이자 해야 할 의무로서, 이를 위하여는 무엇보다도 이것이 평신도 사역임을 투철히 깨달아야 할 것 같습니다.

저는 오랫동안 영성지도와 치유를- 저에게는 구체적인 방법으로서 심리치료를 의미하지만- 통합하는 작업에 관심을 두어 왔습니다. 사람의 마음을 치유하는 작업은 하나님 앞에서 바로 서는 작업과 동일 선상에 있으며, 그리스도인의 성화의 처음과 끝이라고도 할 수 있습니다. 우리는 그렇게 부르심을 받은 자들입니다. 저에게 심리치료를 배울 수 있는 기회를 주시고, 그 위에 묵상기도와 영분별(spiritual discernment)하는 길로 우리를 인도하신 분은 성령이십니다. 오늘날 우리 시대의 영성의 중심에는 평신도 영성치유자- 영성지도와 치유를 통합한-가 있어야 한다고 저는 단언합니다.

한편 이런 시각에서 정신분석, 역동심리치료는 새롭게 이해해야 합니다. 공감, 저항, 전이와 같은 개념들은 앞으로의 자기부정과 자기초월을 위한 전제로 이해되어져야 하며, 영성지도는 심리치료를 포함하면서 온전한 인간치유를 위한 연장선으로 확장된다는 새로운 의미로 이해되어야 한다고 봅니다.

루터는 만일 우리-여기서 우리는 모든 그리스도인-가 그리스도와 연합되어 있다면, "우리에게는 하나님 앞에 나가며, 사람들을 위해 기도하며, 서로 하나남의 일들을 가르칠 수 있는 권위가 주어진다"(WA 7,57, 26-27). [기영]라고 하였습니다. 그의 주장이 의미하는 바에는 이중적 의미가 있다고 봅니다. 하나는 모든 그리스도인들은 성직자이건 평신도들이건 세례를 받고 주님의 자녀가 되면 다른 사람을 가르치고 치유하고 이끄시는 성령의 사역에 참여할 권리가 주어진다는 것입니다. 이것은 대단한 축복이고 놓쳐서는 안 되는 특권입니다. 그러나 다른 한 편으로는 고치시는 분은 하나님이므로 모든 그리스도인들은, 특히 성직자나 치유자로 부르심을 받은 자들은, 주님 앞에서 더 나을 것이 없다는 철저한 순종과 겸손의 마음을 가져야 한다고 봅니다. 신뢰할 만한 기독교 영성치유란 가르치는 자와 가르침을 받는 자 모두 하나님께 마음을 열고 그분의 말씀에 응답해야 함을 깨닫는 것이 그 기초라고 봅니다. 성장과 성숙을 가져오는 이는 하나님이시지, 결코 사람이 아니기 때문입니다. 루터의 주장은 동시에 평신도들은 각각이 하나님의 부르심을 받은 제자라는 자각과 권리 속에서 스스로 자율성과 이웃 형제에 대한 책임을 져야 한다는 것입니다. 부르심에는 축복만이 아니라 고난의 짐을 지어야 하는 힘든 길이 있습니다. 평신도들은 기꺼이 그 책임을 지고 노력을 해야 합니다. 신학적 지식을 공부하고 개혁에 적극적으로 동참해야 하며, 주인의식을 가지고 책임회피를 하지 말아야 하겠습니다. 눈에 보이는 교회의 제도나 권위에 맹목적으로 순응하여 더 중요한 것을 놓치지 말아야 합니다.

루터는 "그리스도를 발견하고자 하는 사람은 먼저 교회를 발견해야 한다..."고 하였습니다. 그러나 나무나 돌로 만들어진 교회가 아니라 그리스도를 믿는 사람들의 모임인 교회를 발견해야 하겠습니다. 우리는 이 점을 굳게 지키며, 그리스도를 믿는 사람이 어떻게 살고 가르치는지 보아야 하겠습니다. 왜냐하면 그리스도의 교회를 벗어난 곳에는 진리가 없고, 그리스도가 없고, 구원이 없기 때문입니다. (WA10,I,1,140,8-9,14-17)

종교개혁 영성은 우리들로 하여금 매일의 현실세계에 온 힘을 기울이면서 그 안에서 살아가야 함을 강조하고 있습니다. 종교개혁자들이 수도원으로 도피하는 것을 한사코 거부하였던 것처럼 오늘날에도 우리는 교회조직 속에서 기독교의 하부문화의 울타리 안으로 움츠려들고 도피하는 것을 단호히 거부하여야 한다고 Alister McGrath(2005)는 그의 책 "종교개혁시대의 영성"에서 주장하고 있습니다.

기존의 교회체제가 다시 생명력을 가지는 하나님의 교회로 개혁될 수 있을까요? 오늘날과 같은 위기의 시기에 평신도들의 새로운 영적 아이덴티티와 역할을 기존의 교회가 수용할 수 있을까요? 말하자면 개혁주의 교회에 개혁은 스스로를 개혁의 대상으로 삼을 수 있을까요?

종교개혁은 개인의 신앙적 자유를 존중하지만 동시에 공동체적 신앙 또한 중요하다고 봅니다. 그러나 현실의 교회는 개인과 마찬가지로 죄로 물들 가능성을 늘 내포하고 있으므로 개혁의 대상이 되어야 한다고 봅니다. 묵상하는 개인은 묵상하는 교회를 필요로 합니다. 평신도들은 참 하나님의 말씀이 어떤 것인지 루터가 보여 준 용기처럼 파문당할 각오를 하고 개혁을 추구해 나가야 한다고 봅니다.

참고문헌

이만홍 (2015). 심리치료자의 영성: 현대 정신분석과 기독교 영성의 통합적 시도. 한국기독교상담심리학회 및 한국목   회상담협회 연합영성 세미나에서 발표. 심리치료와 기독교 영성: 2002년-2017년 강연집. 서울: 로뎀 포레스트.

이만홍 (2016). 치유와 묵상적 영성. 한국영성상담학회 2016년 봄 학술대회 발표. 심리치료와 기독교 영성: 2002년-2017년 강연집. 서울: 로뎀 포레스트.

Green, T. (1986). .세상에서 기도하는 그리스도인들: 장터의 어둠 (임보영 역). 서울: 성바오로. (원저 1981년 출판)

McGrath, A. (2005). 종교개혁 시대의 영성 (박규태 역). 서울: 좋은 씨앗. (원저 1991년 출판)

Ruffing, J. (1989). Uncovering stories of faith: Spiritual direction and narrative. Mahwah, NJ: Paulist Publisher.

SoH심리영성센터

'산으로 가서 여호와 앞에 서라'(Standing on the Horeb mountain, 왕상 19:11)는 부르심에 순종하여 이 세상에서 주님과 함께 살기 위해 모인 묵상공동체로서, 묵상과 침묵의 영성을 중심으로 **기독영성지도**와 **정신역동 심리치료**를 통합한 전인적 영성치유 사역을 지향하고 있습니다.

SoH심리영성센터의 주요활동

1. SoH심리영성센터의 근간이 되는 로뎀공동체 안에서 매월 묵상예배와 묵상기도회를 드리고 있습니다.

- **월례묵상예배** (매월 첫째 수요일 PM 7시 - 9시)
- **묵상기도회** (매월 셋째 수요일 AM 10시 - 2시 30분)
  렉시오 디비나 및 그룹영성지도, Walkig Prayer

2. SoH심리영성센터는 **부속 SoH상담실**을 통하여 심리치료와 영성지도, 그리고 통합적인 심리영성치유를 실천하고 있으며, **로뎀정신과 클리닉과 연계**하여 전인적 치유를 시도하고 있습니다.

3. **부속 출판사 로뎀 포레스트**를 설립하여 묵상기도와 영성지도, 및 통합적인 심리영성치유에 관한 책들을 출판, 판매해 오고 있으며, 시중의 우수한 영성서적을 소개, 추천 및 판매하고 있기도 합니다.

4. **온전한 인간 이해에 바탕을 둔 심리영성 치유자를 양성**하기 위하여 학기별로 다양한 교육과정을 개최합니다. 두 트랙의 교육과정이 있는데, 하나는 **묵상기도와 영성지도를 위한 과정**과, 다른 하나는 **정신분석적 심리치료를 위한 과정**이며, 궁극적으로는 이 **두 영역을 통합**하는데 목적이 있습니다.

영성심리치료 교육과정개관

1. 치료하는 하나님의 부르심을 받은 영적 돌봄의 사역자들이 묵상기도를 통하여 내면에서 하나님의 임재를 깊이 경험하고 주님과 친밀한 관계를 이루어나가는 가운데, 통찰의 기술을 통한 정신분석적인 심리치료 방법과 영적 분별의 기독교전통 영성지도를 통합함으로써 온전한 치유자, 영성심리치료자로 세움 받을 수 있도록 돕는 과정입니다. 이 과정의 참여자들은 성령의 인도하심을 확신하는 개혁신앙을 가질 것이 요구됩니다.

2. 전 과정은 3 Part로 구성, 과정별 매주 3시간씩 24주로 되어 있습니다.

3. 각 과정은 **한국목회상담협회의 이수평점을 인정받을 수 있습니다.**

4. 전 과정을 이수하고 소정의 과정을 거친 후 **영성심리치료 전문가 자격증**을 수여합니다. **단, 별도의 영성지도 자격증은 수여하지 않습니다.**

Part I. 샘이 마를 때 (묵상기도와 묵상적 삶)

이 과정은 모든 사역자들, 심리치료자, 소그룹 인도자, 셀 리더, 찬양사역자 등 모든 부르심을 받은 사람들이 전문사역자로 나서기에 앞서, 묵상 가운데 주님의 임재를 깨닫고 개인적으로 주님과 친밀한 관계를 깊이 이루어가도록 도움으로써 온전한 치유자로 세워질 수 있도록 돕는 과정입니다.

강의 내용 (총 24주 : 기초 12주, 심화 12주)
영성치유-새로운 지평, 침묵과 경청, 묵상기도, 렉시오 디비나 I, 렉시오 디비나 II, 복음관상, 의식성찰, 묵상기도 II, 영성지도의 개념과 역사, 그룹 영성지도 I, 그룹 영성지도 II, 개혁주의 영성과 묵상, 의식과 관상기도, 묵상(관상)적 삶

Part II. 정신분석과 영적탐구

하나님의 형상대로 지음 받은 인간의 깊은 심층내면을 좀 더 정통 정신분석적인 개념과 함께 현대 정신분석적 개념에 입각하여 세밀히 이해하고 기독교 영성과의 관계 및 임상에서의 적용가능성을 연구함으로써, 온전한 치유자로서 심리영성치료의 기본자세를 습득할 수 있도록 합니다.

II-A. 정신역동과 영적탐구 (12주)

정신분석의 전제들-핵심감정, 심리역동과 방어기제, 인생주기와 심리역동, 심리치료의 외적 조건과 전체 흐름/내담자 평가, 감정의 표현과 공감, 저항과 영적 성숙, 전이와 하나님 이미지, 통찰과 치유, 종결과 애도과정/삶과 죽음, 역전이와 심리적 성찰

II-B. 현대정신분석과 기독교영성 (12주)

현대정신분석과 현대 신학적 변천, 대상관계와 기독교영성, 자기심리학과 기독교영성, 애착이론과 기독교영성, 정신화와 기독교영성, 상호주관주의와 기독교영성, 뇌과학과 기독교영성, 명상과 기독교영성

Part III. 영성지도 및 영성심리치료

III-A. 영성지도 기본과정 (12주)

이 세미나는 하나님의 부르심을 받은 사역자들이 묵상기도를 통하여 스스로의 내면에서 하나님의 임재를 깊이 경험하고 주님과의 친밀한 관계를 바탕으로, 믿음의 현장에서 일어나는 여러 모양의 신앙체험과 고민을 함께 나누고, 성령 안에서의 영적 분별과 건강한 묵상적 공동체를 세워 가는 가장 구체적인 방법인 영성지도(spiritual direction)를 함께 공부하고 연구해 나가는 세미나입니다.

이 과정은 모든 사역자들, 심리치료자, 소그룹 인도자, 셀 리더, 찬양사역자 등 모든 부르심을 받은 사람들이 참여할 수 있지만, 주님 앞에서 침묵하면서 깊은 내면 영혼에서 만나는 그 분의 말씀하심에 귀를 기울이는 것으로

써 새로운 기도의 시작을 열어가는 묵상기도의 의미, 목적, 전통적인 흐름을 이해하는 것과, 분별하시는 성령의 인도하심을 확신하는 개혁 신앙적 믿음의 소유를 필요로 합니다.

이 세미나의 특징은 기독교 전통적인 영성지도의 실제적인 기술을 살펴보는 과정입니다. 영성지도의 관계를 맺음, 나눔, 그리고 기도 충만 가운데 주님 앞에서 전통적인 영적 분별의 방법들을 살피고, 개혁신앙의 입장에서 스스로의 방법을 개발해 나가는 훈련을 합니다. 여러 다양한 종교체험을 다룰 수 있도록 의식심리학과 영성발달 이론을 공부하며, 영성지도 과정 속에서 만날 수 있는 관계개념들의 여러 현상을 살펴봅니다. 지도자, 수련자, 관찰자로 이루어진 triad 형태로 6회에 걸친 practicum을 실시하고 지도감독을 받습니다.

1. Introduction, practicum의 구성/contemplative prayer and life
2. Contemplative listening
3. Reflection practice I
4. Analytic conscious examen
5. 정신영성발달과 성숙
6. 의식심리학과 종교체험
7. 영분별
8. 이냐시오의 영신수련 구성과 역동
9. 심리영성치료(psycho-spiritual therapy)
10. Resistance, transference, counter-transference
11. 개혁주의 영성과 영성지도
12. Final reflection
Practicum (영성지도 실습/Toronto의 Regis College 영성지도 프로그램 참고)
Phase I- Spiritual direction triad practicum (3회)
Phase II- Supervised psychospiritual therapy (6회)

* 영성지도 세미나과정을 이수할 때는 한국목회상담협회 및 한국기독교상담심리학회의 이수평점을 인정받을 수 있지만, 별도의 영성지도 자격증은 수여하지 않습니다.

III-B. 영성심리치료 개인심화과정 (12주)

2008년—2017년 강연집

심리치료와 기독교 영성

Published by Rodemforest

Seoul, Korea 2022

1쇄 발행 2017년 10월 10일

2쇄 발행 2022년 5월 15일

지은이/ 이만홍

발행처/ 로뎀포레스트

등록번호/ 제2022-132호, 2022년 4월 15일, 강남구청

주소/ 서울 강남구 삼성로 96길 27 진솔빌딩 4층 B

전화/ (02) 558-1911, 556-4113

이메일/ soh1911@naver.com

SoH심리영성센터 홈페이지/ www.soh1911.org

로뎀포레스트 카페/ cafe.naver.com/caferodem

ISBN/ 9791197866715 93230

도서정가/ 12,000원